另眼看世界·当代国际热点解读

大变革：量子社会与乌班图

[美]霍勒斯·G. 坎贝尔 著

李晶 译

南开大学出版社

天津

图书在版编目(CIP)数据

大变革:量子社会与乌班图／(美)坎贝尔著;李晶译. —天津:南开大学出版社,2013.9
(另眼看世界·当代国际热点解读)
ISBN 978-7-310-04252-4

Ⅰ.①大… Ⅱ.①坎…②李… Ⅲ.①国际政治—研究 Ⅳ.①D5

中国版本图书馆 CIP 数据核字(2013)第 164714 号

版权所有　侵权必究

南开大学出版社出版发行
出版人:孙克强
地址:天津市南开区卫津路 94 号　邮政编码:300071
营销部电话:(022)23508339　23500755
营销部传真:(022)23508542　邮购部电话:(022)23502200

＊

天津市蓟县宏图印务有限公司印刷
全国各地新华书店经销

＊

2013 年 9 月第 1 版　　2013 年 9 月第 1 次印刷
230×170 毫米　16 开本　18.25 印张　282 千字
定价:35.00 元

如遇图书印装质量问题,请与本社营销部联系调换,电话:(022)23507125

《大变革》

Copyright (C) Horace G. Campbell 2010. Barak Obama and Twenty-Century Politics：A Revolutionary Moment in the USA first published by Pluto Press, London www.plutobooks.com

本书中文简体版权经由锐拓传媒取得 copyright@rightol.com

引进版前言：世界的样子（代序）

人类历史一路走来，无论经历了多少种社会阶段的演化，也不管生产力有了多么惊人的提升，世界似乎从没有脱离开国与国之间资源上的争夺、政治军事上的分分合合，以及民族或族群之间关于信仰的冲突；全球的财富流向了哪里？以信贷为特色的经济走到了什么样的十字路口？哪些人正在遭受压榨？哪些人在量子化的社会里找到了崛起的力量？

世界的样子——过去它是窗口外陌生的的风景，而今它已变成了我们经常接触和探索的拓展地，未来它将更加紧密地与我们联系在一起，相依相存、成为我们生活的一部分。

我们引进并翻译的这套"另眼看世界·当代国际时事热点"系列丛书，意在给读者展现当今世界发展的焦点问题，让读者了解全球化进程中的各种裂变，同时也与读者一起回顾曾经的一代导师对解放人类的有益探索，以及他所留下的思想遗产如何历久弥新，并将继续帮助人类探寻未来社会可能的走向。

本套丛书的作者或为知名学者，或为资深记者，他们在各自研究、关注的领域内都做出了引人瞩目的成果；作者的学术观点有的也许与我们相似，有的也许与我们迥异，但他们对于人类生活其上的这个星球抱有共同的信念，那就是相信人类一定会找到进步的、光明的出路。他们对于世界以及人类命运的关心、对于社会力量演变的细微观察、对于大国博弈中地区政治格局的透彻分析，均能使我们开拓视野，获得思想启迪，加深对世界的认识，思考作为世界的一分子、地球村的公民，我们可以为改善自己和全人类的境况做些什么。

书中所言，仅为作者个人心得，并不代表编译者和出版者的观点，我们所做的在于为跨文化交流搭建平台，相信读者也会在阅读作品时，对书中表达的理念做出自己恰当的评判。

希望这套丛书以当代国际社会的热点问题为出发点，能够引领读者从多个角度去认识世界，在迷雾般的发现之旅中，为读者点亮智慧的灯塔。

《另眼看世界》系列丛书编译组
2013年元月

目　录

序言　/5
内容梗概　/7
致谢　/13

第一章　革命时刻与分裂的来临　/1
　　　　革命时刻：法国与古巴的革命教训　/3
　　　　有关人类共享的新概念　/5
　　　　乌班图　/7
　　　　革命时刻构成的要素　/9
　　　　21世纪超越先驱主义的思想　/12
　　　　当古典音乐遭遇爵士乐时　/16
　　　　救赎与革命　/19
　　　　新的激进分子与政治阵营　/20
　　　　结论　/21

第二章　巴拉克·奥巴马的政治修养　/24
　　　　乌班图与非种族主义民主　/28
　　　　来自于乌班图的启发　/30
　　　　"亲爱的"祖母与工作尊严　/31
　　　　在芝加哥作为一名组织者接受的训练　/33
　　　　在肯尼亚寻找生活目标及治愈的良方　/39
　　　　救赎　/41
　　　　米歇尔·罗宾逊：他为政治而生　/43
　　　　结论　/46

第三章　面对美国政治中的种族歧视与性别歧视　/48
　　　　第一个阶段：总统选举团与"3/5人"　/52
　　　　第二个阶段：内战与民主斗争　/55
　　　　第三个阶段：自组织与哈莉特·塔布曼主张　/57
　　　　重建与第三个阶段　/59
　　　　反革命　/60
　　　　本杰明·蒂尔曼，性暴力与种族歧视的加强　/60
　　　　第三阶段的永久性遗产　/63
　　　　优生学与南方思想的胜利　/64
　　　　优生学与科技奇异性　/67
　　　　结论：民主化进程　/69

　　　　种族歧视与老左派　/70
　　　　超越自由思想的局限　/71
第四章　**基层组织与国家机器相遇**　/74
　　　　普通大众的革命——密西西比自由民主党　/79
　　　　奥巴马从艾拉·贝克原则中之所获　/80
　　　　超越先驱主义　/84
　　　　奥巴马奇迹诞生前保守党在美国的反攻　/85
　　　　杰西·杰克逊的试图介入　/87
　　　　民主党与权力等级　/89
　　　　领导主义、先驱主义与党魁　/93
　　　　技术统治、党魁与政治优势　/94
　　　　从党魁到政治顾问　/95
　　　　克林顿政府承继了政党机器的衣钵　/95
　　　　结论　/98
第五章　**2008年预选中的分形智慧与乐观主义**　/100
　　　　像普通人而非黑人参选者那样参加大选　/101
　　　　希望与变革　/103
　　　　大选中的剥离技巧、自相似性与循环　/104
　　　　乌班图与乌班图相遇　/106
　　　　南卡罗莱纳州的试验基地　/109
　　　　树立国家形象与自下而上的筹款　/113
　　　　奥巴马惊人的现金机器　/114
　　　　预选时的斗争　/115
　　　　经济与政治的向心性　/116
　　　　年轻选民与基层组织的干预　/118
　　　　衣阿华州的党团会议　/119
　　　　美国政治中的种族歧视导向性　/120
　　　　大型克林顿设备的内部倾覆　/123
　　　　结论　/124
第六章　**过去与未来：民主党全国代表大会**　/129
　　　　过去的重任　/129
　　　　大会上的新旧势力　/131
　　　　过去的阴影与丹佛所处的环境　/132
　　　　一个环保大会的承诺　/133
　　　　T.布恩·皮肯斯与宽仁之心　/135
　　　　丹佛的局内人与局外人　/138

　　　　丹佛的克林顿团队　/140
　　　　米歇尔·奥巴马与党团会议　/142
　　　　大会期间的拉美裔与西班牙裔干部会议　/145
　　　　谁是拉美裔？　/146
　　　　登记表与提名　/147
　　　　提名演讲与候选人营销　/147
　　　　结论　/148

第七章　大选胜利的基层工作：挑战曾受伤害企业银行家的无情　/152
　　　　9月的时刻　/158
　　　　无情与鲁莽　/159
　　　　衍生品、政治与无情的世界　/161
　　　　类似于经济恐怖主义的金融化　/163
　　　　亨利·保尔森与9月时刻的戏剧性场景　/165
　　　　政变的要素　/166
　　　　沉默与政治　/166
　　　　奥巴马与总统大选　/168
　　　　北卡罗莱纳州杰西·赫尔姆斯的遗产　/171
　　　　尊重、授权——直接听从基层组织领导　/173
　　　　年轻的积极分子与"希望之墙"　/174
　　　　容忍与网络　/174
　　　　罗文县与索尔兹伯里县　/176
　　　　抵达梅克伦堡县并穿越南卡罗莱纳州　/177
　　　　罗利的精神中心　/178
　　　　被分割的军事力量　/179
　　　　结论　/180

第八章　超越弥赛亚：为21世纪和平与革新而创建的网络　/182
　　　　引子　/182
　　　　对救世主的信仰与军国主义的束缚　/185
　　　　自由主义、对救世主的信仰与长期的战争　/190
　　　　为和平而战　/192
　　　　奥巴马时代会像杜桑一样结束吗？　/193
　　　　网络与团结　/195
　　　　和平、反法西斯主义者与革命进程中的救赎要点　/197
　　　　和平与工作的意义　/199
　　　　革命与转折点　/203
　　　　和平与黑人解放运动的衣钵　/205

　　　　进步的妇女力量与和平运动　/206
　　　　建立一个新的民主　/207
　　　　结论　/210
第九章　乌班图与21世纪革命　/212
　　　　环境与挑战　/212
　　　　乌班图、量子政治与革命时刻　/217
　　　　环保司法，一个分形的未来与质的飞跃　/221
　　　　乌班图、自组织与自我调动　/224
　　　　亚伯拉罕·林肯与美国第二次革命　/225
　　　　乌班图、自组织与新领导力　/229
　　　　社会的新领导力与乐观主义　/230
　　　　政治行为中的乐观主义　/232

注释　/235
原版书扩展阅读　/261
译后记　/269

序　言

　　此书是关于乌班图与人类共享的话题。本人一方面是出于乐观主义，另一方面出于与意欲挣脱种族主义等级制度与军国主义旧观念且满怀希望的新一代沟通的强烈愿望而完成此书的。在此过程中，我充分利用本人作为一名知识分子的优势，以及热衷于治愈与和平进程的修养与经历。此书意在把传统意义上的真理与社会公正相结合，以激励年轻一代直接着手实施和平、生命、健康与拯救人类和地球的使命。在撰写此书的日日夜夜里，完成这四大任务的紧迫性变得愈趋明显。

　　此书杀青的那一刻，美国社会分裂形势愈趋恶化，甚至有人公开谈论即将到来的各方反对势力的暴乱。经济危机和由此而引发的各方民众的不安，受到了美国边缘右翼势力的利用。当有关抵押危机及没收房屋等一系列问题在全社会相继涌现时，不断攀升的失业率、饥饿、无家可归和人们的失望情绪也纷纷袭来。对于超过 3.1 亿的美国民众来说，愈 1.5 亿人离无家可归已近在咫尺。面对社会的挑战，支持帝国扩张的主要政策分析师也哑口无言了。在政治领域中，理性选择的主张已经被粉碎。就经济危机的本质而言，保守派无言以对，这使局势变得更加扑朔迷离。当强大的、有活力的进步运动不能清晰地阐明资本主义是经济危机的根源以及可能的出路时，和经济组织有瓜葛的保守党行动派重塑了"反弹"的神话。当联邦政府出台众多措施以拯救大银行和汽车公司时，保守党行动派的民粹主义博得了众人的信任，然而此时穷人却只能流离失所。

　　当如火如荼的竞选活动结束后，奥巴马的基层运动彻底失败了，那些曾受到希望与变革承诺所蛊惑、被调动和激励起来的民众被稀里糊涂地抛在半路上。普通工人运动、反种族歧视势力、和平主义积极分子、环保主义者和妇女团体正在寻求一条出路，以重获 2007—2008 年时曾高调提出的"是的，我们能"所产生的强大推动力。

　　为了拯救地球和人类灵魂，世界各地的人们异口同声地要求对社会进行彻底的变革。脱离灵魂死亡并拯救人类灵魂是当下年轻人前进的动力，以搭建连接人类的桥梁。人类的拯救与治愈激励了地球上人类对其重建的信心，另一种救赎的形式是全力以赴清除有毒废物的倾倒，并扭转全球变暖的局面。2009 年 12 月于哥本哈根召开的世界气候峰会的失败是一个明显的实例，说明那些抗拒变化的人不能全面理解政治和经济思维转变的需要，因为旧有的经济组织模式正在毁坏我们的地球。随处可见"转折点"的标语，但对于从事污染地球的那些从业者来说，尤其是煤炭、石油和天然气行业的实力非常强大，以至于把自己的短期利益凌驾于地球的未来之上。

许多来自于环保司法网络的人们都支持奥巴马赢得大选。这是社交网络唯一自发行动起来支持大选的组织；与此同时，他们还发动了一场运动来警示社会：分裂是必由之路。分裂是分形循环理论中的核心概念，正像几何学为理解一些前进路径所设的分析框架一样。对西方思想影响巨大的是传统观念中的理性和战胜自然与其他人种，这种思想制约了人类能力的发挥。

全世界的人们都在寻找创新的方法来重新思考人类的优势。奥巴马大选正发生在社会向前发展、新能量以新方式孕育新思想的时代。就在此书完成之前，瑞典有关大型强子对撞机的质子对撞实验激发了人们在科技领域的想象力。

"大型对撞机计划所包括的实验在证明和反驳有关黑暗物质、其他维度和超对称是否存在更小的粒子及粒子物理学的其他理论上向前迈出了一大步。"[1] 正像科学家所说的那样，这开启了物理学的新时代。这个时代开创了深刻变革人类之间及人与自然之间关系的可能性。人类与自然、人类与人类之间和谐共处，这一有目的行为能够开辟创造财富以及在全球范围内铲除剥削、种族歧视和性别歧视的变革可能性。但由于受自由主义和军国主义思想及传统的束缚，美国政府依旧徘徊在过去的经济组织形式与打破旧有的破坏、战争和贪婪所面对的诸多挑战之间。当美国政府在战争上斥资上万亿美元时，欧盟却在粒子物理学和质子对撞研究上走在了前列。

内容梗概

在本书的 9 个章节里，我试图阐明在关键的革命时刻各方势力的交汇，并集中探讨这一时刻的主张和组织形式，以区别于其他革命时刻。

第一章主要是本书的概念框架，指出奥巴马不是一位革命者，而是处在了世界历史的革命时期。各方势力都低估了美国政治上的这一革命时刻，这促使国家政治在 2007－2008 年大选季之后发生了转折。在这一革命时刻，作为黑人解放学校的一名学生，奥巴马挖掘了"乌班图"的人类哲学及其所蕴涵希望信息的乐观主义。当黑人在美国被视为劣等人（"3/5 人"）时，这一希望和乐观主义激励了他们，使他们坚信自己是完整的人，并赢得公民权。第一章对革命传统概念提出了质疑，指出常常是由自称为革命者的人用暴力来推翻现存体制。通过分析，把革命放在社会根本变革的大背景下，通过革命时刻的挑战来树立意识以保持它的发展，并以社会上民众的思想为基础。《大变革：量子社会与乌班图》是为了了解革命思想并对年轻力量进行管理，以同旧有的政治、经济、军国主义和种族歧视作彻底的决裂。奥巴马大选的工作量包括调集愈 300 万小捐助者、将近 800 万志愿者、1300 万邮箱地址和超过 200 万的"脸谱"（Facebook）参与者，这些引起了美国政治上的量变。这个曾经成功运作 2008 年 11 月大选的最高数量组织是政治飞跃的基础。与质的飞跃和量子政治有关的主张提醒我们，政治和经济哲学对于 21 世纪现实来说更加适用，因为分裂与区域化已经变得毫无意义。

转折点涌现出来的新能量及希望的结合说明亟需新的政治分析框架。在南非，乌班图是让我们分享一个共同人类的方法。本章将理论联系实际，为下面的章节做出概念性的铺垫。

第二章分析奥巴马在夏威夷及无人提及的种族灭绝传统历史背景下的成长经历。他的母亲斯坦利·安·德汉姆向小奥巴马灌输了对差异及努力工作予以尊重的价值观。本章提到了 5 位对奥巴马的修养产生影响的女性。她母亲对他的早期培养得益于他祖母的支持；还分析了奥巴马在伊利诺伊州芝加哥南部作为一名团体组织者的经历，此时正处在非营利部门如何被用来麻痹意欲改变世界的年轻人的背景之下。整章内容都围绕着"基层组织"新自由模式的历史而展开，为的是强调体制对年轻人的管理。

1988 年奥巴马的肯尼亚之行在他开始追求人生真谛时起到了积极的作用。本章针对殖民主义社会的矛盾和奥巴马如何控制这些矛盾进行了调研。本章最后部分提到了个人与政治的关系，强调了米歇尔·奥巴马在寻求美国新政过程中的重要性。本章的结论把旧有的种族主义思想和隐藏在21世纪生物科技实验外衣下的优生学联系在一起。

第三章研究了美国政治历史上的种族歧视和性别歧视。美国和好莱坞如出一辙的道德标准是他们极力颂扬的军国主义和男儿本色。这是全球的一种性别歧视观念，它以男儿本色和父权社会价值观为基础。有"干草叉"之称的本·蒂尔曼（南卡罗莱纳州州长，后来的议员）是在迫害和杀戮非裔美国人的基础上，来调动白人贫民劳动阶层的领导人缩影。盎格鲁—撒克逊主义在美国重塑白人至上思想的方式亦在本章予以论述。本书的核心议题之一是关于主流知识分子的思想因过分关注白人至上而受到的桎梏。在拉丁人群体中，白人至上主义会在未来社会中制造大量混乱。本书阐明，由于拉丁美洲开创的新革命和非洲后裔及土著人的坚定立场缓和了这种混乱的局面。从玻利维亚到厄瓜多尔，从巴拉圭到委内瑞拉，新兴势力正在呼唤全美洲地区的深刻变革。这个革命新纪元是对罗纳德·里根所极力倡导的反革命时代的纠正，从加州到萨尔瓦多，反共和种族歧视联盟当时用死亡和毁灭对其予以报复。

奥巴马大选是建立在民权运动革命成果与不断寻求美国社会的真正平等基础上的。本章向读者介绍哈莉特·塔布曼的革命传统及自组织的原则。

第四章强调勇于面对民主党机器的自发组织主张方式。从1932年富兰克林·德拉诺·罗斯福执政时起，民主党就由少数政客、少数集团和党魁来操纵。这些党魁都和城市中心的房地产开发商和银行家有联系。该党魁的历史中有很多知名人物，如纽约州的卡民·迪·萨皮欧、芝加哥的理查德·戴利。在这种由少数人出资赞助的政治形势下，埃夫里尔·哈里曼当选为纽约州州长。

1992年到2008年，民主党机器一直受克林顿家族控制。正是由于对政党机器的绝对控制，才使克林顿家族有了希拉里在预选中必胜的信念。美国本土以外的读者将从本章中了解到美国在政治咨询业上数百万美元的花费。

第五章将通过南卡罗莱纳州的实例来强调民主党的重心转移，由此来表明奥巴马大选所采用的自组织和自我动员是如何击败根深蒂固的旧有党魁机器的。本章包括本书的中心思想。它阐述了"各方分裂势力"是如何汇集在一起，以及乌班图是如何激发新组织形式的。

从分形理论中的度量标准和自相似性的角度来看，本章研究了衣阿华州及南卡罗莱纳州年轻人的组织形式，以强调未来政治大选的具体细节——选举还是非选举——世界上每个人都有资格相信他们会有所作为，并在传统的分形构成中被不断地复制。

2008年3月预选季期间，地产投资商贝尔斯登宣告破产。本章探索了政治与经济的关系，以及社会上人们知识的贫乏，在此一个传教士的话语要比腐败的大银行家的质疑更具新闻价值。

有很多关于奥巴马的文献资料。这些文献资料的撰稿人中有记者、民主党内部人士、政府顾问以及学者。这些文献的主要素材大多由记者提供，他们主要受时效性及基金会和智囊团的政策风向标所驱使。大多数文章都是关于统治阶级的权力斗争，并有意无意地带有一种偏见，使我们人类共享的思想受到了阻碍。在大选期间，主流媒体的局限性显而易见，许多记者都没有注意在此期间从旧到新的一些转变。报纸《落基山新闻》的慢慢消亡就是一个很好的暗示，说明独占西方的、对旧有观念予以颂扬的鼎盛时期已经一去不复返了。民主党全国委员会在丹佛召开会议期间，现实给了我很大的触动。我来到丹佛见证了这一历史时刻，由此理解了过去的重任和未来使命之间的关联。在丹佛，我们目睹了全部的年轻力量。从整个国家（实际上整个世界）来看，年轻人都汇聚在丹佛、克罗拉多来见证历史。这些年轻人全部参与到一个有关"绿色未来"的探讨。第六章将深入探究年轻人的思维模式与热情，他们曾为奥巴马大选投入了极大的能量。迄今为止，政党和政治阶层依旧认为年轻人不该参加投票。但在大选中，奥巴马却激发了他们极大的热情，政治权威认为国家的政治热情达到了一个新的高度。

由于奥巴马所有的主张都成为标志性的哲学思想，大选期间对不同群体的管理是大会的标志之一。迄今仍被称为"少数人"的党团会议上，这些哲学思想得以全部展现。在拉美裔和西班牙裔党团会议上，我看到米歇尔·奥巴马作为一名助选人员的工作效率。本章将阐明米歇尔·奥巴马与希尔达·索利斯的协同作用，这成为美国政坛未来的标志。

第七章将介绍大选如何遭遇资本巨头的精心筹划与机器化。2008年9月，尤其是9月15日，美国五大投资银行之一的雷曼兄弟银行向世人宣告破产，大选为此蒙上了一层阴影。对大选期间破产管理所面临的挑战进行梳理是本章的核心。我们的主要任务是介绍资本主义的经济恐怖主义为了放缓奥巴马大选的步伐所发挥的杠杆作用。

本章向读者介绍基层运作是如何发挥数百万工人和志愿者的作用，并以势不可挡的方式展开工作的。通过全国各大选办事处年轻人的"希望之墙"，我们展开了丰富的想象。在他们向新政进发的过程中，尊重、授权、包容是大选工作人员经常重复的词语。通过社交网络的重复循环，组织进行了革新，由此得出了新政的经验。在大选中，这些网络力量需要抵挡右翼势力中种族歧视分子的疯狂挑衅。

第八章强调基层组织的人们要用奥巴马大选中自下而上的自我调动方式，以支持奥巴马并使其承担应有的责任，因为"重建美国社会的任务是非常艰巨的"。以往反革命事件中得出的教训表明，不可能一夜之间解决所有问题。本章引用了分形乐观主义的有关理论，它主张社交网络是由自下而上、基层组织的自我调动形成的，这构成了向革命组织形式过渡的核心内容。这种乐观主义还依赖于对相关知识的了解,即"奥巴马大选为新的基层领导力开辟了新天地……这一现象出现在一些新的政治网站中,相关的话题包括无家可归、对医疗保健的需求、就业、养老金、环境修复、反种族歧视与和平运动等……它有能力击碎维护资本主义制度舆论中安于现状的梦想。"(见第八章)

如何使进步运动参与进来?因为矛盾激化的程度足以使其在任何时候爆发。社会中新的分裂会造成什么结果?当我开始解释奥巴马2006年总统大选的内涵时,我会提出这个问题。从一开始,我就意识到它与1860年内战时的废奴主义运动不相上下的许多挑战。

巴拉克·奥巴马承袭了两次战争和巴基斯坦日益严重的冲突。除了继续承担建立在虚假信息和谎言基础上的战争支出以外,他面临的最危急的时刻就是2008年9月那时濒临崩溃的银行比(战场上的)正规军还要危险。没有头脑清晰的领导人和社会的明确方向,分散的和平势力只能任保守派代表对经济危机的本质大肆渲染。

自由市场经济的神话在我们的社会中根深蒂固,因此一些真正的社会问题不能得到应有的关注,如健康、教育与环境卫生,因为共和党领导对尽可能有利于社会发展的计划怀有敌意。两个世纪以来,这些党派随心所欲地利用国家的资源,使利润私有化、成本社会化,以至于这些金融和企业巨头被自身的天性和思想牢牢束缚。

对于干预政府决策的探讨,由于2009年到2010年早些时候对医保改革的长期审议使其变得更有意义。经过社会上的激烈讨论后,美国国会通过了一项法案,这项法案是2010年3月医保改革的一部分,即人力资源3590号病人保护和负担得起保健法。这一法案是历史上第一次强制执行的医保法,惠及美国94%的国民,这又使3200万人享受到了医保的待遇。在这项法案中,即使是以先前的条件为基础,保险公司也不会拒绝给人们投保了。26岁以下的年轻人可以享受父母的医保。它也扩大了年长者的投保范围,并加强了医保体系的完善。然而,这项法案不支持单独赔付人系统,因为该系统意味着政府可以为所有人提供医保。实际上,美国的医保改革保证了下面这些机构的利益,如医疗保险业、生物科技企业、大型制药厂和健康维护机构。尽管改革有其弊端,但保守党势力还是把医保改革冠为"政府收购"。从2009年夏开始,名为"茶党国家"的新政治势力走在反对奥巴马政府的最前沿。主流媒体对这一边缘组织给予了过多的关注,因为许多人相信他们能够代表大多数人的心声,尤其是白人民众。有了种族歧视自由的氛围和对黑人领导人的公开敌意壮胆,他们才能对当选的黑人领导人发起猛烈的进攻,并用恐同症的腔调大放厥词。

在最后一章,我们重新回到治愈和乌班图概念的探讨中。它介绍了一种统一的解放方法:即把人类从启蒙运动哲学,包括机械的、竞争的与个人的束缚中解放出来,把人与人、人与地球和人与灵魂融合在一起。在把分形智慧中的大部分现有情形联系在一起时，这种加入呼唤变革范式的行列——即阻止破坏地球的行为是人类固有的常识和能力。

奥巴马借用乌班图的思想调动了大批年轻力量参与大选。心灵和力量的汇聚充分体现在不同种族、阶层、性别、性取向和年龄的人们激情的宣泄上，他们勇往直前，赋予大选标语"是的，我们能"以新的内涵。

美国女权主义者爱丽丝·沃克呼吁总统怀着愉悦心态来治理国家。回想大选之夜奥巴马所唤起的乐观情绪，以及多种族、多民族汇聚在一起的愉悦心情，沃克写道，"现在主要的任务是培养你对人生的乐观态度。"

本书意在唤起人们的乐观态度，在此基础上促进人们对乌班图理念的领悟，而这一理念正是21世纪政治包容性的核心理论。

致　谢

我早在2007年2月就总结了2008年大选所孕育的变革,且认为应该把它彻底进行下去。我于2007年12月赴肯尼亚,与阿卜杜勒·拉希姆(Tajudeen Abdul Raheem)(一位和平积极分子和社会正义事业的工作人员)共同分享我将要展现那一时刻的感觉。我经过最初的犹豫后,拉希姆鼓励我把它作为现代历史的一部分撰写下来。我哥哥尤西·克瓦亚那(Eusi Kwayana)同样意识到了分裂的危险,并不断指出进步党应留意这些危险信号。

印度的斯里拉姆·乔利亚(Sreeram Chaulia)认识到,奥巴马获得竞选资格是鼓励被压迫人们挑战根深蒂固权威们的一个象征。斯里拉姆是这项计划的拥趸,本书的完成大部分要归功于他的付出和他对主流政治学局限性的洞察力。我的妻子同时也是我的合作者扎林·马基尼·罗伊-坎贝尔(Zaline Makini Roy-Campell)以及斯里拉姆和乌沙·达米尔拉(Usha Damerla)是此项计划的热情支持者,这才使得我以文献的方式把大选的历史时刻展示在读者面前。

瓦齐尔·默罕默德(Wazir Mohamed)直言进步势力不能坐视不管。在进步团体中,对奥巴马大选的利处,以及反对支持绿党与辛西娅·麦金妮(Cynthis Mckinny)的总统候选人资格存在着激烈的争论。两个主流党派之外的选择被混在了一起,因为事实上,拉尔夫·纳德(Ralph Nader)也宣布了参加2008年总统竞选,并且履行了诺言。我也和当地的和平运动积极分子罗维·霍金斯(Rowie Hawkins)合作,并且从其有关更大规模工人运动和行业联盟推动力条件方面的观点中受益匪浅。

我要感谢《黑人评论家》杂志主办者给我提供的平台。当我灵感一现,认为乌班图可以作为理解奥巴马现象的基本框架时,他们给予了我热情的帮助。2008年2月他们发表了题为"巴拉克·奥巴马政治的分形理论与态势"的文章。后来在大选期间,《黑人评论家》发表了另两篇文章,这一反应使我看到,需要对这一时刻的透彻分析展开更全面的探讨。

我要感谢詹姆斯·伯格斯(James Boggs),他的论著《美国革命:一名黑人工人的笔记摘抄》对本人理解美国革命进程起了重要的作用。

有关分形理论的相关内容,我同给予我鼓励的那些人们进行了交流,以展开对长篇手稿的深入探讨。布鲁斯·利普顿(Bruce Lipton)《信仰的生物学》一书强化了由隆·艾葛拉西(Ron Eglash)在《非洲式的分形:现代计算机技术与自主设计》中所提到的某些观点。我要感谢隆·艾葛拉西撰写的《非洲式的分形理论》,它为本书提供了理论框架。法农·威尔金斯(Fanon Wilkins)是我的另一位同事，他对分形理论和智慧的内涵理解得非常透彻。法农·威尔金斯是众多一直密切关注说唱运动所酝酿的文化爆发中的一员。密西西比谷州立大学的瑞基·希尔(Rickey Hill)也对分形理论非常热衷，鼓励我们在它与爵士乐和政治之间的关联上做进一步研究。

我的姐妹伊芙艾·阿玛迪尤姆和芭芭拉·兰斯比(Ifi Amadiume and Barbara Ransby)，在我开始分析激进女权主义者新的思维方式时对我的影响很大。在我们的探讨中，芭芭拉·兰斯比（作为黑人激进会最初的 6 名领导人之一）不仅从艾拉·贝克的影响中汲取了养分，且在新形势下努力寻求激励新一代的方法。在预选接近尾声时，我赴丹佛参加了民主党全国委员会。我非常感谢以前为学生身份、现在热心正义事业的塔尼娅·比尔 (Tanya Beer) 的热情款待。当时她丈夫马特·迈尔斯(Matt Myers)在为一部影片工作，那部片子是有关来自于阿肯色州美国的土著居民到达俄克拉荷马州东北地区以后所经历的遭遇。在大会开始前，我和塔尼娅、马特到丹佛山地远足。在这次旅途中，马特阐明了文献片《塔湾》的主题，它描述了美国环境历史上最大的灾难。马特·迈尔斯参与到为推行救赎正义的可行之路的队伍中，目的是发现阿肯色州美国的土著居民遭遇的真相。

我要感谢在丹佛参会时塔尼娅和马特的热情好客。虽然不是政府官员代表，但我参加了很多会议，从而意识到了新旧交替的必要性。我还要感谢安妮特·沃克(Annette Walker)，她对科罗拉多政治的洞察力与科罗拉多丹佛"五点"地区的了解给了我很大的帮助。

就一些主要的政治事件而言，许多人都对本书的观点作出了巨大贡献。我从许多女性那里获得了灵感，如芭芭拉·罗伊(Barbara Roy)和露丝玛丽·米利(Rosemary Mealy)，当她们得知此刻的动荡局势要比巴拉克·奥巴马更加令人举棋不定时，并没有丝毫退缩。2008 年 11 月大选时，我得到了远在伊朗和巴西为变革请愿和祈祷的妇女们的支持。在本书撰写的全部过程中，我对来自于世界各大洲年轻人对 21 世纪变革的希望非常了解。艾米丽·埃里克森(Emily Erickson)是数百万为参与大选而作出巨大牺牲的年轻人之一，她在追寻乌班图的道路上义无反顾。我要感谢她的付出以及寻求治愈良方上的先驱作用。

在本书撰写期间，我得益于人们对和平、救赎以及正义运动的探讨和会议中所受到的启发。来自于纽约州和平妇女运动的姐妹们在这项事业中的团结精神起到了典范的作用。我尤其要感谢在大选期间基地走访过程中，那些为我付出大量时间的人们。我认为马克·奥巴斯(Marc Obas)和吉尔·里特约翰(Jill Littlejohn)是可以与我共度这一时光的众多年轻人代表。还有许多不愿透露姓名的热心人。

自那时起，我从亲密同事之间的探讨中受益匪浅，尤其是在银行部门需要大量救助，以及事实上经济衰退和美元的贬值将会长期进行下去，并且令人痛苦的情况下，他们能够联想到这些事件背后的政治意味。我要感谢阅读我章节提纲的那些人，因为人员太多，我不可能一一历数。斯里拉姆·乔利亚和威尔森·艾伍约(Wilson Aiwuyor)应被视为学究型研究者，他们为我完成本书做出了巨大贡献。斯里拉姆和威尔森强调分形理论中乐观主义的重要性，以及信息灵通的自发组织所带来的新希望。他们自始至终给我提供细节，并给我鼓励。

我的家庭和政治伙伴用多种方式给予了我极大的支持。来自于政治大家庭（被称为罗德尼家族）的瓦齐尔·默罕默德是第一个于2007年3月在宾汉姆顿组织会议的人，大家聚在一起是为了反思奥巴马在战争和经济危机环境下参选的意义。黑人激进派代表大会中的国际党团会议的某些人也给了我大量的支持。我兄弟卡纽特·迪斯汀(Canute Distin)和他的妻子朱莉(Julie)以及乔伊·杰弗瑞(Joy Jeffery)和帕特里夏·戴利(Patricia Daley)极力促使我专注于完成书稿，让我能够在教学和繁忙的日程上做好安排。我女儿科娃·尼古(Kurwa Nyigu)不仅为我在南北卡罗莱纳州之行和实地研究提供了素材，而且通过她在2008年10月在那里的工作便利，还为我提供了本地区变化进展的一些看法。菲利普·昆西(Philip Owusu)、达拉·沃克(Dara Walker)、安博尔·穆利-恩德瓦(Amber Murrey-dewa)、罗莎莉娜·爱德华兹(Rosalina Edwards)、戴维·约翰逊(David Johnson)以及其他阅读我章节提纲的人们都给我提供了有价值的建议。其中，亚当·霍赫希尔德(Adam Hochschild)、帕特里夏·罗德尼(Patricia Rodney)和帕特里夏·戴利(Patricia Daley)是授权我完成书稿的人。我要感谢布鲁托出版集团的罗杰·凡·茨文恩伯格(Roger Van Zwanenberg)，是他在我整个写书的过程中，给了我极大的鼓励和耐心。

简言之，这本书出自于向往和平生活并具乐观主义精神的那些人。本书没有得到任何政治党派、基金会或非政府组织的赞助。我要特别感谢马基尼(Makini)和萨莫拉(Samora)，是他们的耐心才成就了我艰辛地完成了书稿。是从支持我的那些人身上汲取的能量和思想精髓，才使我有所作为。

第一章 革命时刻与分裂的来临

巴拉克·奥巴马被称为第一任互联网总统。同时被视为第一任黑人总统。他还被冠以21世纪的疗伤者。归根结底，这诸多称谓得益于他作为第一个公众组织者的美誉，为了在大选中赢得胜利，他能把自下而上的组织作风带到美国的政治舞台上。正是因为这自下而上的组织风格才得以接纳和激励那些自发组织起来的志愿者、捐赠者、捐助人和引领新兴政治模式的参与者，由此为严格控制的政治核心奠定了基础。

奥巴马大选的制胜策略使美国的选举制度彻底地改头换面，力度之大使一些技术专家注意到，这种大选的组织方式将会开创大选的新局面。奥巴马和他的团队充分调动了社交网络、因特网、无绳电话和YouTube网站等社交工具，这是历来政治大选前所未有的。

1 大变革：量子社会与乌班图

更为重要的是，大选恰恰发生在国际政治体系和美国政治经济的本质发生重大变革的时候。二战之后，美国一直以霸权主义自居，其反映在美元对国际贸易货币的统治。大选期间，金融寡头集团的动摇和经济危机引起了美国各统治阶层短暂的恐慌。军事制裁和暂停实施资产阶级民主权利甚至一度成为街谈巷议的热门话题。

2008年9月美国的经济体系崩溃了，政府所掌握的巨大权力对社会造成了严重的影响，这是由于先前的经济巨头如美国国际集团、通用电气公司和多家银行都纷纷寻求政府补贴而造成的。有趣的是，在此金融危机之时，国际货币基金组织前首席经济学家西蒙·约翰逊认为，银行家们已经发动了"军事政变"。[1]他提到了始于2007年的大萧条时期，美国国会通过高压政治来拯救金融服务部门。美国国会投票通过了7000亿美元的拨款，借以支持金融部门参与的多达600万亿美元金融衍生品的场外交易。

金融危机的这种瀑布效应并没有完全警醒美国民众。数百万人失业，官方披露的贫困比率飙升，数百万人由于房屋拍卖而流离失所。银行界继续导向性地宣称"大银行是不会垮的"。[2]然而，有些曾经的追随者为投资畅销书《大卖》

撰文：华尔街30年来的贪婪和政府的管理不善是如何摧毁全球金融体系的。[3]

为了寻求一种新的经济组织模式，金融寡头们先发制人地提出新的方案，以此推翻过去的民主参与制。毫不夸张地说，美国这些粗鲁的种族主义分子竟然要求军事政变。他们叫嚣奥巴马不是美国出生的。他们当众持枪，并把奥巴马的每个计划都冠以马克思主义或社会主义。他们力图扭转新公民权的推行，因为新的公民权倡导多元文化和多种族的民主制度。

本书的主题是：如果人类想应对21世纪的挑战，"人类共享"这一新概念应该成为社会集体主义的理论基础。如果要列举出革命时期的基本要素，我想质询一些有关革命的原有概念，特别是"革命就需要武装斗争和先驱党派"这一观点。我的分析主要是概括由自我解放和自组织[①]原则催生的网络优势。

通过使用"在街上起舞"和"向权威宣战"这些隐语的文化革命，为美国社会极高的文化参与度做好了准备。美国的电影、媒体和音乐产业正在等待时机发挥威力，即把人类的创造力从愚蠢的暴力下获得的利润中解放出来，过渡到为了进行深度的变革而开放的社会。繁荣的科技也在等待人类的能量和创造

2

另眼看世界·当代国际热点解读

力的高潮来临，以使大公司不至于把人变成电子人。巴拉克·奥巴马的竞选发生在这样的一个时期，即科学家都在承诺未来科技的奇异性和进一步走向恶化的遗传学。[4]

为数不多具有创新能力的电影制作人和文化产业从业者，在努力寻求通过艺术媒体来教育和警示科技定位的危险，因为它试图用科技来操控社会的基因和行为。这些艺术家和生产商展示了电影和电视在扭转青少年颓废上所起的作用。通过此书，我还想回答詹姆斯·伯格斯30年前提出的问题，即"为何在大众媒体时代，我们依旧对影响我们日常生活的社会和政治决策的制定过程还一无所知？"

还有工人阶层如何能参与进来以保证危机导致的混乱不至于剥夺我们做人的权利。本书还提到，为了人的尊严，我们应该隶属于某一社团并拥有群体意识。这个过程有助于我们认清所生存的社区将要打破过去维护资本主义长达

---

① 是指不需外界指令而能自行组织、自行创生、自行演化和自主的从无序走向有序，形成有结构的系统的过程和结果。——译者

300年之久的等级制度。

此书提出的问题是，是否在巴拉克·奥巴马竞选时，对美国社会的政治、经济、环境、军事和社会等众多问题提出挑战会铸成这一革命时刻。

本书认为这一目标会变为现实。

革命时刻：法国与古巴的革命教训

革命一般是指迅速地颠覆现存的社会、经济和政治秩序。但像1959年的古巴革命、1949年的中国革命、1917年的俄罗斯革命、1789年的法国革命、1776年的美国革命和1804年的海地革命则是在旧的社会秩序无法为继的情况下发生的。这些事件通常标志着诞生于旧社会的革命过程的成熟。当发展到与旧社会不得不决裂时，时机就成熟了，此时新兴势力的主张、组织和领导可以果断地从政治和社会方面对其予以根除。

从这个意义上来说，革命时刻不仅与一个事件有关联，如1959年1月1

3
大变革：量子社会与乌班图

日卡斯特罗革命军大举进攻哈瓦那或者1789年7月4日巴士底监狱的暴乱事件。1789年7月发生的巴士底监狱暴乱属于突发事件，但也需要达成共识和一定的组织形式，还有后来拿破仑·波拿巴的出现才使革命得以实现。

在法国，为了推翻封建贵族、君主制以及为上流社会的繁荣和特权鼓噪的军事力量，资产阶级和工人阶级曾短暂携手。由于工人阶级和他们的理论家在社会上所处的弱势地位，革命成果被正在振兴的、更具组织性的海军和商业资本家所掠夺。参与这些历史事件的革命理论家们为此赋予了社会新的概念，即自由、平等和博爱。在此革命进程中，以掌握在波旁皇帝手中的集权为依托的、过气的封建集权主张被来自于底层阶级的资本积累和对平等的渴求所压倒。

拿破仑·波拿巴的出现正是革命军队内部军国主义和"恐怖统治"盛行的时期。"以暴制暴"成为法国人革命热情宣泄的途径，它席卷了整个欧洲。由于封建君主反对自由以及意见的分歧，因此导致了战争的爆发。战争削弱了革命力量，拿破仑玷污了自由主义理想。拿破仑并未向沙文主义和君主制的帝国传统宣战。最终，当战争在法兰西全面铺开时，欧洲的自由主义理想已经和奴隶制和谐共处了。

以革命为借口的法国帝制，令它最懊恼的就是没能在海地重建奴隶制。在提及非洲人民和对海地人民犯下的罪行时，为法国革命唱赞歌的这些欧洲学者并没有联想到法国革命的缺憾。

第二个革命时刻的案例是古巴。有些陈旧的观点都和帝国主义密不可分，如半封建的土地拥有权，白人的高高在上，以及通过教会对人民实行的文化压制，然而自从1933年起，这些都淹没在古巴的自由之声中了。虽然有关农场主所有权的这些陈旧观念趋于弱化，但残酷的专政依旧在军队以及美国政府的支持下继续耀武扬威。菲德尔·卡斯特罗于1955年对蒙卡达兵营进行的突袭，是为了在古巴申明独立和重建的主张。在古巴巩固独立地位并打败土地所有者时，他的讲话"历史会认为我无罪"成了智慧与思想的标志。切·格瓦拉（古巴革命领导人——译者注）通过把古巴的革命命运和世界范围内的革命连在一起，来深化革命和独立的理论基础。在冷战时期，古巴把触角伸到了苏联，对革命变革的矢志不渝可谓根深蒂固，他的领导能力和经验成为美洲现代革命的先驱。切·格瓦拉强力推进和支持乌班图的核心原则，他宣称，"真正的革命应由强

4 另眼看世界·当代国际热点解读

烈的爱来主导"。

古巴革命胜利后的50年，美洲人民始终处在革命的风口浪尖上，在加勒比和拉丁美洲又掀起了新的政治运动，由此提出了公正和社会变革的话题。在玻利维亚、厄瓜多尔、巴拉圭、委内瑞拉和拉丁美洲其他国家协商的过程中，出现了一个全新的局面。当地人民的主张起了作用，从控制大自然和控制其他人类传统观念的挑战中，新政文化应运而生了。当地人民力量的出现证明了一个事实，即在革命议程的书写和商议过程中，不再可能对当地人民和以前的奴隶予以非人的待遇。有关革命的这些辩论，无疑会使人们对所有人类价值的思考得到彻底的改变；与此同时，激进的女权主义者也加深了对革命的理解，即革命必须挑战有关家庭、性、夫妻关系、国家和政治中的父权思想。

美国民众为推翻英国殖民主义的革命传统感到自豪。革命本身的缺陷体现在第二次革命时期：即美国内战和重建时期。还有另外两个革命阶段，即妇女参政和工人参政以及20世纪60年代的民权革命。在书写美国愈40年的历史过程中，詹姆斯·伯格斯勾画出了拉丁美洲革命斗争给美国民众带来的挑战。他写道：

要想让美国民众大规模地从拉丁美洲革命中直接寻求帮助是不现实

的。正是这些抱怨和问题成为拉丁美洲革命走向成功的秘诀。但是还有许多类似于1961年美国对古巴的蓄意侵略等令人感到可耻的一幕幕,这不仅引起美国民众一片哗然,还使他们感到万分羞愧,这促使了他们反思政府和自我。拉丁美洲革命的蔓延意味着,在美国人面前,不仅是自身还有政府声望与信心的下挫,还与英国帝制崩溃所经历的痛苦时期是如此地雷同。所有这些将会使美国的革命危机加深。[5]

伯格斯的描述着眼于民权运动期间,底特律的文化和政治斗争的优势。这场革命意在与吉姆·克劳时期野蛮的种族歧视决裂。然而,正像内战时期的革命热情被吉姆·克劳和反革命势力所熄灭一样,民权运动所获得的成果也被里根主义和保守党的反击逆转了。[6] 里根政权以最残酷的方式迫使美国民众弃恶扬善。乔治·W.布什进一步深化了这一意识形态的高压政策,口号为"要不就赞成我们,要不就反对我们"。

在此书中,我向读者展示的是从1980年到2008年间的反革命时期。

当代的革命时期产生于数年来的反革命思想和领导能力,这充分体现在从

5

大变革:量子社会与乌班图

1981年的雷纳多·里根时期到2008年乔治·W.布什时期的统治联盟。如今,美帝国主义的溃败和新兴势力的崛起,都在向反帝国主义势力与和平势力发出挑战,这把位于国际政治前沿的工人阶级国际化的新思潮提到议事日程上来。革命时机的把握在于美国如何平衡国内外各方势力。

有关人类共享的新概念

首先要澄清的是我所说的革命并非传统意义上的(即自称革命者的势力对政权的推翻)。我们所说的是根本性的变革。众所周知,我们处在技术革新的时代。令人遗憾的是,我们的思维模式和深化改革的思想如此格格不入,然而这些思想却为21世纪的人们能够在和平中生存并摒弃数个世纪以来非常辛苦的劳作提供了前所未有的能量。关于这些变革,有意识形态方面的、有组织资源利用的、有两性关系的、有我们与地球以及宇宙之间关系的。意识形态的这些变革正发生在陈腐的观念处在一种无秩序的状态下,此时的旧观念是以牺牲社会需求为代价的个人资本积累合法化。

我们用特有的眼光目睹了许多重大的变革。全球变暖、飓风的肆虐、流行病的蔓延、全球性的社会动荡都需要立即采取行动。新自由主义和世贸组织的统治威胁到数以亿计的人们，使他们的财产不断减少。数以亿计的人们生活的贫困化愈演愈烈，然而寡头巨人们却想把他们的势力扩张到世界的边远地区。尽管摆出胜利姿态的这些人极力宣称别无选择，但非常明确的是，我们所处时代的体制危机远远超过了金融危机。该是美国霸权主义长期的统治局面宣告结束的时候了。在众多的挑战中，其中包括应如何对危机进行管理，以避免资本主义的危机和有实力的资本家之间的残酷竞争演化成为一场战争。各种危机和衰退体现在能源危机、食品危机、环境危机、气候变化、经济危机上——但这背后却隐藏了理所当然的无限财产积累所带来的重大危机。从全球范围来看，资本主义意识中霸权主义的崩溃非常缓慢，甚至令人难以觉察。在美国，局势依旧由资本家操控，目的是设计出使美国公司控制全球金融的体系。美国政府已经使部分大的经济部门国有化（银行、保险、汽车等），但为了国家经济能够控制制高点，民众对此持满意态度的有关探讨保证了资本家采取损失国有化、

6 另眼看世界·当代国际热点解读

利益私人化的方式，这是对宗教的一种亵渎。本书的任务是力图对资本主义予以猛烈的抨击，并动员社会力量对民众脱离政治的局面予以逆转。

贯穿美国文化战争整个进程的是，当人性尽丧时，受压迫最为深重的民众的文化宣泄充当了救世主的角色。节奏和蓝调布鲁斯以及爵士乐的音乐家们的文化表现方式在各种文化革新中起着引领的作用，在此激励民众与个人主义顽固的思想攻势、贪婪和对战争的颂扬展开对抗。当埃塞俄比亚发生饥荒时，文化艺术家们汇聚一起共唱《我们是世界》，这预示了好莱坞和媒体将要发挥作用了。此时娱乐取代了暴力，有一扇窗正在打开，来迎接电影和电视（还有新媒体）在政治现实中的教育意义、激励作用和富有创意的反响。

当五角大楼唆使编剧和制片人为战争和社会上的军事冒险歌功颂德的时候，进步的电影制作人被边缘化了。电影制作人迈克尔·摩尔只是其中的一员，他用电影媒体对资本主义进行言辞激烈的讨伐，演绎出了故事中的贪婪与腐败，并借以质询美国的资本主义是否在激励机制、道德观和政治经济方面还适合人类的生存。

美国在文化和知识领域的领导者已经组织起来，寻求出路以剔除恐惧、揭

丑、暴力和种族主义的偏狭，来倡导博爱、互相尊重和主动参与。在探寻出路的过程中，纳尔逊·曼德拉这样的领导人给我们带来了启发。曼德拉信奉和平而非报复、怨恨和仇视的价值观。尽管这一过程有不尽如人意的地方，但乌班图所提倡的和平原则与民族气节的声音从南非一直响遍世界各地。

乌班图

在非洲的解放历史中，治愈和调和是和乌班图密切相关的关键词。意思是说，乌班图的思想是合作、宽恕、治愈和分享意愿。虽然这一概念出自南非，但绝不仅局限于这一地区。它反映在所有本土社会的哲学体系中。其中有一个女权主义学者这样概述：

> 乌班图是社会主义概念上建立起来的古老哲学观，（因为我们，我）才被真理、正义和感情所驱使。这一哲学理念不因种族、经济富足、社会地位或性别而有任何歧视。它针对人类每一个被赋予生命的成员。

7 大变革：量子社会与乌班图

乌班图不仅和人类生活相关。它还关注对动物和自然的尊重。因此这样的哲学思想是创建个人与他人，以及内在与外在之间的平衡。[7]

在寻求关于社会的有关想法时，有必要质询一下"进步"和"无限的发展"这两个线型概念。在寻找答案的过程中，我发现作为指南的乌班图思想最大的价值体现在它为21世纪提出了新的构想。乌班图把人权革命（以及与革命有关的文化表现形式）的乐观态度结合到技术革新中，并明确地表达了建立一个共同的人类社会的意愿。乌班图从哲学立场出发，提倡把人类视为生态系统中有机的组成部分，由此人类就要共同承担维护生命的责任。人类的价值观以社会、文化和精神标准来度量。应本着在不同代际之间平等分配自然资源的原则。它是和"比较优势"唱反调的。

有关分享和合作的主张是和历史上的利己主义、理性选择、征服以及强权即政治等主张相背离的。虽然乌班图的主张在当代芸芸革命中还显得有些稚嫩，但我相信它可以为21世纪确定新的发展方向。南非的社会活动家德斯蒙德·图图高度概括了乌班图的主张：

> 它是一种关爱其他人和互相支持的精神。每个人的人类观最好用与其

他人的关系来表述，从而认清个人的人生观。乌班图认为人之所以成为人是因为其他人的存在。并认同在推动个人和现代社会进步的过程中每个民众的权利和责任。[8]

此刻最关键的是，我们要理解只有通过与其他人产生联系，我们才能被称为人类。最根本的就是打破原有的在白种人和非白种人之间建立双重公民资格的等级制度。（双重公民资格是由长达200年的历史构成的公民等级划分，这归因于美国的宪法拒绝承认黑人以及美国土著人和妇女的合法地位。）这就从根本上强化了白人的高高在上，以至于对宪法中种族歧视持反对意见的进步人士纷纷谴责白人至上的观念。在此借用詹姆斯·鲍尔温的公开声明，"只要你认为自己是白人，就没有任何希望了。"

这个挑战可以被理解为，应该对欧洲人始终处在人类变革优势地位的线性模型发出质询。以前曾有一些马克思主义者辩驳，在欧洲发展起来的社会组织（包括共产主义、奴隶制、封建主义、资本主义和社会主义）对于人类社会来说非常重要，因为此前他们没有其他的组织形式可以选择。这种阶段性的概念无

8 另眼看世界·当代国际热点解读

助于一些革命者理解美国越洋贩卖土著人奴隶和对其犯下的大屠杀罪行。[9]

虽然这些"激进派"能够理解所犯下的罪行，但有人认为这些只是"进步"和"生产力发展"所衍生的"不幸的"的副产品。通过分析表明，帝国主义对资本积累的剥夺有助于我们对过去和现在帝国主义势力扩张的理解，但帝国主义并未在性别和种族权利的掠夺上有所建树。我们应该理解世界各地人民，无论种族、民族、性别、性征都要寻求各自的独立，以促使世界人民的跨界联合变成现实。

世界社会论坛为反全球化运动提供了空间。这个运动反对市场的唯一化原则。因此必须贯彻执行"人类共享"这一概念，以使革命时刻的来临能够加速对军事工业中心的解散并赋予工厂的转型以充分的自由，这样才能保证生产出惠泽人类的产品，而不要制造用于战争的大规模杀伤性武器。技术的进步为我们重新定位经济的含义提供了可能性，但旧有的工作定义依旧徘徊在对制造业的革新。革命者应重新给工作下定义，即人类应把重心放在个人潜力的发掘上，这应成为社会组织的根本目标。

革命时刻构成的要素

时下的革命进程为社会提出了全新的问题。在美国政治和经济的许多领域里，我们皆可看到旧有观念的不断消失。"自由主义"的消耗殆尽说明需要全民积极参与到生活领域的各项活动中，能够让民主的势头盖过程序上的选举动议。有许多领域需要公民的参与，在此我只想突出五个要素：

第一个要素体现在美国金融和经济统治的末期。当艾伦·格林斯潘在 2008 年美国议会前证实旧有的君主主义错误时，公众也承认这是由新自由经济组织模式酿成的失败。无论是自由经济还是新自由经济，它们的思想和组织形式正在经历深刻的危机。我们已经走到了以"消费者引领经济"时代的尽头。在生活的各个领域，问题在于是否应该把公众利益放在私人利益之上。美国民众是否将要成为掠夺地球资源的同谋？

奥巴马的管理刺激一揽子计划明确地说明，只有众多国家的参与才能拯救

9 大变革：量子社会与乌班图

现有的经济体系。资本家无约束地、无限制地进行资本积累，并被赋予这种优先权的时代一去不复返了。（这是完全由华尔街掌控的里根经济主义）像是多米诺骨牌一样瞬间倾覆，经济泡沫使社会和经济生活各个方面都泛起了涟漪。国家现在拼命通过国有化，而不用工人、社会和众多生产商所赋予的责任和约束力来拯救资本主义。

雷曼兄弟公司破产一年之后，艾伦·格林斯潘同样预言，由于"投机过剩"，经济危机会再度爆发。格林斯潘说，"危机会再度发生，但形式会有所不同。"由于不能直面人类的本质，格林斯潘和极力赞成私人积累的那些人不理解究竟在私人积累和社会财富生产之间存在什么样的根本矛盾。当危机再度来临时，资产阶级会再度掀起另一场政变吗？托马斯·杰佛逊早在 1802 年就有论述，"就对我们自由的威胁而言，银行制度要比严阵以待的军队危险。"[10]

当这些言论面世时，美国的银行体系还未实现国际化。200 年以后，经济领域的银行体系和金融服务部门不仅更加危险，而且这些机构和军事工业中心的大佬都有着千丝万缕的联系。卡莱尔集团和黑石有限公司（头衔有政府顾问、联邦政府主要的合同商、私人银行经理人）成为金融和军事寡头掌握政治和经

济特权的缩影。为了打破银行家、保险家和军国主义者一统天下的局面，需要思路清晰并同心协力对公众进行动员和教育。

新自由资本主义的凝聚力已丧失殆尽，英美资本主义阶层的霸权思想也在土崩瓦解。资本主义目前的危机是对 1945 年后金融体系的一次重击。用萨米尔·阿敏的话说，"无限的资本积累把资本主义定义为呈指数上涨，后者像癌症一样，会导致死亡……体系要想恢复元气是不可能的，也不会解决任何问题，反而会使其进一步恶化"。[11]

这并不意味着我们正在坐等资本主义的崩溃。体系的重新构建需要依赖组织形式和国际上对资本主义观念的挑战。在国际体系中，已存在一种共识，即美元作为储备货币的统治时期已走向尽头。有关经济重建的争论焦点曾一度发生在这样的情况下，那就是政治领导人对经济运行知之甚少。现在我们了解了为什么乔治·W. 布什一提经济崩溃到何种程度就语塞的原因了。[12]这些政策制定者不知道投机和泡沫这种赌博式行为会给数十亿人口的生活带来什么灾难性的后果。这些抱有幻想和自负且手握权力的人在短期内悟不到其具有的讽刺意

10 另眼看世界·当代国际热点解读

义，只有掌权的中国领导还把美元作为外汇储备。

努里尔·鲁比尼认为，美元的颓势至少要延续 10 年。[13]我本人赞同，巨额预算和贸易赤字双重压力的监管过程将会导致美元的衰落。未来的债务不能根治过度的债务。许多国家在不断疏远美元，且使外汇储备多元化，这只是一个时间问题。当这一时刻来临时，美国将不再可能依赖其他国家来为赤字筹备资金。美元的颓势不断加剧，美元地位的弱化将会是长期的、曲折的，会历经很多的沟沟坎坎。武力外交、军国主义和沙文主义经常是危机中统治阶级惯用的伎俩。为了打败武力外交，关键是和平与正义的力量要出面终止依赖强硬军事势力的局势以维护经济体系的稳定。现在棘手的是，弄清意识的问题和全球同时爆发的资本主义危机的组织形式两者不期而遇。

第二个要素与要求民众积极参与的这一阶段有关。该观点认为，美国社会可以通过地球的军事化（连同控制地域的承诺），并无限扩张战争和军事基地，来达到消耗财富和资源的目的。（在过去的冷战中）这样的扩张以打败共产主义为名而变得富有正义感。在布什政府时代，军事化以"向恐怖主义开战"为名而变得名正言顺。"全球化"一词曾一度被用作掠夺地球自然资源的遮羞布。恐

怖主义分子威胁的假象，以及伊拉克大规模杀伤性武器的谣言四起，都是用来动员美国民众来支持军国主义和战争的，因为此时恰逢美国需要摆脱长期以来的外国军事干涉。美国的军事主义和持久的战争经济必然促成它的单边主义和对战争的颂扬，其目的是恢复其文化上的统治地位。

第三个要素是对科研以及牛顿学派等级观念和保守宗教观创造力的压制。信息技术、纳米科技、认知科技与太阳能方面的技术突破使化石燃料基础上的创新成为可能。据称纳米技术是科技领域的一大创新。联邦研发部门的一位领导曾说：

> 纳米技术涉及到移动单个原子和分子，用分子模块来制造机器，并创造新材料和基础结构。以纳米来创建的科学和技术是革命性的。它可以改变任何事情的运行方式——从医药到电脑，从服饰到摩天大楼——使新产品的诞生不再成为梦想。[14]

谈到基础科学，科学家们承认技术凝聚的创新潜力，以及纳米技术能使工程师制造出迄今为止比人类制造的最小产品还要小的机器和结构。雷·库兹维

11 大变革：量子社会与乌班图

尔进一步宣称，随着纳米科技的未来研发，"不到5年，太阳能引爆点的交叉所耗费的成本在任何情况下都会比化石燃料更便宜。"[15]

鉴于教育体制所传达的优生学思想，我们并不完全了解这一新的科技革新将会给我们生活带来的挑战、准则和潜力。纳米技术有关道德和伦理的深入探究被教育体制所束缚，因为这种体制压抑且禁锢了年轻人的才华。为了新一代，只有使知识和信息民主化，才能为进一步探索新科技的伦理选择提供契机。[16]随着科技创新的突飞猛进，我们不能坐等美国改变它的教育体制。美国之所以落后是源于在量子机械原理的复杂性和细微差别上缺乏领先的开放意识。对金融、保险和房地产的重视更说明了这一点，即科技和科学认识与贪婪和投机相比要逊色得多。

第四个要素表明了福特主义已经步入暮年，它所倡导的消费者主导的经济毁灭了地球。数百万民众意识到美国"文化上的自鸣得意"需要一场革新突破，因为它使全球气候变暖更加恶化。我们还意识到现代生活的动荡是旧有秩序失败的症结。如现存的生产和消费方式不变，它对我们生存环境的影响会令人触目惊心：我们赖以生存的空气和水将会继续受到污染；土壤会受到侵蚀；将会

有更多的森林、动物栖息地和生态物种从地球上消失。如全球人口都以美国现存的水平去生产和消费的话，我们还需要三倍大的地球。有利于生态环保和社会责任的经济活动需求从未得到增长，基于以上原因，该是呼唤建立全球民主的时候了。[17]

环保司法和绿色意识对吹嘘生产力发展的那些传统观念发出了挑战。此时有些社会学家的线性理论也受到了挑战。就生态危机而言，资本主义自身也出现了许多反对的声音。

第五个要素是极力建构极端种族主义和优种人等的观念，以便在各层面来维护种族主义和政府的种族主义政策。陈旧的城市化模式、医疗保险的不公平待遇、易患癌症的区域（如密西西比河长达85英里的严重污染，从巴吞鲁日一直到新奥尔良和路易斯安那州），还有为了加强和重建保守的公共政策而实行的高压政策都正在面临激烈的挑战。过去美国社会的秩序原则是先于上述四个要素的，来自于各个方面的压力，就是为了毁灭根植于美国哲学观中所谓民主和自由的种族主义幻想。巴拉克·奥巴马的竞选并没有改变美国的种族主义结构，

12 另眼看世界·当代国际热点解读

但这却表明了，工人阶层长期被孤立对资产阶级维持其霸权地位没有丝毫帮助。

文中只呈现了部分矛盾，因为在这个简短的评论中，不可能涵盖资本主义的所有矛盾。这些革命时刻的构成因素并没有使社会的高潮阶段来临。但这些挑战对劳动阶级来说是非常明显的，当用于控制心理和精神所使用的那些老套媒体和工具已经不能左右向民众传达的信息时，这些矛盾就都会爆发出来。迄今为止，我们最缺乏的就是革命概念的澄清、组织的新形式和坚定的领导者，以此来调动年轻力量与旧有政体、经济、军事主义和种族主义决裂。

21世纪超越先驱主义的思想

在政治组织形式方面，存在着一些可行的新方向，这是由社交网络的自组织和自我动员构成的。不同社会力量的自组织和自我动员在2008年总统大选时融入了这一政治进程，这为革命组织的发展提供了新思路。一个社会不可能在没有革命组织的情况下来预想变革的发展前景。

在20世纪，拥有最超前领导成员的先驱组织形式是可以接受的一种组织形

式。[18] 领导革命的先驱党主张是由布尔什维克发展起来的，有关精英领导力量的作用被载进了 20 世纪的革命理论史册中。由此产生了"革命就要有武装斗争"的观点。

基于弗拉基米尔·列宁的主张，工人阶级、革命者以及试图变革的那些人需要组织起来，形成一个政党，以"民主集中制"为理论根基，目的是在阶级斗争中起到决定性的作用。阶级斗争和创建政党的最终目标之一是革命和夺取政权。在此原则下，政党必须高度集权，所有的党员要听从党的决定，发出同一声音，并步调一致。如没有"先驱"加盟劳动阶级政党，（他们坚信如果只通过自身的努力只能达到行业联盟的水平），革命是不可能实现的。

德国革命家罗莎·卢森堡批评"民主集中制和先驱主义"，并指出工人和农民的自发活动有很大的发展空间。她认为社会创造的各种条件非常重要，19 世纪的俄罗斯革命不可能在任何国家都适用。尽管她的批评很有代表性，但事实上在真正的斗争白热化进程中，矛盾才会产生，知识分子和政治专家们会错误地认为，组织和自发性之间由于出自各自需要才会产生分歧。从 20 世纪革命实

13

大变革：量子社会与乌班图

践历史中明显地得出结论，没有组织就没有革命。问题在于拥有一个包括所有人在内的组织，并接纳社会最受压迫阶层人们的主张和行为。

在美国的革命历史中，来自于各方的势力对先驱的主张评头论足。许多激进计划中的自治和独立使他们拒绝接受先驱主义的基本设想。作为 20 世纪初叶美国社会党的创始人，尤金·德布斯坚信激进组织必须拥有"一个宽大的帐篷来容纳一个组织社会主义活动的所有思想倾向，因为它能团结更多人"。[19]

和其类似的就是黑人解放运动和革命力量，尤其像艾拉·贝克这样的妇女代表，拒绝接受精英主义和男性领导一统天下的基本设想。在反对奴隶制的斗争、加维黑人运动还有后来的自由运动中，黑人从经验中得知从理论上必须获得独立。这一激进的民主观点在民权革命中显而易见。正在此时，年轻时的马丁·路德·金（以下称小马丁·路德·金）提出了非暴力革命的主张。他打破了对越南战争的沉默，强烈反对军国主义和暴力行为，并呼吁"价值观的根本改变"。[20]

当小马丁·路德·金正打算把工人力量，尤其是田纳西州的环卫工人组织起来时，他遭到了暗杀。暗杀许多民权运动领导人的行为是为了摧毁激进的主

张和组织。然而这其中的经验教训却为革命组织新的主张提供了沃土。

一些学者和思想家相信有能力为工人阶级的斗争做出规划,然而身为加勒比革命者的沃尔特·罗德尼却摆脱了他们的思想束缚。1980年罗德尼在一次采访中说到:

一种理论观点和任何参与政治进程的人们的观点二者的区别在于,一个是抗议过程中由自发行为构成的组织,一个是人们有意识的自组织,这会促使他们一步步走向成熟。[21]

在此,罗德尼再次肯定了马克思与第一共产国际的沟通,即"工人阶级的解放必须由工人阶级自己实现"。[22]然而马克思的自我解放观念却被列宁主义压制,列宁主义主张革命必须由先驱组织来引领。

先驱主义不仅局限于革命党派中。从阿尔及利亚到扎伊尔,"一党民主制"已经在非洲生根发芽。从印尼到伊拉克,独裁领导人寻求民主集中制的庇护和言论。在大多数拥有集中制的国家里,很难体现民主。像朝鲜和津巴布韦,分别在金日成和罗伯特·穆加贝的领导下,在众多假想的革命党派中,强大的党

14 另眼看世界·当代国际热点解读

派脱颖而出,以至于中央委员会取代了政党,并最终由最高领导人取代了该党。斯大林使先驱主义的形式以及疯狂的个人崇拜发挥到极致,这成为苏联布尔什维克革命衰落的一个原因。

世界上的许多政党都存在先驱主义,一些主流党派采纳了其中的主要思想。美国民主党的政治领导就起到了先锋的作用,给各级政府和文件起草出谋划策。20世纪的整个进程中,党魁体制有权为选民做出决策。在美国的黑人解放运动中,也存在着先驱主义思想,这体现在民权运动由精英统帅上。民权运动是否来源于基层组织抑或是被我们的上代人称作"有才能的第十代人"精英们所作出的贡献呢?艾拉·贝克曾针对激进的民主情况进行了详尽的阐述,声明了自下而上的组织形式以及对民众实施政治教育的必要性,以促使民众能够成为自身解放运动的代言人。20世纪的大部分时间里,贝克都是作为一个活动家的身份出现的,她通过观察发现了共产党先驱主义以及自上而下的民权组织,如"南方基督教领袖协会"和"全国有色人种协进会"的缺陷。在美国第四个革命阶段与民权运动期间,正是对先驱主义的厌恶才激励她和自由战士们并肩作战。

贝克坚持实行自下而上的组织形式和与人分享的民主体制,因为所有的组

织形式都是以民主决策为基础的。沿用教会的传统术语,她质询"领导应是从布道坛到会众,还是从会众到步道坛?"[22] 在这双向的流动中,她强调了会众的重要地位。她对先驱主义的反感源于媒体对著名民权运动领导人的歌功颂德。当国家的大量媒体出现时,这些名人就会出面组织公众活动;当媒体散去时,他们也会纷纷撤离。这些公众就会被交给"仁慈"的警察和图谋报复的三K党。

密西西比自由民主党是建立在非等级组织模式上的,通过人们的意识可以提升自身的认识水平。范尼·卢·哈默尔诞生在一个分耕制的家庭,后来成长为一个基层运动的发起人,她有能力在1964年民主党全国委员会上动摇国家的意识形态。她的出现使"给人们一丝光亮,他们就会找到方向"这一席话令人深信不疑。罗伯特·摩西和全国学生非暴力统筹委员会的领导者采纳了艾拉·贝克的观点,并且参与了一个大规模的运动,这使美国从一个种族主义和军事主义的港湾变成了一个包容和更加民主的社会。

1980年雷纳德·里根在美国掌权时,民权革命所取得的成果基本上被掠夺走了。保守党研究了民权斗争的组织方法,并开始着手创建美国保守党的基层

15

大变革:量子社会与乌班图

革命。这场建立在基督教原教旨主义上的保守党革命,成为美国强大的政治势力,并且为军国主义在白人工人阶级中的影响奠定了社会基础。

国内的非营利机构和国外人道主义的联合构成了资本主义灾难时刻的图景。来自于新奥尔良的卡特里娜飓风暴露了新自由主义和个人主义的缺陷。首先,卡特里娜飓风使布什政府的管理和有关个人私利的主张纷纷暴露了出来。其次,这个自然灾害是对全球变暖的又一个警示。卡特里娜飓风预示了21世纪初资本主义整个体制和人类的生存状况。

因此,民众发起的文化革命最终必然会演变为美国的激进主义行为。20世纪60年代期间,詹姆斯·伯格斯,作为一名底特律的普通工人,在一本有关美国革命的小册子中提到,必须超越构成先驱主义思想的残酷物质主义。

美国革命并非源于有关经济方面的怨声载道。它也并非以工人阶级为代表。美国资本主义的发展足以产生诸多矛盾,以质询国家全部的社会改组方式。这些矛盾是有关极度贫困和生产过程中工人生活的。其他的与对社会生存质量产生广泛影响的要素同等重要。人类是富有想

象力和创造力的。他们的需要绝对超越物质范畴。

在发挥革命想象力时,伯格斯绝对是超前的:

现在美国人最需要什么?是停止逃避责任并开始勇于承担责任。当美国人这样做的时候,他们就开始踏上革命之路了。为了实现这一目标,前提是他们要把生产过程中的创新想象力用在政治上。然而事实上他们越是在生产过程中富有技术创新力,他们越是在创建人际关系时缺乏想象力。如今的美国人像是一群蚂蚁,整个夏季都在为了积累粮食而奔波却不知如何分配它们,故而为了储存自己的粮食而不断地争斗并且相互伤害。

在美国人逐渐由动物行为演变为人的行为的过程中,最大的障碍就是他们错误的自由主义信仰。[23]

当古典音乐遭遇爵士乐时

16 另眼看世界·当代国际热点解读

  当布什政府在新奥尔良成百上千人陷入困境而踌躇不前时,真正的民众组织起来揭露了一个事实,这就说明美国民众还是具有乌班图思想意识的。是教会团体筹集粮食和衣服,帮助邻近居民重新安置下来,并向由于飓风和迫于苛捐杂税而无家可归的那些人伸出了援手。

  奥巴马总统大选充分挖掘了这一宝贵的精神财富,即赋予大选进程以新兴信息科技以及数百万志愿者的一呼百应。这次大选使组织团结得更加紧密,将数百万志愿者的热情和自发性充分地调动了起来。每一个政党都可以利用新科技手段。关键是奥巴马政府利用新科技的手段,以自下而上的参与方式,让普通民众组织在主张和能力展示上有决定性的发言权。正是这自下而上的原则,以及民主组织的透明领导体制所带来的启发,才让杰勒米·伯德联想到古典音乐和爵士乐的碰撞。

  古典音乐是由指挥挥舞指挥棒来控制整个乐团的。古吉恩在成为"乐队指挥"时曾言:

  大选时的庞大机构是传统型的,它是自上而下的操控(当然信息也是从上向下的传递）。从本质上说，大选，作为志愿者付出的典型，是由特别的社交网络构成的。它需要一个强大的、紧密团结的队伍，只有这样才能对大选进行最大的创新。[24]

据资料记载，戴维·普罗菲在《大踏步地走向胜利：巴拉克·奥巴马制胜的内幕和个中的教训》一书中提到，有关团结的组织结构形式为我们的理解提供了思路。戴维·阿克斯罗德（2008 奥巴马大选时的首席策略师，现为奥巴马资深顾问）和戴维·普罗菲一直保留着企业大权等级制度的有效性，但在执行的过程中，大量放权给中层经理，意在建立一个更具活力和可以扩展的经营模式。[25]

一位时事评论员提到，奥巴马大选时的强大掌控能力是"把过时的传统和自律构成的严密组织及非集权化和自组织的新技术二者融为一体"。[26]

一旦产生碰撞和融合，爵士乐的能量、魄力和影响力就会一发而不可收。在大选期间，它终于爆发了，并成为革命的关键因素。"网络势力"真正意义上的诞生来自于把大部分时间都耗在因特网并使用社交网络的这一代。在文化革

17
大变革：量子社会与乌班图

命进步分子的影响下，传递、影响和动员数百万年轻人的能力不断得到提升。

音乐家劳伦·希尔在反对性别歧视和种族歧视上是一位先驱，她在不断呼唤"自由"。在嘻哈音乐运动中，渴望和平的艺术家们与女性歧视和男权主义进行着斗争。奥巴马喜欢嘻哈音乐的和平风格，南卡罗莱纳州的年轻人还称奥巴马为"嘻哈"总统候选人。

在大选的这两年间，奥巴马的风格和主旨为政治领导制度带来了新感觉。知识分子和持不同思想信仰的作家们都说："奥巴马的社交网络是名副其实的创新。"在选举过程中涌现了一批富有远见的人士，这些远见卓识在大选初期就已经奏效了，它驾驭着社交网络和通讯工具以及大胆的数据库开发，使其并驾齐驱。社交网络一方面扭转了希望和变革两者当时的局面，另一方面终结了长达 4 年之久的共和党保守主义。社交网络成就了普通民众的非凡举动，并促使诸多小发明为重大变革做出了贡献。

数年来，企业家们都在阅读一本有关社交网络的书，它是由马尔科姆·格拉德维尔写的《引爆点：如何使小事产生大变化》。在书中，有关变革势头的概念被进一步挖掘，但只局限于销售产品的目标和利润循环上。格拉德维尔把引

爆点作为一个社会学词汇来处理,即"临界物质、临界值和沸点"。他就"如何让想法、产品、信息和行为像病毒一样蔓延"进一步阐发了自己的见解。这些想法对我们这个时代的激进政治行为很有启发。

依我看,奥巴马的自组织形式不仅在发挥年轻人的潜力上有所作为,并且实现了政治组织形式从量变到质变的飞跃。

在这个方面,政治的形式突破了原有的左翼先驱主义以及民主党的集权主义和领袖控制。这就是克林顿政府失败的教训如此惨痛的原因。奥巴马大选引起了世界数百万人的兴趣,尤其针对想用他们的基层组织来挑战既得利益群体的那些人来说。世界人民一直认为希望渺茫,因为他们不相信有能力调动反对现行制度的力量,并使其走向成功。他们热心于对奥巴马大选的研究,通过研究得知并坚信这个"制度"并非不可战胜。

我将借用伯格斯的话来概括本小节的内容:

美国人必须为坚持他们自己的权利和责任寻找一条出路,以在社会的各个领域内拥有政治决策权并制定政策——无论是外交政策、工作过

18

另眼看世界·当代国际热点解读

程、教育、种族关系,还是社区生活。未来的斗争在于从少数人手里夺取政权,把它交到多数人的手里。但为了把这个权利交到多数人手里,多数人就要和掌权的少数人以及他们自身的内部冲突展开斗争。[27]

奥巴马竞选后,种族主义思潮涌现出来,保守派极端主义对反对势力构成了威胁,然而这些反对势力却为实现博格斯的预言作出了承诺。工人阶层在种族主义问题上产生了分歧,白人投资方面的腐败给年长的白人阶层敲响了警钟。同样,旧的左翼领导势力对白人工人阶层也非常冷漠,因此在和资本家决裂时缺乏坚实的基础。当社会团体和白人上层旧有的分裂思想作斗争时,新的领导体制出现了。

奥巴马竞选为新的基层领导制度开拓了发展的空间。从根本上来说,这会逐渐削弱极少数人控制权力的局面。扎克·埃克斯利在2008年11月4日发表了长篇大论,"胜利还是失败,'新的组织者'已经改变了数千个组织,并且对组织本身予以革新,这至少会得到下一代的理解并使其参与到实践中来。"[28]

有一个新的基层组织出现在政治平台上,它提出了不同的话题,如无家可归、医保的需求、就业、退休金、环保、反种族主义以及和平运动。社交网络

中的网络平台为社会创建了新的领导层,这为动摇维持资本主义体制的自满情绪提供了可能性。例如,乳腺癌生存者通过网络现身说法,并通过改变医保体制以在政治上发挥作用。网络是独立于政党之外的,但其组织是为了妇女利益服务的。正是在这些新网络力量层面上,人们才发现集体分散行为的可能性。

从反革命时期开始,奥巴马就非常渴望变革。2009 年 1 月 20 日在华盛顿的百货商场里,我们目睹了革命能量释放的瞬间。奥巴马重拾革命的记忆并回顾了汤姆·佩恩的革命思想,为的是激励数百万力图使变革成为现实的民众。奥巴马被推到了呼唤和平与正义的风口浪尖上。他能被这股风浪推得更远吗?

救赎与革命

在此期间,反资本主义力量的作用是通过自组织、自信和自发动员而创建的新政体、新思想和新网络,这些自发行为产生于对金融巫师和武力支持者的挑战。政治思想解放作为民主化进程的因素之一,是从先前民主斗争的丰富经

19

大变革:量子社会与乌班图

验中获得的。现实使我们认清,基于种族隔离的旧有排外政治思想对解决一系列民主问题毫无益处。包容政治思想是政治解放主张的基石。

奥巴马大选采用了把社会力量都接纳进来并且向所有团体开放的措施。社会上对民主党变革的认可预示着美国新时期的来临,从美国土著居民①被征服和墨西哥领土成为附属时期开始,分而治之的政策已经被超越了。这种包容政策不仅是为了击败共和党,而且是在社会角力的过程中促成了结构转变,因为这是一个黑人、拉美裔人和其他团体都拥有公民权的社会。正是在这种政治包容的环境内,才形成了多种运动的联合,如和平运动、工人运动、环保司法运动、跨性别运动、反种族主义运动、妇女运动和救赎运动,大选以外依旧存在培养新的激进分子和建立新政治平台的空间。这样的联手可以促使奥巴马政府承担其应有的责任,在与全球和平运动结盟的过程中创建美国新力量。

在有关缩减美国军费预算并取消"反恐战争"进行侵略性军事计划的呼吁

---

① 美国原住民,如印第安人和因纽特人等,占到总人口(2000 年普查)的 0.9%,其中约有 35% 生活在印第安人保护区内。

中，必须对这场运动继续给予支持。美国工人阶级对于所谓的爱国主义不感兴趣，因为它支持爱国行动法案和对伊拉克的非法侵略。美国和平运动必须加大从阿富汗撤军的力度。从短期来看，极端种族主义分子将不断寻找军事地盘，这种极端主义会迫使自由主义分子在种族主义体制上更加坚定自己的立场。

老左翼分子最大的弱点就是不能包容新的废除主义和反种族主义斗争的向心性。还有就是对被压迫阶层人们更多的诉求充耳不闻。美国的左派在历史上就故意与救赎运动疏远。在当地各个阶层人们、拉美裔的各个社团还有非裔美国人群体中，都对救赎、治愈和革命变革之间的关系心知肚明。

救赎应该包含赎罪、治愈、公正、调和和修补断裂的地方。本质上说，救赎运动需要和过去的资本主义和种族主义的罪行相决裂。这个运动需要反观对进步的颂扬并且对数百万非洲和土著居民的种族灭绝行为的赎罪。像20世纪60年代发生的民权运动一样，这场救赎运动波及面很广，一派是进步党想推翻资本主义，另一派是把救赎视为财政补偿。

实际上，财政补偿只是修补的一种方式。其他方式还有归还、复原和对非

20 另眼看世界·当代国际热点解读

重复的担保。正是在有关非重复担保问题上，左翼、非洲后裔革命势力、当地以及受压迫的人们才联合起来，为的是对殖民主义、奴隶制、帝国主义和占领的罪行予以补救。这场救赎运动从反对法西斯的斗争历史中吸取了教训，并把这个信息传递给巴勒斯坦和平与正义组织，以及其他美国占领区和令人感到耻辱的地方。

美国的统治阶级杜绝人们参与有关世界反种族主义大会的国际探讨。为殖民主义和战争的游说，此刻比反对军国主义和占领的声音更为强烈。美国不存在任何传统的左翼势力和行业协会部门支持政府重新加入世界反种族主义大会的呼声，这其中耐人寻味。迄今为止，以色列的说客一直认为，他们自身要比和平与救赎运动的势力强大。然而已经变化了的世界环境中，拉丁美洲和非洲的斗争组织和联盟发展得非常缓慢，这使多数派和少数派的主张陷入困境。[29]

新的激进分子与政治阵营

奥巴马并非革命者，但在世界历史进程中，却卷入了这一革命漩涡。奥巴

马大选处在美国的普通民众和世界爱好和平人士主张和平与变革的时刻。选举的规划有一定的局限性，因为美国社会的重建工作是一项浩大的工程，不可能一蹴而就。奥巴马或许不是解决问题的良方，但在与统治启蒙运动思想旧有二元概念的决裂上却有所斩获。

这次决裂造成的意外结局会产生一个新的方向，为了实现人们生活在和平环境中的理想，新兴的、真正意义上的自下而上的组织力图使其向民主社会方向转变。再者，在警醒黑人和拉美裔人的过程中，先前被压迫群体的人口变化和自信心起到了引导的作用。虽然他们是美国的少数民族，但属于世界的多数民族。美国被视为一个种族问题突出的国家，一言以蔽之，这是人类多数民族的权利问题。新自由主义专家的非合法化已经提供了这样的机会，即向银行家和他们的保护者发出了最具创见和可笑的抨击。幽默、社会网络的创意、青年人的能量以及新形象可以刺激社会，发展到使这些银行家不再拥有扼制社会的能力。可是，除了幽默，还需要新的组织。新组织形式的初期已经存在于网络之中，它在生活、良好的教育以及和平方面发挥了组织的功能。

21
大变革：量子社会与乌班图

实际上，社交网络中的网络平台为发展新的革命组织形式奠定了基础。这些网络为创新提供了空间，并且超越了种族化的社会。从数量上来说，网络越多，发展的可能性越大。这个飞跃对量子政治来说相当关键。C.L.R.詹姆斯曾经提到革命不是在议会内部进行的，它们只是在那里进行了登记注册。有必要向读者提及詹姆斯的另一个观点，"作为革命领导者，在他们攻击制度上的文化优势时，通常能获得利益。"[30]

在海地革命中，杜桑·卢维杜尔从被奴役阶层成长为自由和正义主张的拥护者。他从革命时期的文化优势中获得了利益。巴拉克·奥巴马也从社交网络中的革命和民权运动的丰富遗产中有所收获。

奥巴马的胜利是削弱右翼势力的第一步。何去何从，我们要依在此期间发展起来的主张、组织和领导而定。本书的目的是弘扬21世纪的革命主张。

结　论

巴拉克·奥巴马作为美国总统的竞选活动，是世界上一个非凡的历史事件。

他的大选意味着美国庞大的人口需要新生事物的涌现。来自于白人工人阶层的选民数量足以保证他的大选取得成功。然而长期的种族歧视和性别歧视可以说明，一个长期的、普通民众的斗争就可以对美国的种族主义制度发出严峻挑战。共和党历史表明，以先前革命为基础创建新的组织结构是有发展潜力的。

历史学家们针对美国历史上 4 个革命时期进行了归纳：1776 年到 1783 年，1860 年到 1877 年，1919 年到 1929 年，1954 年到 1973 年。革命分子非常了解来自于美国白宫内部深度变革的局限性。作为一个普通人，巴拉克·奥巴马不可能根本改变社会的状况。然而，像美国内战时期的亚伯拉罕·林肯一样，他的竞选发生在诸多社会转折过程中。亚伯拉罕·林肯是由激进派推举的，这些人明白拯救联邦就不能脱离废奴制。在那个革命时刻，林肯的成长使他明白，如果社会继续推行奴隶制，1776 年的美国革命和开国元勋的承诺是不可能实现的。

长期的社会动荡、一个强大的废奴主义运动和战争扭转了美国的风向。林肯遭到暗杀后才阻止了民主思想的蔓延。奥巴马参选的时候，正值美国社会被

22 另眼看世界·当代国际热点解读

迫作出选择。战争、军国主义和金融体制的崩溃，迫使社会作出艰难的抉择。由于长期在自由主义的耳濡目染之下，巴拉克·奥巴马曾阅读过有关林肯的文献，并接受了会有一个"更加完美的美国联邦"的见解。在演说中，奥巴马没有提到是否联邦和民主社会能在现有的经济组织模式中生存。金融服务部门的崩溃、银行的国有化、美元的贬值，以前美国领导人很少面对这么多的挑战。

信息灵通和积极的年轻一代为政治舞台增添了活力。一直用做娱乐的社交网络工具被年轻人用来参政。网络 2.0 技术服务于政治组织的根本变革。与此同时，正在形成的创新力量挑战了经济组织的旧有形式。跨国的科技合作使信息得以分享，这也挑战了跨国公司原有的以知识产权为导向的局面。乌班图的人类共享思想与其资源共享运动不谋而合。当乌班图的这两个概念在竞选中汇聚在一起时，出现了对创新的干预，它从根本上改变了政治。

在竞选过程中，当务之急是寻找方法来接近高效且能够弥合社会和种族之间分歧的年轻势力。新兴的废除主义者已经从许多方面为此奠定了基础，这些人在嘻哈革命过程中，反对监狱工业复合体（这是指企业和组织利用镇压工具来监禁美国黑人和褐色人种）。这个嘻哈运动联合了乐观和消极的力量，这次大

选使乐观派发挥了作用。乐观派确定了乐观主义的关键词，用音乐来表述就是：是的，我们能。

当那些被带进《大胆的希望》的人们还没有形成自己的政治运动和组织时，那么对美国政治本质的深刻理解和保守主义结构的局限性就意味着奥巴马只能被这种社会体制所束缚。

在一个政党努力建立新政体系时，无论是否名副其实，在于社会中的生产者和劳动阶级进一步深化自由解放的传统，为的是给那些被愚昧文化的颓势所蒙蔽的人带来希望。我们不能低估重塑21世纪人类的重要使命。只有建立在以许多和组织运动有关的自我解放和自我动员原则基础上，这种自下而上的运动才能使奥巴马不至于沦落为华尔街和垂死挣扎的军国主义者的工具。运动的失败意味着奥巴马政府将继续维持从里根到布什执政时的反革命态势。

自我动员、自组织和政治包容性将会开辟新的空间，使政治领域不仅涉及到媒体、说客、白宫内部、国会和参议院。一个安定的社会，拥有无犯罪记录的邻居，孩子们能成长为尊重人类的人，社会支持保护地球的行为，所有这一

23

大变革：量子社会与乌班图

切都期盼新兴组织力量的诞生。

巴拉克·奥巴马的大选成为许多百姓街谈巷议的话题。他们之所以参与进来，是因为坚信将会有新的政治面貌出现。我想用小马丁·路德·金的话来总结，"今天唯一的希望是我们是否能够重拾革命精神，进入一个有时会充满仇恨的社会，这是对贫穷、种族歧视和军国主义永久的仇恨。"

第二章将详细介绍巴拉克·奥巴马的政治背景。

第二章　巴拉克·奥巴马的政治修养

从奥巴马诞生时起，他就面临着许多社会问题的困惑，如治愈、乌班图思想、建立非种族的民主体制，以及对政治新模式和政治组织的需求。当他了解到在印尼和夏威夷接受教育的利与弊时，这些想法就慢慢产生了。当作为芝加哥一家团体的组织者了解到"慈善"这一概念的局限性时，他的领会就更加深刻了。然而正是来自于作为社团组织者的相同体验，才使他加深了对人类之间重要关系的了解，以及如何在组织方面更加成熟，因为它是自我解放的核心。

从任何标准来衡量，奥巴马都是一个受过教育的人。他毕业于纽约城的哥伦比亚学院常春藤联盟，并在哈佛大学常春藤法学院以优等生的身份完成学业。在象牙塔中，奥巴马成为《哈佛法律评论》的总编。从这个时候起，他就得到了一系列优先的工作机会，如作为有声望的律师事务所的合伙人、为知名律师做书记员或名牌大学的教师。然而大学毕业以后，他却选择回到了芝加哥，以一名社团组织者的身份跻身向往已久的政治界。当意识到有关平等和民主的正规教育有很大的局限性时，他曾经很痛苦。似乎从他父辈的斗争以及对种族歧视和殖民主义的深刻理解开始，他就下定决心进入政坛了。这个选择需要和旧有的先驱主义政治、传统的自上而下的组织形式、以及落伍的统一和大部分权力集中在公司手中的等级制度开展决裂。

本章将简要概述奥巴马作为组织者的自我学习意识，尤其要对哈洛德·华盛顿死后政治家们缺乏主张的情况进行探寻。因为在芝加哥，民权运动中哈洛德的管理作风，以及受艾拉·贝克思想影响的全国学生非暴力统筹委员会的成员都给奥巴马带来很大的启发。奥巴马从中发现了社团组织的潜力，以及新科技发展和基层组织之间的关联。这为他同传统政党旧有的先驱主义、单一文化思想和自上而下的政治作风决裂提供了施展的空间。

我们先从奥巴马所处的多民族文化的夏威夷开始介绍，尤其是他母亲在其早期政治教育中所起的作用。由此，我们还可以研究一下祖父母对他关键时期的影响，因为他从祖辈那里获得了其在资本主义衰退时积累的宝贵经验。我们之所以探究他在芝加哥作为社团组织者的经历，是想搞清楚融入社团所带来的正反面教训，因为在新科技领域组织和社交网络方面，奥巴马抓住了施展拳脚的机会。

奥巴马是在这样的环境中成长起来的：美国公司巨头土崩瓦解，且极力维护一种新型的、对人类生活和关系长期指手画脚的保守管理制度，并且获得了基因方面多达1万项的发明专利。以"单一种植思想"作掩护，他们把发明放在动物、植物和微生物上。信息科技、生物科技、纳米技术和认知科技的汇聚引领了生活方面的革命思想，但对于社会关系的主张依旧停留在19世纪生活概念的层面上。19世纪的世界建构是"互相排斥以至于不能容纳多样性、多元主义和其连通性"。[1]

布鲁斯·里普顿接受了连通这一观念，因为当我们发展一个社团时，有必要深化对人类形成的理解。这个社团将是巩固我们人类地位的基础。里普顿把对社团的理解解释为以不规则智慧为基础的知识。当新科技的交汇为新型的人类关系提供广泛机会时，这个潜力依旧没有得到开发，它就像是一粒种子，在

25

大变革：量子社会与乌班图

等待恰当的时机发芽。

1980年，当奥巴马19岁时，美国最高法院规定只要是在基因上研制生物，并且被视为"人类发明"时，都以生命的形式申请专利。有关对生命的理解这一重大变革发生后，生命和克隆的专利为政治领域带来了改变，并且为与基因革新相关的21世纪新政治确立了方向。

基因革命，像是奴隶制、民权和此前的冷战，也是一个事件。它会使所有的发明黯淡无光。[2]

美国的基因革命政治已经卷入了有关干细胞研究和生命起源的政治风波中，在不久的将来还会诞生优生学的相应想法。实际上奥巴马被指为黑人是因为他父亲是来自于肯尼亚的非洲黑人。但从奥巴马年轻时代起，就与过时的种族决定论相抗争，并试图与受虐待和受侵犯的人们达成共识。

巴拉克·奥巴马出生在美国的第50个州——夏威夷州，他是来自于两个不同大陆父母的结晶。他毕生的抱负是把他与生俱来的这些现实（他称作遗传）和超越人类的尊卑思想结合起来，使其达成一致。在他追求爱、调和、和平与宽恕这一系列核心主张时，他母亲斯坦利·安·邓纳姆起到了一个重要导师和

激励者的作用。奥巴马年轻时，她不停地向他灌输存在论的一些思想，尤其是针对人类真相的问题。她的乐观态度对年轻的奥巴马影响很深，成为他政治生涯的一个核心因素，即所有的人都有权以自由人的身份生活在地球上。这得益于她在夏威夷和印尼时不懈地对平等主义的追求，因为她想逃离令人窒息的殖民社会。为了这个追求，主流媒体把她誉为"浪漫主义者""一个自由精神的漫游者"。[3]

她对平等的理解是对旧有的决定论和洛克学派的财产理所应当成为个体私利的观点发出的挑战。美国在宪法中承诺，平等的前提是接受下面的现实：即公民拥有私有财产，英国式的政治和组织享有优越性，男性作为家里的顶梁柱而被视为中心，以及刻板的异性恋主义。这些主张在于传递父权主义、大男子主义、个人主义以及被标榜为爱国主义的军国主义。

美国的教育是为维持社会结构并保持体制更加平稳的公民教育。美国全民的正规教育是在数十年前的政治斗争中形成的。若是在共和党建党初期，奥巴马不可能成为一个美国公民。1787 年，非白人被视为一个"3/5 人"，为的是在

26 另眼看世界·当代国际热点解读

先前的奴隶制各州获得选民的平衡。"一滴血"理论解释为：你身上只要流淌着一滴非白人的血，你就不是白人了。正是由于学院派的坚持，数十年来官方的专业政治期刊文章一直没有直面这种两分制的公民身份。

虽然斯坦利·安·邓纳姆的父母都是工人阶级，但由于她的英国血统，使她能在出生的社区内享有白人阶层的特权。在德克萨斯州，她 7 岁那一年，因她敢于和一个黑人小女孩在一起玩，就被诅咒为"黑鬼痞"，在布朗诉托皮卡教育局案撤诉之前，她就敢于冲破种族隔离的藩篱。在她的一生中，都在反对白人特权的繁殖，并对以阶层、性别和种族来划分的教育体制深恶痛绝。

萨米尔·阿敏曾在有关国家教育方面的文章中写道，看似平稳的阶层融合以及大量的社会迁徙把劳动划分和阶层划分的界限模糊了，[4] 其实教育体制的不良本质还没有促成大范围地与旧有思想的彻底决裂，监狱工业复合体也在不断增长。还有一个经济工业部门为大多数美国人提供了付酬劳工。到 20 世纪末，去工业化、失业、严重的不平等现象一同构成了教育普及化但政治特殊化的趋势，以至于一些作家对"野蛮的不平等"逻辑进行了反思。[5] 为了掩盖这一野蛮行径，用"虚构的媒体：娱乐政治"来精心设计一个设备以"生产满意"。[6]

奥巴马的政治生涯受到他母亲的观点和价值观的影响,即超越野蛮和平庸,他所处的时代正是把种族灭绝视为进步现象而大力颂扬的时候。他强调了人类团体的重要性,并且想寻找个性与个人主义之间的差异。作为一名政治家,社团的主张对他的生涯尤为重要。

最初,他是受索尔·阿林斯基社团组织思想的影响才参与工作的。[7] 那是在哈洛德·华盛顿参加芝加哥市长竞选两年后的1985年,奥巴马投身于芝加哥南部的社团活动,因此这个城市又燃起了新的希望。在3年的社团组织经历中,奥巴马开始意识到了旧有的阿林斯基组织形式的局限性。对于国家体制来说,这最终成为了一个安全阀。社团组织与对此的支持不能弥补由于政府干预所造成的某些方面的不足,如良好的教育、全民族的健康以及洁净的环境。奥巴马在社团组织期间,正是专业化社团组织极力避开基层的人们享有充分权力的时候。在里根当政后的一段时间里,保守党的智囊团和基金会呈现出一派繁荣景象,此时社团组织被新的"信仰为先"所取代。听起来很可笑,奥巴马,作为一位组织者,加盟了芝加哥一家以信仰为先导的罗马天主教会。

27

大变革:量子社会与乌班图

他的自传作品《我父亲的梦想:有关种族和遗传的故事》,有利于我们对奥巴马主张的形成和实践,以及他在塑造21世纪美国政治方面所作出努力的深入了解。作为两个定居者的后裔(一个来自于美国的夏威夷,一个来自于东非的肯尼亚),在与他父亲和解的过程中,不仅做到了自我醒悟,而且还不断追求卓越,并力图打破自卑的束缚。[8]

通过不断挖掘奥巴马自传中有关"救赎"的强大想象力和文字内涵的过程,我们试图了解他是如何挖掘"救赎"引申含义的。他会像那些哲学家们一样用"救赎"这一概念来呼吁解放思想束缚吗?在反奴隶制的过程中,从巴比伦逃出来的那些人与救赎是激励、教育以及动员强有力的源泉。20世纪初期,世俗因素涵盖了物质主义和决定论的方法,这些方法变革了政治,并避免使用像"救赎"一类的形象词。历史上不存在关于工人阶级彻底自由和解放的评论,而对其过程却有所记载。这表明了白人工人的解放需求是其他工人解放的先决条件。再者,工人阶层中一些种族主义分子的本性使得非裔美国人在知识和意识形态方面不得不自力更生。

奥巴马在为和平政治寻找标签的时候,不断地在挖掘创新潜力,同时不向

"道德上的懦弱屈服"。为非种族民主与和平而战的那些解放主张、圣雄·甘地（印度民族主义运动和国大党领袖——译者注）和小马丁·路德·金的救赎信息感染了奥巴马，还有五位女性给他灌输了女权主义意识，这明显对他现在的政治风格造成了影响。这五位女性是：哈莉特·塔布曼、奥巴马的母亲、他的祖母、艾拉·贝克和米歇尔·奥巴马。在本章中，我们将会看到后四位女性对他的影响。在下一章"面对美国政治中的种族歧视和性别歧视"里，我们将研究哈莉特·塔布曼的自组织原则对奥巴马的影响。

乌班图与非种族主义民主

当奥巴马的母亲搬到夏威夷时，她一直在追随二战后工人阶层移民后代们的足迹。到1898年美国把夏威夷群岛兼并过来时，当地的夏威夷居民就变成当时社会中的少数民族了。1959年，当这些人们被合并到美联邦时，"据传夏威夷像一个真正的大熔炉，是各民族融合的象征。"[9] 尽管这个熔炉的理论存在，但这些当地人遭到的身体上和文化上的大屠杀却因袭了对美国本土居民的大量种族灭绝，随之而来的是欧洲人在此的开发和定居。大卫·斯坦纳有关夏威夷的研究源于岛上居民的亲身经历，它披露了种族灭绝的具体规模。[10] 他的专著《当恐怖来临之前：西方插手前夜的夏威夷人口数量》，用文献证明了对社会造成的灾难性后果，在西方插手不到50年时间里，90%的人口消失了。

毫无疑问，种族灭绝的暴力和生态战争已经在夏威夷发生了。文化和身体上的种族灭绝强化了克劳迪娅·卡德对这一现象的定义，即"社会灭亡"。真正的种族灭绝和文化迫害现象在循环往复的过程中不断加深，这会使社会失去活力、人们失去认同，最终会导致人们失去存在的意义。[11] 在《我父亲的梦想》一书中，奥巴马用自己的风格反思了社会灭亡的这种形式。[12]

据他祖父斯坦利·邓纳姆的回忆，家庭已经融入了社会，为寻求互相理解，人们要和不同人打交道。邓纳姆一家人的反种族主义思想已经深刻地体现在他们的社会交往中，因此奥巴马的祖父母广交朋友，其中包括美籍日本人、当地的夏威夷人、黑人、中国人等等。在与服务契约期和种族隔离的继承人相处的过程中，邓纳姆一家得知，身体和文化上的死亡是通过对移民劳工的过度剥削而不断加深的。在发生对当地人的大规模屠杀后，欧洲农场主输入了成千上万的中国人、菲律宾人和日本人，让他们在食糖和菠萝农场上干活。纳德·高木是在农场上干活的移民劳工后裔，有资料证明，种族歧视是农场管理政策的驱动力，无论是在夏威夷被并入美国之前还是之后。[13]

奥巴马的母亲，作为对人类社会明察秋毫的学生，在成为人类学家所接受的正规教育之前，就发现了人们对有"太平洋天堂"的夏威夷的狂热。她了解历史的真正内涵，以及把夏威夷当作一个主要的旅游胜地而大肆宣传的真实现状。1960年的夏威夷很快就变成了一个真正的多民族社会，亚裔美国人占绝大多数，20%人口是混血儿。像她父亲一样，面对除了种族歧视以外还有性别歧视和父权制度，安故意躲避那些殖民者特权阶层，而在剥削和种族歧视的历史面前，努力向寻求人类尊严的那些人靠拢。一点都不令人奇怪，1959年，安和第一个夏威夷大学的非裔学生接近：这就是老巴拉克·奥巴马。她结婚时正处在美国15个州都认为这样的联姻是非法的。奥巴马在自传中谈及杂婚概念的丑陋时，表现出了强烈的反感。[14]

29

大变革：量子社会与乌班图

是爱的力量维系着安和老巴拉克·奥巴马两颗年轻人的心，他们要面对来自于亲戚对是否能够冲破美国可怕和丑陋过去束缚的质疑。安曾经对肯尼亚有关国土和自由军队，以及英国人犯下暴行的故事非常感兴趣。后来她迅速成为肯尼亚独立的支持者，并非常理解是英国的残暴行为迫使自由战士为权利而战。因此当英美的媒体诽谤肯尼亚人（把"茅茅党"称为邪恶）时，奥巴马的母亲从实践中又汲取了养分。此时小奥巴马的出生成为两个人美丽爱情的见证。

老巴拉克·奥巴马也在为自由传递信息，并认为始于夏威夷的多民族民主也应该在美国兑现。当他于1963年从夏威夷大学毕业时，肯尼亚也在逐渐向自由过渡，但社会还是不能摆脱少数人操纵和野蛮剥削的阴影。在参加小奥巴马高中毕业演讲时，老巴拉克·奥巴马不断地重申斗争的主题，这是1971年他到夏威夷的第二次康复之旅。[15]

巴拉克·奥巴马从父亲那里得到的启发之一影响了他对肯尼亚和世界的看法。另外一些启发来自于母亲。她倡导的价值观是自我发展、勤奋工作和富有牺牲精神。

来自于乌班图的启发

在此重申一点，人类的怜悯、分享的希望、爱和宽恕是乌班图的核心思想。1963年，当老巴拉克·奥巴马离开夏威夷去哈佛大学时，两岁的小巴拉克被留下，由他母亲和祖父母抚养。可是，安并没有因为老巴拉克的离开而诋毁他的声誉或对其予以训斥。她了解肯尼亚的独立斗争，并且当他不在家时，还经常和他保持通信。后来，她原谅了他，并且继续走她的自我实现之路，同时用爱和宽恕滋养小奥巴马的精神世界。

1963年，安和老巴拉克·奥巴马宣布离婚，并且和一个叫卢路·索特洛的印尼学生结合。她的第二次婚姻使安不得不去印尼定居。因此，在小奥巴马六岁的时候，他又有机会接触到印尼的多元文化、多种族和多元宗教这样的一个社会，他后来时常提到这点。

奥巴马无形中上了一堂地理实践课，并且融入了另一个多元社会。即使是

30 另眼看世界·当代国际热点解读

一个孩子，都不可能对发生在1965年由苏哈托发动的、美国支持的军事政变之后印尼所承受的暴行熟视无睹。在上世纪90年代，奥巴马在他的自传里写道，众所周知，有逾50万印尼人遭到了屠杀。[16]身在印尼的索特洛家庭不可能避开镇压所带来的伤害，因为它已经深深地影响到生活的各个方面，以至于影响到奥巴马继父卢路的生存，并且毁坏了一个美国人和一个对镇压嗤之以鼻的印尼人之间的正常关系。

这就是奥巴马在印尼上小学时所处的大环境，他母亲想唤起他对知识的兴趣。因此给他传授有关正在进行中的美国民权斗争，以及知识和权利的重要性。[17]

后面就是形成奥巴马思想、价值观和政治教育的关键阶段了。作为一名政治家，奥巴马多次提到母亲作为一个"形成我早年思想的关键人物……她传递的价值观是引导我进入世界政治的标准。"[18]在他的自传中，提到母亲传递的价值观是：诚实、公正、坦诚和独立判断力。这些思想和价值观以多种方式不断强化。

因此安不愧为扶助奥巴马在宽恕和爱的新思想中成长起来的重要催化剂。

据《纽约时报》记者妮娜·纳亚报道说,"她时常感觉婚姻作为一种制度,并非必不可缺和非常重要,"后来她成了索特洛夫人的好友。纳亚夫人还说,"对她而言,重要的是曾经深深地爱过。"[19]

母亲的影响使奥巴马视关爱的主张为生活的中心。他决心遵循一种为人类服务的人生态度,因此成为一名社团组织者皆源于他对教化、珍爱和关爱的深刻领会。这些是莱拉原则(这个原则认为,教化和关爱的质量在于集体的分享并改善生活水平——译者注。)的核心内容,这个原则认为,教化和关爱的质量在于集体的分享并改善生活水平。隆·艾葛拉西在解释分裂理论,尤其是非洲的分形理论《非洲的分形理论:现代化电脑和本地化设计》这本专著中,详尽地阐述了莱拉原则的重复性,它覆盖家庭到社会的各个层面。在生活的各个领域,无论是公还是私,教化和关爱的程度在于集体的分享和改善生活水平的目标。[20] 安为奥巴马接受的新教育提供了参考价值。他的祖父母也在不断强化这些思想,尤其是他的祖母玛德琳·潘恩·邓纳姆,奥巴马亲昵地称她为"亲爱的"。

大变革:量子社会与乌班图

"亲爱的"祖母与工作尊严

若说他的母亲在奥巴马的心目中是莱拉原则的靠山,那么他的祖父母,尤其是祖母就是他心目中的榜样了。在他的一次演讲中把祖母描述成"一位帮助我成长的女性,一位不断为我作出牺牲的女性,一位爱我如爱世间万物的女性"。[21] 奥巴马同母异父的妹妹,玛亚·卡桑德拉在一次采访中提到,"他拥有我们母亲的浪漫情怀和我们祖母实用主义的癖好。"

何为实用主义癖好?它们包括对上述的工作要采取务实的态度,并专心于这些工作。奥巴马把这种素养叫做"美国中西部的审慎作风"。它同时包含对工作、劳动阶级的尊重,以及女性在和父权制度争辩时所体现出的稳健。

Toots 是把夏威夷描述祖父母的 tutu 英语化了。玛德琳·潘恩诞生于1922年的堪萨斯州奥古斯塔,并且在黑人和大萧条环境中长大。她不断向奥巴马讲述大萧条时期工人阶级的真实生活状况。

玛德琳于1940年和斯坦利·邓纳姆结合。当他参战时,她不得不艰难地抚养她唯一的孩子安。在战争期间,她辛苦劳作,是数百万被调到轰炸机生产线来生产军需物资的一员。工厂里的环境锤炼了她的耐性和对工作尊严的理解,她从来不逃避别人不愿干的工作。在奥巴马的自传中,他把祖父母的不妥协态度归咎于当时南方的黑人境遇。安的父母在学校操场上曾针对种族隔离制度向校长发出挑战,原因是他们的女儿因和一个黑人女孩在一起玩耍而被处理,校长告诉奥巴马的祖父,"邓纳姆先生,你最好告诉你女儿,在这座城里,白人女孩不许和有色人种在一起玩。"[22]

她的家人不能容忍这个残暴的偏见,离开了南方来到西部的加利福尼亚和华盛顿州,最后到达夏威夷。当举家到达夏威夷时,玛德琳从1970年起开始在银行工作,1986年退休时已经身为银行副董事长了。虽然她获得了这个职位,但她晋升的机会只局限在由男性主宰的工作环境中。

这些细节之所以对奥巴马这么重要,是因为他的母亲于1970年把他送回美国以便接受美国式的教育,此后祖父母一直是他的监护人。当他在优等高中那如同世外桃源的环境下苦苦摸索时,是他的祖父母给他支持和鼓励,用他的话

32 另眼看世界·当代国际热点解读

说,"如同一个岛国精英的保温箱。"

正是与祖父母在一起生活时,奥巴马才变成一个贪婪的阅读者。用他的话说,他会把自己关在屋里去阅读。作为一个白人家庭里的黑孩子,奥巴马埋在书堆里,去图书馆阅读有关东非的书籍,并且沉迷于詹姆斯·鲍尔温、拉尔夫·艾里森、兰斯顿·休斯、马尔科姆·艾克斯德的一些文章中,并发现"他们有同样的痛苦,同样的自我怀疑,以及用幽默和智慧也不能摆脱的自卑"。[23]

他们生存的现实世界并不能促成这种痛苦和自我怀疑。下面的叙述会不断地再现和反映奥巴马的内心世界。玛德琳想让她丈夫驾车送她去上班,因为一个乞丐经常在公交站"骚扰"她,她的祖父就此事和她争执起来。奥巴马在复述故事时说,斯坦利之所以发火,是因为"'她告诉我那个小伙子是黑人,'他自语道,'这就是困扰她的原因,我认为这不对。'"奥巴马又说,"这些话像是迎头一击,我怀疑是否还能忍得下去。"[24]

后来在总统大选时,为了与耶利米·赖特辩论,奥巴马重提这一幕时,招致了广泛的批评。但这一幕却揭露了种族歧视的无孔不入与避之不及。玛德琳视奥巴马为孙子,但有时也被她自己的观点绕进去。从工作和对她祖母工作伦

理的羡慕中，奥巴马摆脱了那时生活上的孤独。虽然他感觉自己的思想非常孤独，但却经历了人生的转变。他从祖母身上学到的对于工作尊严的尊重是转变的因素之一。

奥巴马回顾了祖母的工作伦理，尽管在上班的地方由于性别歧视错过了晋升的机会，但她还是坚持每天早上5点钟起床去上班。奥巴马母亲告诉祖母，"银行不应该逃避公开的性别歧视。"但祖母并没抱怨。她为自己的工作感到自豪。

祖母相信关爱和努力工作的重要性。对于这一点，她分享了甘地和其他人长期的主张，即所有劳动者都应享有尊严。甘地坚信环卫工人应得到尊重，以及社会应对受压迫工人采取相应的措施，这一切表明了他对追求真正的自由和尊严所赋予的责任感。这种争取自由的方式也得到了美国工人阶级领导斗争的支持。但小马丁·路德·金却把对自由和尊严的责任感和工人阶级的支持结合起来了。因此绝非偶然，小马丁·路德·金人生的最后一战是在田纳西州的孟菲斯为穷人和环卫工人而战斗。这些传统将会感召奥巴马为社会服务，并且为

33

大变革：量子社会与乌班图

他下一步到芝加哥接受政治锻炼和教育起到了引导作用。

在芝加哥作为一名组织者接受的训练

奥巴马从夏威夷高中毕业以后，就意识到教育和训练二者之间的区别。当他告知好友弗兰克他被加州的欧洲学院录取时，弗兰克反驳道：

你去大学不是为了接受教育的；而是接受训练的。他们会训练你追求你不需要的。他们训练你如何操纵语言，以便使其毫无意义。他们会训练你忘记你已经知道的。他们会训练你成为他们的好学生，让你开始相信他们对平等机会的理解，还有美国的作风以及一些屁话。他们会给你一间位于角落的办公室，然后告诉你，你只属于你的种族。[25]

弗兰克并非阻止他去大学深造，只是劝他保持"清醒"，以便不屈服于个人主义思想、适者生存、物质的自私利益。在欧洲学院时，巴拉克·奥巴马开始寻找自己的声音，并开始了实现自我的过程。为了支持对少数人财产的剥夺，在反种族隔离集会上，他第一次发表了公开演讲，后来提到他是这么吸引学生，

就连自己都感到非常惊讶。他的同事里贾纳发自肺腑地送上了对他的祝贺。但奥巴马依旧不那么自信。他正在寻找拥有一个组织的感觉。他转学到纽约城的哥伦比亚大学，但曼哈顿"人吃人"的社会环境使他非常烦恼。毕业后，作为一名研发助理，他在纽约一家负责发行和咨询的国际商业公司工作了一年。这份职业，虽然给他提供了所有的机会，但还是感觉与美国比较疏远。

在大学时，奥巴马就认识到：

> 我需要的就是一个组织。我意识到，当我在阅读最新犯罪数据时，跟我和黑人朋友的绝望以及把我换下篮球场上的举手击掌相比，一个组织会理解得更加深刻。这是一个可以下赌注和考验我责任感的地方。[26]

为了得到这个尝试的机会，奥巴马决定成为一名社团组织者。[27] 他向全国的社团组织发出了申请，直至他找到了位于芝加哥南部以信仰为基础的一个社团组织。

20 世纪 80 年代中期，作为奥尔特·盖尔德公共房屋计划的一名组织者，23 岁的奥巴马以不知疲倦和务实的作风成为活动的支持者。他认为这就是未来总

34 另眼看世界·当代国际热点解读

统应具备的特质。奥巴马宣布参加竞选时，媒体对他的相关情况进行了介绍。在这同一个故事里，米歇尔·奥巴马说：

> 作为一名活动组织者的工作，不仅对他的职业生涯，而且对他一生都是非常关键的。帮助他决定如何给世界带来影响，即帮助人们明确他们的共同兴趣，以及如何协同工作以改善生活。[28]

在自传中，奥巴马指出了组织中工作的重要性。20 世纪 80 年代，保守党极力提倡削弱政府的作用，基于此，特别强调社团组织的作用。重要的是，当学术和通俗出版物在理论上解释社团和社团组织时，他们抹去了美国土著居民时期关于组织建立和巩固组织的历史。因此，当一些主流政治学家视亚历克斯·托克维尔为第一位研究美国社团和社团组织的研究者时，他们时常忽视一个事实，就是亚历克斯·托克维尔从未分析过黑人和美国土著居民的社团。[29] 亚历克斯·托克维尔用非代表性的社团作为研究美国社会的基础，并且在未来的 150 年中，学者在引用他的分析时，从未考虑过这些研究所提供的情况并未触及到非民主和种族灭绝的背景。[30]

在奥巴马的政治训练中，亚历克斯·托克维尔的文章和洞察力与受法国人

影响的美国社团领袖索尔·阿林斯基同等重要。包括阿林斯基后来的这些作家，都对亚历克斯·托克维尔研究的新英格兰团体的非代表性模式和奠定"人民主权论"基础精致的制度设计非常关注。亚历克斯·托克维尔确实写了关于反对奴隶制的文章，[31] 但他对美国社团放权给普通民众的这种褒奖是发表于当时美国其他地方还存在奴隶制的时候。在1831年公众选举的参与程度上，美国要高于英国，但在参与社团活动时，女性与黑人还是不能与白人享有同等权利。

　　这种资格对于形成新的团体意识非常重要，因为21世纪的许多团体都面临着失业、国家纵容的毒品泛滥[32]和不良教育体制的威胁。这一资格的重要性还在于，有关民主协会优势方面的理论创新上，亚历克斯·托克维尔并未对形成政治关系的财产关系提出质疑。当生物科技公司想废除第13次修正案以便公司再次"拥有人类"时，有些资格变得更加明朗。奥巴马想通过芝加哥服务的3年经历来获得这些资格。

　　未来政治组织和协会政治的相关研究认为，奥巴马似乎能成为一个参考对象，因为像芝加哥这样的经历为许多有关社团组织的相关社会研究奠定了基础。

35

大变革：量子社会与乌班图

　　索尔·阿林斯基（1909-1972）被视为美国现代社团组织的创始人。他诞生在芝加哥，当时刚刚发生了对工人阶级的野蛮袭击，这起因于对芝加哥饲养场行业联盟活动的镇压。芝加哥还发生了为8小时工作制而战的工人罢工，还有对草料场的记忆，这成为全世界工人们庆祝五一劳动节的因由。[33]

　　20世纪初期，工人阶级社团活动明确地被限定在种族方面，为的是分化瓦解工人力量，并且不再让他们存在富有战斗性行业联盟的幻想。工人们的分化瓦解来源于"盎格鲁·撒克逊气质"，认为白人的盎格鲁·撒克逊教徒产生于优质人种，其他的民族都是劣等人，（比如爱尔兰人、意大利人、犹太人、波兰人、希腊人和亚美尼亚人），他们只能凭借智慧、高效和白人盎格鲁·撒克逊教徒审慎的能力才能跻身上流社会。[34] 美国的盎格鲁·撒克逊气质是通过种族歧视制度得以强化的，因此黑人首当其冲成为被分化和被管制的群体。[35] 工人阶层可以通过一些创新手段，有望在社团中兴旺发达，但国家根深蒂固的压迫势力被不断消退的"天定命运"中的"适者生存"思想所摆布。

　　工人组织活动由行业联盟来承担，但到大萧条和大封锁时为止，芝加哥一直是黑帮和政治骗子云集的地方之一。芝加哥没有任何一个协会活动能够逃脱这些强盗行为。黑社会的杀戮是那么猖狂和盛极一时,以至于黑帮老大(如阿尔·卡彭)的名字成为美国民间传说的一部分。伊利诺伊州的政治局势简直令人头疼,因为它和赌博、诈骗、回扣、卖淫、警察对工人实施的暴力以及暗箱操作的合同等交织在一起。

正是在这样极度剥削和暴力的情况下,索尔·阿林斯基成为了一名团体组织者。作为一名年轻的警官,他计划对芝加哥的黑手党采取卧底调查,并且取悦黑手党头目阿尔·卡彭的继承人弗兰克·耐帝。[36]当他作为"一名暴徒功勋"而实习期满后,阿林斯基与左翼紧密合作,组织了美国产业工业联合会。在大萧条后期,他的知名度很高,此时他有意识地跨越行业联盟,对各个不同种族群体进行组织,因为他们在后院邻居们中被视为"捣乱分子"而被分化和剥削。

阿林斯基认为赋予无产阶级权利的最佳方式就是社团组织,让他们通过工作来发展"组织中的组织",它可以包括所有的团体形式,如青年委员会、小企业联合会、工会以及最具影响的天主教堂。[37]这个首创是对白人社区的革新,阿林斯基还创立了后院协会,成功举办了一系列的活动,如纠察、罢工、抵制,

另眼看世界·当代国际热点解读

使市政府和企业主向他们做出了一些让步。他1946年发表的著作《激进分子的起床号》,像是号召美国穷人为"抗议美国民主"而发出的宣言。阿林斯基组织模式的成功体现在一些风靡美国的书籍和杂志中,全国许多团体组织都邀请他来向为权利而斗争的城市团体提供帮助。

不像美国政界的左翼和更激进的党派,阿林斯基在1971年出版的《阿林斯基激进分子法则》中宣称:社团组织者必须在现存的社会制度中进行操作。

激进分子在制度内寻求动员的立场是芝加哥组织远见卓识的必要条件,因为当以激进分子身份出现时,阿林斯基的战略战术对社会制度就构不成真正的威胁了。作为一名芝加哥的知名资本主义者,马歇尔·费尔德开始资助阿林斯基,由此开创了美国政治中组织者接受报酬的先河,他们受雇于伞形的组织结构。

奥巴马曾经研究过阿林斯基,并作出了清醒的决定,即为了社会变革要在体制内工作。他认同阿林斯基关于组织的许多主张,特别是需要:

- 与大多数的残暴作斗争
- 教导人们如何行动起来以争取正当权利

- 鼓励人们勇于做出自我判断
- 让人们跨越社会界限进行个体间的社会活动

奥巴马对阿林斯基的笃信还体现在其他方面，由于他是一个带薪组织者，由教会出资参与和他没有任何关系的组织。奥巴马把这份工作预想成是完成"救赎"过程的一部分。他已经搬到芝加哥，并为哈洛德·华盛顿当选市长而欢欣鼓舞。2008年奥巴马大选之前，华盛顿任芝加哥市长期间（1983-1987），被认为是各个团体联合的巅峰时刻。一个非裔美国人竟能组成多民族联合体来打败控制市政厅的国家机器。必须强调的是，华盛顿并非以个人领导魅力取胜，而是赢在了基层组织长期向戴利国家机器发出的挑战。当奥巴马1985年签约成为一名社团组织者时，他为拥有这样一位进步市长而感到庆幸，因为他可以通过基层组织工作来改变当时的去工业化和社会不幸的现状。[38] 他传记的大部分都提到了3年来从社交网络、建立联合体和作为一名社团组织聆听者所获得的经验。

他从个人奋斗中所获得的经验是人们必须在变革中走在前列，单靠社团组

37

大变革：量子社会与乌班图

织不能根本改变长期根植于大脑中的剥削和疏离思想。在撰写奥巴马早年作为一名社团组织者所经历的媒体和博客圈中，他们只关注组织中的成员对奥巴马的一些正面评论，[39] 而不是奥巴马对在芝加哥成就的谦逊态度。1987年11月哈洛德·华盛顿去世后，他渐渐地看到了各党派之间权力的失衡，以及政治家特别是黑人政治家原则的缺失。他看到了这样一幕：这些作为国家机器的政治家们收买一部分黑人领导，并对他们进行操纵，因为当时所处的环境是"以社团为基础的组织缺乏独立性和主动性"。在此情形下，曾经招募过奥巴马的阿林斯基的学生说道，"奥巴马作为一个组织者的工作越多，就越坚信在当地不能解决最严重的问题，人们依旧贫困，孩子们躲在角落里卖毒品，学校也关门了。"[40]

奥巴马非常清楚，有关种族的议论换不来高效的政体。为了找到组织而泡在教会的这段时间，他注意到披着宗教外衣的民族主义的苛刻，并了解了未来十年民族主义如何繁荣到"为实现变革，需要一个充满感情的但需要挣扎奋斗的计划"。[41]

这确实是一个挑战。社会如何才能改变奥巴马在芝加哥组织中所遇到的问题？很清楚，可以取得小的胜利，像从楼里把石棉搬出去，因为它是进行更激

烈斗争的垫脚石，它使人们从认识和组织的低级阶段迈向更高阶段。

这些基层组织的教训不光使那些力图变革目前的环境退化和疏离现状的人受益。保守势力也在研究以社团为基础的组织所产生的影响，而且基金会也在开始发展被称作非政府组织的新经济部门。无论是国内还是国外，保守党的"二选一"原则都在迅速扩大，并且成为削减政府职能新自由计划的一部分。[42]

奥巴马1988年离开芝加哥，但他并没脱离那里的组织和与那里的联系。然而政策范围内还存在另一个工作动力。罗纳德·里根和玛格丽特·撒切尔对知识分子运动施加了很大的政治压力，因为它对美国一个非常保守的日常工作计划予以支持。高等教育基金会和机构也成为帮凶，内尔森·布莱克斯托克称其为"是由美国联邦调查局发起的针对政治自由的战争"。[43]一些大学也参与了针对进步思想的突袭，为的是取悦保守的政府官僚们。

对于民众的怨声载道，可以用基层组织的主张来缓冲，这就催生了一种新的政治形式，以及知识分子的参与和男权主义思想。对同性恋的厌恶作为一种社会和政治工具，强化了社会上有关性别歧视的旧有观念。在此环境下，秘密

38 另眼看世界·当代国际热点解读

的激进主义分子成了保守党嘴里的肥肉。

20世纪80年代的许多激进分子相信，能够在不打破原有格局的情况下对体制进行改革。可是，像奥巴马这样的激进主义分子的理想主义将会被罗纳德·里根上任后遍布美国的残酷革命所取代。保守党基金会和智囊团兴旺发达，满怀热情地推行以下的主张：如果重心放在改善企业主（或者投资者）的境遇上，他们也应该为所有美国人提供这样的机会。[44]

常春藤大学联盟公共管理学院启动了非营利部门计划，同时一些书籍也针对《费兰索罗资本主义》如何能够拯救体制进行了描述。[45]

像《费兰索罗资本主义》这些书中的计划，由于受罗伯特·D.帕特南研究《只有保龄球：美国社团的兴衰》的影响都加上了前言。帕特南创造了"社会资本"这一概念，并向市民参与社团组织活动日益衰减的数量发难。非营利部门的社会学家也不能解释为什么会发生"在一些正式的组织中会员数量不断下滑"这一现象，而此时数十亿美元花在了经济的非营利[46]部门上。由于来自于同一个基金会的巨额资金和哈佛大学的声望，帕特南没有把社团组织中会员的减少和保守党的超速运行以及社团组织的专业化联系在一起，这引起了传统的、以

社团为基础组织的去政治化。

更为重要的是，帕特南提到了民权运动留给后人的启示，以及非裔美国人的社团传统，并没有适当地分析政府大量的计划，如对为社团组织提供基础的社会运动予以"渗透、分裂和中立等"。[47]随之而来的就是可卡因流行的报复性破坏和城市规划，通过破坏穷人社区来建造高速公路使美国实现近郊化等。

帕特南并未把"民众参与与社会资本"和美国原来的印第安人组织联系在一起。这个组织，和严密的非裔美国人组织一起，坚持反对可卡因以及社会中进步思想的大规模清除。非洲温和主义和匡扶正义的观念充斥着政治领域，并与个人私利作斗争。在罗纳德·里根、威廉·杰弗逊、克林顿以及乔治·W.布什政府的领导下，曾在生活各个领域大幅度削减开支，如房屋、学校、公立医院、公共交通、基础设施、工作计划、福利等等。同时，富人积累了大量的资产，并建立了众多的基金会，以确保阿拉德·劳恩斯坦的政治组织方式能够大行其道。（阿拉德·劳恩斯坦政治组织的方式是组织者貌似激进，但却和安全部门合作紧密。）

39

大变革：量子社会与乌班图

此刻正等待着年轻人再次投身活动，以使社团战胜种族分离和性取向。马利杜马·索姆在他的书《非洲如何走向康复》中提到了另一个有关社团的概念，即不在"社会资本"和"民众资本"中寻找避难所。他的概念浅显易懂：

> 社团之所以重要是因为它理解人类需要集体主义。个体的生存和健康与团体紧密相关，它不可能在真空中独自维持。治愈、礼仪和团体这三大因素紧密相连。[48]

奥巴马于1987年加入了一所教会，却感觉不踏实，同时为了寻找团体中的那份安全感，他想同家人保持联系。1988年被哈佛大学录取后，他就赴肯尼亚拜访祖先去了。

在肯尼亚寻找生活目标及治愈的良方

奥巴马从童年时代起，就在图书馆阅读有关肯尼亚的文献。当他长大后，渐渐明白了肯尼亚的殖民种族隔离政策和消除非洲浪漫主义想法之间的矛盾。当他在哥伦比亚求学时，父亲去世了，奥巴马却依旧因为缺乏与肯尼亚家族的联系而受到困扰。他在芝加哥做社团组织者时,他的一个妹妹来看望他。她讲述的有关肯尼亚的故事和他父亲所遭受的磨难,引起了他前所未有的兴趣。他逐渐了解了肯尼亚的经济、种族、少数民族和地区的分割,以及对他家庭造成的直接影响。奥巴马对父亲的记忆受到他母亲的乐观主义以及父亲在夏威夷高中短暂逗留时期的影响。最终他明白了父亲要超越人类之间隔阂的信仰。1988年当奥巴马到达肯尼亚时,社会又回到了新一轮的后殖民者领导人物的种族政治化中。

当奥巴马走亲访友时,他了解到父亲在知识分子的非殖民化战斗中所起的作用,当时是1963年,他刚从哈佛回到肯尼亚。经过为自我决定而进行的艰苦卓绝的斗争,肯尼亚已经成为一个独立政体。老奥巴马也被卷入了这场针对殖民主义的战争。当他参加肯尼亚反殖民主义的非洲总工会集会时,就因为是年轻人而遭到警方拘捕。当他作为东非的学生从肯尼亚飞到美国时,获得了奖学金,在美国的短暂逗留使他摆脱了英国推行的两极分化和分裂政策。[49] 人类学家和其他社会学家花大量时间研究如何还原肯尼亚的"部落制度思想",英国剑

40

另眼看世界・当代国际热点解读

桥大学对此反应积极。1971年,当奥巴马的父亲对夏威夷的非种族民主抱有幻想时,奥巴马还不理解,他也在反思所谓的肯尼亚之梦。

作为一名受过教育的非洲人,老奥巴马曾为政府做事,并担任经济顾问。但在1965年,他对政府的经济计划做出了回应。这份计划是以"10号会议文件"的形式公开的。1965年,正是冷战的高潮阶段,肯尼亚卷入了继续进行的反殖民地斗争。当刚果展开自我决定的战斗时,总统乔玛·肯尼亚塔站在了美国这一边。坦赞尼亚为不结盟运动开创了一条道路。1964年的桑给巴尔革命使所有的东非国家成为激进分子。老奥巴马在这动荡的局势下,头脑非常冷静,但他却对地方主义的操纵、种族歧视和肯尼亚塔政权的种族划分非常愤怒。他努力想为这场辩论做点什么,因此在后来颇有影响的《东非期刊》上发表了针对"10号会议文件"的看法。他发表的见解非常独到,且说到了点子上。他写道,这份文件"既不代表非洲也不代表社会主义",他反对维持肯尼亚现状的私有财产和私人企业。他支持通过壮大合作社来巩固非洲人的领土。[50]

老奥巴马详尽地阐述了对政府计划的反对意见,他认为过分强调经济的增长是不可取的,经济的增长不能脱离教育改革、人们文化水平的提升以及社会

条件的改善。他提倡一种经济变革模式,就是给普通民众创造经济机会,而非为了吸引外资所施行的缓慢经济计划。

因为发表了有关肯尼亚真正的平等主义和改变种族隔离状况的言辞,老奥巴马失去了政府的工作。他从受过教育的、且有上升空间的非洲群体中被驱逐出去,在"10号会议文件"颁布后,这些人都从非洲化的剥削中获益了。[51]

然而,由社会多极化导致肯尼亚人民的不安,使政府内部也产生了分裂,一派是以副总统奥廷加为首,另一派是以总统肯尼亚塔为首。进步的行业联盟成员被杀,不赞成资本积累残酷手段的国会议员也遭到了肯尼亚塔公开的严惩和谴责。车祸致死,成为反政府者的下场。大男子主义和男权主义的态度加强了种族分离的政治化,老奥巴马也卷入了这场社会倒退的洪流中。

作为一名卢奥族人以及肯尼亚民族联盟的局内人,老奥巴马为此感到非常苦恼。正是在这种非法律形式上的杀戮、迫害和骚扰使老奥巴马的生活陷入了以酒浇愁和失业中。1971年发生的车祸让老奥巴马九死一生,正是考虑到事情的后果,安才邀请他到夏威夷疗养。1971年老奥巴马康复期间,10岁的小奥巴

大变革:量子社会与乌班图

马和他父亲共度了一段时光。父亲告诉他,"你是奥巴马,应该做到最好。"

老奥巴马1971年躲过的这一劫是为了在1982年11月加入祖先的行列,当时的社会非常动荡。1980年冷战加剧之后,肯尼亚内政不能逃离将要成为印度洋英军和美军驻扎前哨的下场。抵抗政府的运动波及到社会各界,导致了知识分子被骚扰和被监禁的局面。丹尼尔·阿莱普·莫伊发动的反政府军事政变的失败引起了新一轮的镇压,致使大量的政治领袖流亡海外。同一年46岁的老奥巴马死于车祸。

救 赎

奥巴马在治愈心灵创伤的旅途中,了解了肯尼亚和东非政治错综复杂的一些细节。通过旅途中的遭遇,用一个作家的技巧和谈话者的叙事方式,他总结了英国东非政策的矛盾。他面对的是乡村生活和数百万人缺乏干净饮用水以及供电的生存状况。通过祖母的讲述,他重新描绘了曾经听说过的卢奥族人历史以及他祖父的全部经历。穿梭于乡间和亲戚家里,奥巴马看到了乡间性别角色

的复杂性，以及由殖民关系构成的大男子主义的危机。

在乡间，奥巴马开始关注大男子主义的复杂背景及乡村群体中的不安全感。通过他祖母的叙述，他才得知祖父侯赛因·I.奥扬格与奥巴马父亲的差别。祖父曾经做过厨师，被人们称为"男仆"，那时他父亲却在从事斗争活动。听完祖母数天的故事叙述后，奥巴马要求阅读祖父和父亲的信函。仔细阅读后，他看到了祖父的存折和父亲申请美国奖学金的申请函，他开始深刻地体会到处在殖民主义高压下的人们，由于文化和身体上遭受的压迫而变得扭曲。我想最终引用奥巴马在阅读祖父和父亲皱皱巴巴的信函后说的一番话，以飨读者：

> 我在思考，事实就是如此。这是我得到的遗产。我整齐地码放这些信函，并把它们放在登记薄下面。然后我来到了后院。站在两座坟前，我感觉到了周围的一切——玉米地、芒果树、还有天空——一切都结束了，脑海中只有一串串影像的记忆。祖母的故事也变得鲜活起来。

当回顾祖父和父亲的"坚定意志"时，通过追溯他们的旅程，他明白了他们那时的绝望和重塑自己的重要性。然后他继续写道：

42 另眼看世界·当代国际热点解读

> 我跌到了地上，用手抚摸那光滑的黄瓦片。父亲啊，我痛哭起来。困惑并非你们的耻辱。正像你的父亲在你面前不会感到羞愧一样。在这沉默的恐惧中没有羞愧。这是背叛我们的沉默。如果不是因为这种沉默，祖父可能会告诉父亲他从未逃避过自己并孤身一人来改造自己。你的父亲也会把相同经历告诉你。你，你的子孙，也会告诉你的父亲，这个世界是何等诱人，所有人不光可以享受铁路、室内马桶、灌溉水渠、留声机并把你带回到旧有方式的、死气沉沉的那些工具，还有其他的所有。你还可以告诉他，这些工具本身带着一种危险的权利，它们要求我们用一种不同的眼光来看待世界。这种权利要和一种信仰相伴而生，是源于苦难的信仰，对旧思想的信仰，不是对黑人的、白人的，也不是对基督徒和穆斯林的信仰，而是心目中对第一非洲村落和第一堪萨斯家乡人民的信仰。

此时奥巴马加强了对自己作为人的身份认知，与此同时，他也接受了把他定义为黑人、卢奥族人或非洲人的政治现实。

> 我坐在两个坟墓前哭了很久。当把眼泪哭干的时候，我感觉身心受到

了洗礼，内心也感到从未有过的平静。我发觉这个怪圈终于走到了终点。我知道自己的身份了，我知道我关心的是什么，不再仅是智慧和责任心的问题，也不仅是停留在文字上的构想。我感受到了在美国的生活，黑人的生活，白人的生活，我童年时代那种被遗弃的感觉。我在芝加哥亲历的困惑和希望，所有这些都和这个远离海洋的地球上的一角密切相关，还有与远远超过有关我皮肤的名字和颜色这件事的联系。[52]

我们可以想象他对救赎的理解。奥巴马从进一步解放的思想中获得了灵感。他在不断营造人类之间的紧密联系。据我估计，这是奥巴马决定奋起、并且为人类新的关系发展做一盏指路明灯的时候了。这意味着他要超越种族、种族分裂和宗教的界限。但当奥巴马投身世界政治大选中时，还有一个有利于他锻炼的启发。这就是为了使人类共享他的生活，基层社交网络中互联网的重要性。

43

大变革：量子社会与乌班图

米歇尔·罗宾逊：他为政治而生

我们对奥巴马政治生涯的探索至今只局限于他的父母、祖父母和他在芝加哥作为组织者的斗争。在美国被冠以黑人时，作为一个真正的人，他所建立的自信使他表现突出。在哈佛大学，他参加了常春藤联盟，并在典礼上明确了他想要完成的目标。从他加盟《哈佛法律评论》的头一年起，人们就得知，他正投身于在美国建立一种新型知识和政治领导的活动。他参加竞选，成为《哈佛法律评论》的主编，他的获胜创造了历史上第一个"被任命"为这个职位的非裔美国人。根据美国《纽约时报》报道，"奥巴马主持的8个有关法律评论的话题包括评论马丁·路德·金和汽车零售业的性别与种族歧视。"[53]

1989年夏季，奥巴马找到了一份在盛德律师事务所实习的工作。在这次实习中，奥巴马邂逅了米歇尔·罗宾逊，那是她在芝加哥律师事务所（现为盛德和伍德律师事务所）做助理的第一年。正是通过米歇尔，奥巴马才对非裔美国人的体验有了不同的理解，由只从书本和数年作为社团组织者的理解层面，上升到在黑人群体的家庭中发挥作用。

米歇尔·罗宾逊出生在芝加哥南部。她的父母都是工人阶层,祖先是在当时的黑手党猖獗和大萧条的背景下离开卡罗莱纳州的。米歇尔是作为一名有良知的非裔美国人成长起来的。她到过乔治城、南卡罗莱纳州,并与重建之后残酷镇压的历史和记忆有着千丝万缕的联系。高中毕业后,米歇尔被普林斯顿大学录取,后来继续在哈佛深造,毕业于1988年。由于她的社会背景,被拒绝进入构成芝加哥黑人精英阶层的黑人妇女专业人士的圈子。这些精英是国家黑人俱乐部的一部分,他们的政治取向类似于美国的上流社会,通过这些精英的代言在黑人群体中煽动反移民情绪。他们为了不让黑人把他们认出来,利用俱乐部或名媛舞会,以文化交流为由,来掩护他们与新保守主义分子的政治联盟。他们在马萨诸塞州的玛莎葡萄园度假,并在两个高层党派间跳来跳去。在他们所接受的生物学对"种族"的定义范围内,皮肤的颜色和种族地位对这些精英非常重要,有一个"褐色纸袋测试",来决定是否有资格成为这个黑人精英的成员。[54] 1988年,当杰西·杰弗逊提到他的祖先是佣人时,这些精英感到非常

44 另眼看世界·当代国际热点解读

愤怒。

虽然奥巴马是在"白人"家庭中长大的,但他还是远离这个精英群体,因为看到了他们行为的轻率和不安全感,由此表达了对上流阶层的肤浅和"他们政治上的狭隘"的不安。因为父母是普通劳动者,米歇尔也成为这个阶层的局外人。融入黑人专业人士阶层的未来在等待着她。作为两个局外人,又一同毕业于常春藤联盟,他们发现有很多共同点。两人同样自律、专注,并希望社会变革。

奥巴马向米歇尔求婚后,于1992年在芝加哥成婚,那时奥巴马已从法学院毕业。通过米歇尔、她的父母、她的兄弟以及她的大家族,奥巴马开始了解了芝加哥黑人社会的多阶层和多种族的本质。作为哈佛的毕业生和黑人专业人士阶层的一员,米歇尔对于公司的制度愈加不满,"为了追求一种公共生活",她到芝加哥去寻找工作。在她的采访中,遇到了瓦莱丽·贾勒特,一位芝加哥黑人政坛的顶尖级人物。从哈洛德·华盛顿管理机构到戴利机构,她的任期被延长了。她与芝加哥和全国黑人权力阶层都有联系,包括许多重要的权威经纪人。

米歇尔立刻把奥巴马介绍给瓦莱丽·贾勒特,三人共同建立了一个政治联

盟，给没有正式参加过任何黑人中产阶级联合行动和俱乐部的奥巴马提供了和他们接触的机会。到奥巴马决定进入政治选举时，他已经和一些"像马丁·内斯比特一样的成功人士构成的政府首脑参谋团的核心"圈子建立了联系。[55] 就奥巴马而言，这些"务实的"联盟是否会蜕化为"含糊其辞"和"道义上的怯懦"？这是对自由主义发出的明显挑战，因为奥巴马已经透彻地理解了美国民主的本质。当奥巴马成为美国参议员时，很可能看到他全力应付美国政体所产生的矛盾。但目前还是一个未知数。

在此基础上，奥巴马把联盟的重心由原来的对艾拉·贝克主张的研究转到密执安湖北岸的湖畔地带。在《大胆的希望》一书中，奥巴马回顾了实用主义操纵伊利诺伊州政治各社会领域的方法。他质询是否实用主义会导致道德上的怯懦。奥巴马和米歇尔在领航伊利诺伊州危机四伏的政治和社会生活各方面时，没有被曾使芝加哥臭名昭著的贪婪所腐蚀。奥巴马大选胜利后，有一个典型的贪腐案例，伊利诺伊州州长罗德·布拉戈耶维奇试图把自己的参议员位子卖掉，谁竞价高就卖给谁。[56]

大变革：量子社会与乌班图

奥巴马开始懂得了如何与一位自信的、卓越的和自律的黑人女性一起分享他的生活。他的政治生涯是通过个人努力取得的。然而他想超越种族分裂最艰难时刻的意识，是借用一位女性的力量才得以强化的，因为她的生活折射了美国在各种族、性别和阶层方面斗争的内在联系。奥巴马和米歇尔曾经是一个松散学习组织的成员，这个组织体现了艾拉·贝克的主张。芭芭拉·兰斯比曾经就艾拉·贝克的重要性发表过文章和演讲，主要是关于她在美国黑人自由运动中和女权主义运动中所起的作用。艾拉·贝克推行的基层组织原则影响了全国学生非暴力统筹委员会和行业工人组织活动的积极分子。艾拉·贝克在运动中成为争取社会平等的主要人物，从反对"黑人"的定义、大萧条时期的剥削到里根的保守主义，一代代传承下来。在民权运动时期，她和年轻人之间的合作越来越娴熟，并告诫他们必须发展民权运动来领导自治的、独立的网络。她倡导的主要原则是：

- 挑战当局的集权式管理
- 传播政治知识
- 发展技术能力与组织当地穷人、学生和工人阶级的能力

- 提高专业知识
- 普及知识活动
- 扩大真正的民主参与范围

当他们决定如何适应美国的政治未来时，奥巴马和米歇尔都已经把这些主张做了充分的研究并且内化。

结　论

自从1981年奥巴马在哥伦比亚大学研究政治开始，就充满了自由主义的思想和开明的利己主义，这和芝加哥的米尔顿·弗里德曼学派思想密切相关。他了解到社会中理性行为理论和主张的局限性，故而寻求对社会变革驱动力的深刻理解。在寻求一种新的教育体制和新主张时，他得益于早年在夏威夷经历的多民族和多种族的社会、在印尼的多民族体验以及父亲的经历给他带来的精神遗产。这些体验使他的领悟更加深刻，在他所处的美国民主文化氛围中，对个人主义和私有财产的理解相当关键。

罗纳德·高木，作为另一位在夏威夷长大的市民，承认自由民主局限性的现实，并且恳求美国青年人在此基础上建立自己的组织以扩展真正意义上的民主。罗纳德·高木把美国宪法中的平等称为"议题"，并认为通过美国的政治斗争使平等变为现实。借用亚伯拉罕·林肯的葛底斯堡演讲词来强调，如何通过关键性的革命来为民主的深入提供机会。罗纳德·高木认为，林肯勾画出的平等主张依旧是"美国未竟的事业"。[57] 罗纳德·高木并没有探讨在资本主义和依旧存在剥削的经济组织形式环境中，是否存在平等的可能。

在很多方面，奥巴马与正在进行中的民主主张观点相同。在《大胆的希望》一书中，他写道，宪法"并非一成不变，而是一个活的文件，必须在现存世界中去解读它"。他提到祖母是如何向他朗读《独立宣言》的开场白，以及男性和女性是如何为平等而战的，因为他们相信两个世纪前发表的这些文字是有存在意义的"。就职前，巴拉克·奥巴马在给女儿的一封信中不断重复这些话。

为了一个更加理想的美联邦，奥巴马和亚伯拉罕·林肯怀有同样的梦想，并在大选的演讲中选用同样的方式，来呼吁美国社会超越畸形的种族歧视和种族决定论。同时他和母亲怀有同样的梦想，就是实现更加包容的社会。小马丁·路德·金把人类视做上帝孩子的梦想，以及奥巴马与米歇尔梦想中的包容性，即远离旧有政治的排除和分裂思想。现在面临的考验就是等待把这些主张贯彻到政府层面的那一时刻。

在关于奥巴马政治锻炼的这一章中，我们通过他不同的生活阶段来说明他接受教育方面的内容。芝加哥的实践经历给他的社团工作带来了正反两方面的教训。到他离开实习岗位时，保守党向数以千计无辜的、想参加社团服务的善意的年轻人发动了突袭。为了和新保守派推行的分裂和不可靠相决裂，奥巴马想获得一份相应的职位。

奥巴马明白，和过去具有英国气质的开国元勋相比，政治改革必须根植于更广泛意义的人类基础上。正是这个创新，才使奥巴马在所有的构想中不光满足于对"资本主义"的东施效颦。作为一个美国人，在种族歧视不断对行为和制度的破坏中，奥巴马致力于与其对抗到底。在他的正式和非正式教育中，我们认为奥巴马一直被现实所困扰。

大变革：量子社会与乌班图

我们从正在探讨的种族歧视中引用一些文字：

在现有社会中，如何接受和对待人类对他们在这个社会中的处事方式有直接的影响。种族世界观的发明就是使某些群体永久地处于劣势，而其他人却领到了优越、权利和财富的入场券。美国的悲剧在于，从世界观衍生出的政策和实践，在创建欧洲、美国本土和非洲后裔的不平等待遇上从未失败。鉴于我们都了解在任何文化背景下，正常人都具备实现目标和行动的能力，由此可以得出结论：目前所谓的种族群体的不平等，并不是生物遗传造成的，而是历史和当下的社会、经济、教育与政治环境下的产物。[58]

我们现在讲述，奥巴马大选与针对美国政治中的种族歧视和性别歧视而进行的长期斗争如何交替进行。

第三章 面对美国政治中的种族歧视与性别歧视

> 种族歧视虽然没有波及到全国，但却是显而易见的，是现存机构中愈趋残酷的因素……我们必须从文化层面上对种族歧视造成的结果予以探寻。种族歧视，正像我们看到的那样，只是大环境的一部分：是人们长期受到的制度上的压迫。
>
> ——弗朗兹·法农
>
> 种族问题的核心是性别问题。
>
> ——詹姆斯·维尔登·约翰逊

在共和党刚上台初期，一方面在民主信条、民主参与和竞选上存在着分歧，另一方面在不平等、特别是奴隶制和性别歧视上也存在不同意见。种族歧视和性别歧视是剥削和歧视的两种形式,它使大多数人长期处在分裂和弱势的状态。本章的目的是探讨种族歧视出自于一系列主张、实践、态度、行为或制度机构，是有组织地让有色人种的个体或群体处于劣势。性别歧视同样涉及到态度、行为或制度机构，由于性别原因是有组织地使个体或群体处于劣势。性别歧视得到了异性恋主义信仰的支持：正常的性关系应该发生在不同性别的人们之间。基因工程、纳米科技和机器人科学在21世纪发起了新的挑战，因为新自由主义的压迫和保守思想使美国就种族歧视和性别歧视问题结成了一个自己的联盟。

2008年3月18日的费城，当巴拉克·奥巴马登上讲台发表有关种族和种族歧视的演讲时，他在寻找使修复美国民主传统缺陷的承诺得以兑现的方案。他讲话的标题是："一个更理想的美联邦"，这使人们的思路更加清晰，即力图和美国社会的白人至上、黑人低劣以及大男子主义决裂。数十年来，为充实民主参与内涵而进行的政治斗争与暴力、提倡不平等的对抗力量以及披着自由主义外衣的野蛮优生学不期而遇。

奥巴马对未来美好的设想是一个不小的挑战。1863年，亚伯拉罕·林肯曾尝试面对挑战，他告知美国政府，非裔美国人应该被纳入美国民主的视线。

林肯在反对奴隶制的战争中与为民主而进行的第二次真正的革命战争中，接纳了需要建立一个"更理想的美联邦"的构想。1863年，在曾经发生过葛底斯堡最血腥的一次反对奴隶制战斗的地方，林肯大声质问美国宪法关于自由和平等的承诺，这提醒了民众还有未完成的事业，那就是创建民享、民治的政府。[1]

　　为了使这一信条的实施得以保证，非裔美国人和妇女必须获得普通人的待遇。据史料记载，林肯诞生的200周年后，美国并未向大多数人的民主要求做出过让步。林肯本身也怀有种族主义的想法，但他却因为所受的教育并受到了好战的废奴主义者们，尤其是约翰·布朗、弗里德曼·道格拉斯和哈莉特·塔布曼的感召而有所改变。这些自由主义战士为赋予民主新的内涵而战。

　　但为了挽救刻板的社会不平等现象而作出的努力并未持续太久。"黑人"时代（即黑人奴隶时代——译者）的暴力和私刑却使那有限的公民权以及1865年到1877年之间法律上取得的些许进展也被销蚀了。平等的主张不可能在财产权、军事扩张和帝国主义三者为基础的社会上得以盛行。要想改变世界上人与

49

大变革：量子社会与乌班图

财产分离的状况，关键需要在知识领域上的飞跃，然而美国还没有做好这方面的准备。内战与重建之后，宗教与生物领域对黑人劣势的评论也在不断地更新和改头换面以适应社会需求。用弗朗兹·法农的话说，"必须用全民文化所经历的命运对它进行解读"。[2]

　　南方农场主代表的思想与政治上的胜利为男权主义者的大行其道提供了沃土，并对其大力支持。南方"庄园主阶层"的领头人发起了对奴隶性别上的种族歧视、私刑、鞭打和恐吓的活动。像本杰明·蒂尔曼这样的知名人士成了这个政治标签的缩影，他还鼓励发明新的迫害方式，后来德国的阿道夫·希特勒取得的更大胜利使其进一步发展。[3]学术界和记者也把三K党的野蛮行为合法化，他们复制并普及了优生学的主张，即智力和其他性格是由遗传因素决定的，后来代代相传。[4]如今，面对"自由主义优生学"，美国金融和学术界的作用就是在有关优等民族的精致理论上，澄清大量投资于白人基因工程的原因。

　　在电影院出现后，有关性的开发采用了一种新的方式，因为种族歧视和性别歧视的再次重演是为了满足社会的情感需求，他们在以前周六的晚上，都在欣赏游荡在外的私刑暴徒的表演。好莱坞成为展示欢庆美国土著居民种族灭绝

和种族成见复制品的必要途径。[5]

街头暴力、剥夺公民选举权、种族隔离、分化少数民族邻里之间的关系以及强奸是政治排外和政治压迫的工具。迄今为止，美国高等学校教育机构依旧对以下的领导人推崇备至，如本杰明·蒂尔曼、西奥多·罗斯福和托马斯·杰弗逊。步本杰明·蒂尔曼和众多黑手党英雄后尘，还有斯特罗姆·特蒙德以及他的继承人如乔·威尔逊确保了"科学意义上的种族主义"的有关主张和实践，在21世纪的头十年里，在社会上为它找到了一个彰显荣誉的场所。这个畸形是由这些想培养出新一代超人群体的现代基因工程师创造出来的吗？

谁拥有决定权与人类真谛的问题把民主带到了一个全新的高度，它超越了原来竞选中参与投票这些简单的问题。然而关于谁将对未来的科技社会做出决策所面对的挑战，和信息的民主化、知识的民主化和全民参与密切相关。21世纪美国教育体制的种族歧视，注定使社会朝着种族隔离的方向发展，情况更趋复杂，与"黑人"时代的邪恶程度不相上下。[6]

在巴拉克·奥巴马参加2008年的竞选时，种族隔离的重演维持了教育上的

50

另眼看世界·当代国际热点解读

种族隔离并抑制了美国社会发展的希望。[7] 被隔离的学校、被环保种族主义破坏的群体、高失业率、种族隔离的医疗中心连同监狱工业复合体，强化了一种新型的社会保守主义，它对白人沙文主义和由此产生的反作用诉求丝毫不加掩饰。[8]

从为民权和妇女权利斗争的历史来看，美国社会政治动员基本上已经达到了一定的水平，因为奥巴马在费城的信息已经得到了回应。奥巴马发表的言论包括，反对三K党的极端种族歧视，并反对三K党的人种混合关系的飞速发展。在大选中，新兴的生育者运动质疑奥巴马的出生地，但其真正的潜台词是关于他的父亲是黑人以及他的母亲是白人这一现实。"出生地运动"（即否认奥巴马公民身份的运动——译者）是保守党这些最后议题的延续：即堕胎、对同性恋的憎恶以及同性恋婚姻。[9] 社会保守主义和分裂主义政治走过8年之后，社会上出现了这样一位领导者，他竭力弘扬人类之间的关系。奥巴马把自己当作人来看待，一个真正的人，而非一个"黑人"竞选者。他还对大肆弘扬的领导价值观赋予人性化，并充分反映了社会超越种族划分的需求。

到21世纪初期，人类基因组计划解决了人类种族差别的问题。DNA

研究并没有表明现代人是单独的可分类亚种群。虽然形成身体特质，如皮肤和头发颜色的不同基因可以在个体之间被识别，在人类基因群中却没有统一的基因模式，用来辨别种族之间的差别。[10]

现在可以公认的是，种族并非种族歧视的依据。许多社会科学家认为种族歧视源于白人至上和"白人"帝国主义的汇聚，源于对非洲后裔和其他有色人种的压迫和剥削。[11]

如果种族不是生物性的，而是社会性的，难道不该向种族歧视发起大规模的斗争运动吗？这是一个新的政治领域。由于历史上反对种族歧视和性别歧视的斗争积累了太多的成果，表明了不仅仅是法律问题处在危险的境地，而且在财产与资本积累和大多数民众的生存之间也存在着尖锐的矛盾。爱国主义、军国主义、大男子主义和父权主义重现了结构上、身体上、种族主义分子和性别上的暴力。在这一竞选周期，不可能完成反对种族主义的斗争，但必须依靠以前的努力来击退种族歧视和性别歧视。

美国的民主探索历经了5个阶段的斗争，成为繁荣政治文化的市场推手。

51

大变革：量子社会与乌班图

它们分别是：
（1）1776年到1783年的革命战争，广泛的、针对非裔美国人的"3/5人"标签的民主代表要求。
（2）内战和为争取非裔美国人公民权的斗争，高潮在1859年至1877年之间。
（3）优生学时代妇女和工人的斗争。
（4）20世纪中期的民权斗争。
（5）21世纪为争取全社会民主化的斗争。

本书限于篇幅不允许对这5个阶段一一详尽介绍。本章的内容是重点分析第1、第2和第3个阶段。民权运动的某些细节众所周知，因此勿庸赘述，关于第5阶段将在本书最后1章详述。我们追求21世纪政治变革的总体计划是以民权运动中所表达的观点为依据的。这是一个"普通人做不平凡事的时刻"。奥巴马曾反复强调，在反种族主义的斗争中，他是"站在巨人肩膀上的"。[12]

历史表明，事实上种族歧视和性别歧视阻碍了人们创造力的发挥和他们之间的团结。最近，有力促进白人种族发展的相关知识指出了部分劳工运动也包含这样的观点，即"时而利用他们，时而凶残地对待他们"。[13]如果说种族歧视很普遍的话，那么性别歧视在男子霸权主义中就体现得更为残忍，因为被压迫的人们还对男权主义起到了拥戴和助推的作用。在政治文化中，私刑成为性别种族歧视的明显迹象，像艾达·B.威尔斯和安娜·茱莉亚·库伯等女性创建了传统的独立思想和行为规范。艾拉·贝克继续把这一思想传递给争取民权的工人们，并鼓励网络为奥巴马投票。

在第5个阶段，怀有恶意的异性恋主义使性压抑变得更加严重。2007年克里斯·赫齐斯写了一本书，书名为《美国的法西斯主义：基督教的权力和向美国开战》。2008年，谢尔登·沃林在《民主股份制有限公司：民主的管理和倒置的极权主义》中发表的言论，指出如果美国不彻底地改变路线，它将会变成一个极权主义国家。由于美国社会的本质，沃琳把其看作是向"倒置的极权主义"疯狂的进发。法西斯的这个名称和新保守主义势力密切相关，因为这正说明为何美国所谓的民主受到大部分国际社会的质疑。本文作者之所以停止用保守主义来标注美国的"法西斯主义"，是因为重建和民权时代的自治政府借宿在

52 另眼看世界·当代国际热点解读

脱离其他主流政治党派的民主政治文化的"保险箱"里。沃琳了解脱离其他主流政治党派的民主政治文化的重要性，并且把非裔美国人被压迫的问题置于向极权主义疯狂进发的中心位置。沃琳说：

>非裔美国人被监禁的意义在于它的政治性。值得普遍关注的是非裔美国人其高度复杂的政治性。迄今为止，它是20世纪唯一保持生机的反抗和叛逆群体。在那种环境下，刑事上的公正成为政治中立化的策略，因为它是固有种族歧视的一种渠道。[14]

共和国诞生以来，社会就不得不面对种族歧视的威胁。奥巴马大选是超越固有种族歧视社会迈出的另外一步。我们将努力展示源自这些阶段解放思想的全景，以及如何渲染奥巴马大选的魅力。本章的结论体现了经济衰退和巩固民主关系所面临挑战的关键时刻。

第一个阶段：总统选举团与"3/5人"

2008年11月巴拉克·奥巴马竞选后的两周，《纽约时报》的一篇社论呼吁

剔除总统选举团。总统选举团是一种体制，美国总统的选举以单独竞赛的方式在 50 个州的每一个州里进行。其新闻社论中提到：

> 总统选举团不仅是一个过时的机构：它剥夺了公民的选举权，偶尔（如 2000 年）还通过直接投票让得票很少的参选者当选。美国民主要是没有它会更加强大。
>
> 因此没有理由对总统选举团有所留恋。创立者的初衷之一就是为了奴隶制。南方各州喜欢这样的现实，当分配总统选举团选票时，他们的奴隶可以被排除在选票之外，奴隶可以被算作白人的 3/5。[15]

那是在 2008 年：美国的主要报纸提醒公众，总统选举制是由非洲奴隶制发展而来的。有一个全民公投的运动，呼吁不通过总统选举团的非民主基金会的彻底讨论前提下就取缔这个体制。1865 年内战开始后，总统选举团曾三次把公投的失败者推上总统的席位。最近的实例是 2000 年的选举，这引起了世界关注，因为它继承了奴隶制那时的非民主选举制度。事实是，虽然戈尔取得了多达 50 多万的公投选票，但还是败给了乔治·W.布什。[16] 戈尔之所以输掉了竞选，是

53

大变革：量子社会与乌班图

因为许多公民被剥夺了公民选举权，尤其是黑人，原因在于他们是"恶棍"。选举中法律上的操纵说明它和卡尔·洛夫主张的策略有关，即维持永久的共和党大多数与白宫中一个永久的共和党。[17]

从美国作为一个共和体到 2000 年止，种族主义明显的操控、剥夺公民选举权和刑事上的恐吓阻碍了民主意愿的表达。从 2000 年到 2004 年美国大选投票数据来看，在某些州里，官方明显地都在给"黑人"和"褐色人"（美国印第安（土著）人——译者。）的投票设置障碍。2000 年和 2004 年，佛罗里达州和俄亥俄州在继续推行长期以来对黑人选民资格的剥夺。杰布·布什，作为佛罗里达州长，又拾起了"黑人"时代的陈规以及剥夺黑人选举权的奴隶制。州长办公室在 2000 年大选中陷入了贿选的丑闻。当最高法院以法律的形式对大选中的偷盗行为进行干预时，这使市民想起，（100 年前）也是在这同一所法院，普莱西和弗格森裁定种族隔离和"黑人"合法化。

主流政治学家们写了一些关于"政治合法化"的文章，此时全美国都公认这是一次偷来的大选。[18] 那些曾经参加民主斗争的人们也开始披露，正是这同一所法院通过暗中破坏选举法案以支持新保守党。[19] 对选举体系的缺陷，以及

预谋和决心对黑人选民予以恐吓和压迫的调查越深入,就越清晰地表明,这不是用更健全的法律就可以解决的技术问题,而是一些社会问题,关系到对于人类为何、谁有权投票[20]和谁有资格参加民主进程这些概念的彻底重建。

共和党是建立在亚里士多德哲学基础上的,它认为人类可以被分成两部分:市民和奴隶。

海地战争以后,有关建立黑人独立国家的主张威胁到了美国的开国者们。领导们效仿前三次竞选,想发展一种制度,以保证权力掌握在奴隶主手里。为此,共和国的开国者们对宪法进行了(第12次)修改,其目的是为了政治经济的发展而用心地维持奴隶的向心性。为了维持有保障的劳动力体系,奴隶主们宣称,从法律上来讲,政治力量可以使他们的财富和经济实力得到增强。[21] 为了加强奴隶制各州的投票权,宪法给非裔美国人定位成"3/5人"。[22] 剥夺黑人选举权的这个政治阶层也同样剥夺了妇女的投票权。

与此相反的是,虽然妇女和黑人都对美国民主变革的斗争产生了兴趣,但在共和党执政的头70年里,白人至上的主张还是甚嚣尘上。白人妇女被拒绝参加投票,但天定命运的主张还是发动了白人里的穷人(包括男性和女性),以支持这种思想的继续膨胀和奴役现状。种族歧视思想认为,世界上除了欧洲人都是亚人类。根据这个白人至上主义者观点,你的相貌与白皮肤和直头发越相似,你就离真正的人类"越近"。

因此在以知识为基础的新型社会里,维护不平等和财产权找到了继续发挥作用的场所。约翰·洛克的私有财产、个人主义、自然的状态和理性构成了美国知识界的核心思想,并鼓励人们拥有"人类的科学"这一观点。1993年,《哈佛法律评论》发表了一篇详细报道,题为"拥有所有权的白人主义"。[23] 谢莉尔·哈里斯在文中详细地介绍了产权的自由标准,并把白人至上和产权的概念结合到一起。哈里斯总结说,白人主义和两个基本原则有关,一个是至上的社会认知,另一个是把别人放在从属的地位。哈里斯还提到资产阶级民主使美国的白人主义顺理成章的成因。数十年来,非洲人批判了以财产为基础的自由资产阶级民主,并反对把他们当作财产。

大卫·罗迪格指出,白人对此问题的否定摧残了美国的知识文化,给自由和保守主义思想带来了很大的影响。[24] 知识文化的这一缺陷被霍布斯哲学中开明的自我利益和对此展开的斗争混为一谈。[25] 霍布斯和洛克的哲学为自由民主政府提供了道德和政治上的法律规范，处在新时期的人类需要阿尔伯特·爱因斯坦、圣雄·甘地、小马丁·路德·金和哈莉特·塔布曼。

一旦自动扶梯的神话被人们接受，就会出现人类的等级制度，有等级高的人，也有等级低的人。在宗教和伪科学基础上，非洲人的奴隶制就会被视为合理。[26] 性别、种族歧视发展成为对非洲人灭绝人性行为的一方面。这种性别和种族上的思想把美国数不清的暴行视为正当。黑人奴隶制伴随着白人的精神奴役。只有黑人从真正的奴隶制中挣脱出来，白人才可能摆脱精神奴役。剥削、奴役、性压迫、种族歧视和种族灭绝严重损害了社会。政治学家都想从阿列克斯·托克维那里寻找到这一时期美国作为一个民主国家对正义的定义，但对非民主体制本质的论述却是用鲜血换来的，反对畸形社会野蛮行为的那些人成为了牺牲品。[27]

这是一次有组织的、自发的、针对野蛮行径的反抗行为，构成了1861年内战之前的政治动力。是非裔美国人和美国土著居民养育了全体美国人，并用尽

大变革：量子社会与乌班图

所有方法与野蛮行径进行抵抗。接受自由主义主张的这些人有丹马克·韦斯、加布里埃尔·普罗赛、纳特·特纳和数百万无名英雄，他们对奴隶制的抵抗成为奥巴马政权建立的基础。

2007年2月10日，奥巴马在伊利诺伊州斯普林菲尔德的州议会厅宣布就任美国总统。亚伯拉罕·林肯曾于1858年在此发表演讲，题目为"分家"。在奥巴马的演讲中，也作了同样的陈述，但并没涉及目前政治上的种族歧视和性别歧视问题。他用间接的陈述"我们政治上的小事"来澄清"大问题"的历史。奥巴马自诩为后党派政治家，可以团结民众并弥合分歧。通过他的努力，奥巴马推行了哈莉特·塔布曼的传统思想，与奴隶制和种族主义斗争，并区分种族主义分子与那些有教养的、希望跻身于反种族主义和反性别主义行列的市民。

第二个阶段：内战与民主斗争

当奥巴马从林肯那里获得灵感时，他的宣言所起的作用要比林肯大选时的进步运动还要大。个人主义主要是力求证明废奴制是来自于林肯思想的精髓。

高中的社会学课本把林肯刻画为一个"拯救"奴隶的人。然而，事实是奴隶们解放了自己，并使永不停止的政治进程发展不受约束，并在内战时席卷全社会。

W.E.B.杜布瓦在他的《美国黑人的重建》[28]中解释了为何老是在大战真正爆发前，都会有一些法律和军事上的小冲突。堪萨斯的小规模战斗、地铁的运动、还有废奴制的战争状态都把废奴当成社会的头等大事。1860年共和党大选的胜利，促使南方7个州在林肯上任之前就宣布退出联邦政府。无论是退出的还是即将上任的美国政府管理机构，从反叛角度上看都拒绝国家分离。杜布瓦概述了军事上的分裂，以至于反种族主义和反奴隶制的废奴主义者们的行动激发了普通民众和政府官员们的"废奴情绪"。军事上的分裂继续为军队里反抗较保守一派的人们提供指南，并且为占领墨西哥人民国土和美国土著居民的种族灭绝而欢呼雀跃。

从客观上来讲，北方的物质条件支持自由劳动者对奴隶的剥削；从主观上来看，白人至上的主张和意识制约了北方工业家的发展。这个权力被委托给了被压迫人们的有组织和自发的行动，迫使当时只有通过战争才能解决这些政治

56

另眼看世界·当代国际热点解读

问题。

塞德洛克·罗宾逊在《美国的黑人运动》（1977年）一书中清楚地阐明，废奴主义者的军事和革命行动在反对奴隶制的斗争中起着非常重要的作用。

林肯本身并不反对奴隶制，他只是想维持联邦的现状。1862年8月22日，在他给霍利斯·格里利的信中承认：

> 我这次战斗的最大目标就是拯救联邦，我既不拯救也不摧毁奴隶制。如果在不解放奴隶的情况下，我能拯救联邦，我会这么做；如果只有在解放奴隶的情况下才能拯救联邦，我也会这么做。如果释放一部分奴隶，关押一部分奴隶，能够拯救联邦的话，我还会这么做。[29]

林肯并不知晓那时反种族主义的势头要比对联邦未来的关注更加重要。被奴役的非洲人决心让历史对社会的未来发出诘问。林肯不止在一个场合承认黑人所处的低劣地位，但他低估了美籍黑人会为争取人权发出强烈呼吁的程度。在此方面，林肯可以被视为一个渐进主义者。南方宣战后，林肯别无选择，只能面对诸多有关种族歧视和奴隶制的问题。

塞德里克·罗宾逊把废奴主义者分为三类：渐进主义者（即指那些在学术

上坚持渐进改革取向者或者是在实际的改革过程中坚持渐进改革取向者。它既是一种学术理念，又是一种实践运动——译者。)、好战的废奴主义者和革命暴动者。[30] 有关19世纪早期发生的这些进步运动的叙述中，罗宾逊对废奴主义者如威廉·劳埃德·盖尔森，和革命者如约翰·布朗、马丁·德兰尼、弗雷德里克·道格拉斯和哈莉特·塔布曼这些人进行了区分。

最高法院1857年对斯科特诉桑格德案的裁决中强调了市民资格自由所提出的挑战。审判长罗杰·B.坦尼在裁决中说，奴隶们"地位非常低下，不能像白人那样得到别人应有的尊重"。黑人一直在质询法律的公正性。北方的政治家和市民是否会因为帮助奴隶逃离而与不公平的法律决裂，故而触犯为奴隶设定的"亡命追杀令"呢？在北方形成了一个反对此项法律的市民社会网络。

若想详述美国主要的军事斗争和在北方的胜利中黑人军队所起的决定性作用，就要对美国历史进行深入研究。此领域有参考价值的要属W.E.B.杜布瓦和塞德里克·罗宾逊的文献。[31] 描述黑人在战争中起关键作用的小片段出现在电影《光荣》里，故事讲的是马萨诸塞州第54兵团，但并没有展现全部内容：因

大变革：量子社会与乌班图

为到战争行将结束时，在北方的军队中，黑人服役的数量超出了整个联盟军的人数。内战中北方的取胜，黑人起了决定性作用。

第三个阶段：自组织与哈莉特·塔布曼主张

虽然过去有关反奴隶制和战争的文献主要集中在军事行动上，但其实奴隶们不断的反抗和公开的战争同样重要。在反奴隶制思想的反抗斗争中，非洲女性起到关键性的作用。就奴隶制下的社会关系和社会重建而言，某种程度上确实如此。美国土著居民处在被驱逐、被杀害和被搁置的地位。资本家们掠夺他们的土地来制造农业和矿业财富。社会阶层的最顶端就是资本家以及促进经济发展的工业家。在资本家和富有的地主下面就是独立的自耕农和白人工人阶层。虽然是以剥削的形式出现的，但这些因素等同于白人享有的特权。白人女性被压迫的原因是她们在社会中的地位，但总的来说，统治阶层的白人女性却是意识形态的支柱。她们以白人文化精英自居，是中性的、清白的，但白人奴隶主和监工却对黑人妇女施以数不清的性侵犯和性暴力。[32] 谏言者对白人主义非常

热衷，意在把所有的白人捆绑在一起，无论什么阶层，都要遵从白人至上的思想。

在拥有非洲血统的人们中，有一小部分是属于自由阶层的，如独立的工匠和手工艺人，还有路易斯安那州的极少数富人。可是，黑人基本上还是被视为商品，被任意拥有、任意买卖。处在阶层最底端的是黑人妇女。正是在这个层面，产生了最具战斗性的反对奴隶制和反对种族主义的思想。黑人妇女成为反奴隶制斗争的主要代言人。由于被强奸、侵害以及庄园里繁重的劳动过程中所积蓄的愤怒，她们感到了强有力的冲击。在拍卖会上，黑人妇女被剥光了衣服，像牛一样被交易。为了贬低黑人女性的人格，强迫性交和强迫生育成为可耻行径的一部分。据有关奴隶的叙述和数百万黑人妇女口述的历史记载，证明她们普遍遭到了强奸和暴力。[33]遭受暴力妇女们的证明使我们更深入地了解了托马斯·杰弗逊和莎莉·海明斯保持的这种关系。[34]

通过"她"的躯体，奴隶制和资本主义才得以重建。因此反性别歧视和反种族歧视的势力主要来自于黑人妇女，并非偶然。小说家奥克塔维亚·博特勒（作品为《亲属关系》）和托尼·莫里森（作品为《亲爱的苏拉》）曾用虚构的人物使处在奴隶制下黑人妇女的内部斗争鲜活起来。故事以外，留给人们的是对数百万杰出妇女的记忆，极个别女性在历史上得到了赞扬，如哈莉特·塔布曼和索杰娜·图鲁斯。这些女性给妇女运动中的其他成员带来了极大的影响和勇气。

数百万被奴役女性不屈不挠的精神继续发扬光大，为反种族主义运动提供了肥沃的土壤。哈莉特·塔布曼在她们中的地位特殊。她虽然诞生在奴隶制下，但却发展和巩固了一个依托地铁网络的自由组织。内战以后，她是美国妇女运动的领导者和组织者之一。塔布曼向人们传递了很多思想，但我们只想说明奥巴马组织传承的一些最重要的思想：

- 我们要和一切困难作斗争。
- 获得高层次的组织，并为研究领域、不同的政治势力和美国历史做好准备。塔布曼对知识有着孜孜不倦的追求，她学习了法律、历史、地理、政治、宗教和天文学。她相信只有紧密团结的网络才能使地铁组织发挥作用，同时她还支持自发性、自组织和自我动员。反奴隶制运动需要调动各方面的力量：个人的、团体的、地区的和国家的。
- 做一个有高尚灵魂的人，并对一切都充满爱而不是恨。
- 相信能够摆脱压迫并重获自由，无论是精神奴役还是肉体奴役。
- 相信女权。塔布曼对强大的军事力量、奴隶主和其他压迫者从不畏惧。她准备好保护自己和他人，她对胜利的笃信激励其他人为自由而战。

巴拉克·奥巴马和林肯之间的区别在于林肯拥有自发的政治力量。这股主流党派以外的自发力量能够推动社会朝着反种族主义方向发展。如果社会上没有明确的反种族主义和反性别主义的力量，就不能寄希望于国家推行全面的反种族主义计划，以保证黑人能像普通市民一样在美国生活。

重建与第三个阶段

大变革：量子社会与乌班图

从我们上述分析来看，抢得先机和推动林肯向前进的是好战的废奴主义者们。林肯能够根据向前推进的民主进程要求而不断成长并对其予以适应。在重建的过程中，自由的倡导者们做出大胆的尝试来改变社会政治，但暗杀林肯的社会势力却在疯狂暗害反种族主义运动分子和民主计划的实施者。在全国范围内，重建能引发资本和自由劳动力的重建呢，还是成为围绕着像分成制等各种非自由劳动力形态的资本主义方式的基础？这个答案来自于政治斗争。先前奴隶主的暴力以分成制、私刑和延续到20世纪中叶"黑人"时代的其他方式做出了回答。

重建计划的核心在于两项措施的实施：第14次宪法修正案和重建方案。第14次宪法修正案于1866年通过，并且在1868年获得批准。其目的是维护南方各州黑人的权利，并对先前联盟的政治力量进行限制。

第15次修正案赋予了非裔美国人选举权。由于拥有了选举权，男性黑人的突然参与暂时改变了美国的政治。拥有了选举权、登记权并参与官方的政治进程，选出的1465名黑人官员未来十年会在南方上任。按照人均和全部人口计算，1865年到1880年间，要比美国历史上任何时候都有更多的黑人步入政界。在立法机关，他们推行了激进的和广泛的主张，第一次提到了社会服务的概念，如公立教育、公共健康和公共卫生服务。尽管宪法修正案的辐射范围广，但是法律的力度还不足以击退根深蒂固的种族歧视思想。

反革命

林肯遭到暗杀的行为剥夺了白宫中的废奴主义者联盟。作为林肯的继任者，总统安德鲁·约翰逊不支持被解放了的激进重建思想，并当他否决自由民局法案时，向南方白人示意他们在白宫中有同盟。约翰逊总统认为这不符合宪法且代价昂贵。这是决定性战斗的开始，一方是想击败黑人权利的先驱一派，另一方是想用一种新形式——尽管更加残暴并且压迫更为深重——来巩固种族歧视势力。

杜布瓦把劳动力和财产的问题置于斗争的核心，一方是黑人劳动者（以前是奴隶），另一方是想和北方的工业家建立新关系的南方农场主。在《黑人的重建》（1998）一书中，杜布瓦提醒读者，内战是力图以无条件的剥削来降低黑人劳动力数量的。

根据杜布瓦的言论，在南方有三个针对黑人的恐怖主义暴力阶段。第一个是无视法律，推崇战争。第二个是劳动力战争，力图迫使工人同意资本家条款。第三个演变成劳动者、黑人和白人之间的战争。[35]

性暴力也是种族歧视的核心议题。

本杰明·蒂尔曼，性暴力与种族歧视的加强

纵观整个美国，废奴主义者和共和党之间的暂时携手，最终还是让位于社会上日益紧张的经济关系。

一位观察家就发生在 1843 年的爱尔兰民众中盛传的白人种族歧视发表了以下的言论：

这是一个奇怪的事实，即民主党，特别是美国爱尔兰移民的贫民阶层，

是黑人的敌人，同时还是维持黑人奴隶制的鼓吹者，他们的行为要比任何其他自由联邦的人们都更胜一筹。[36]

直到20世纪，任何移民官员和其他官僚主义者的公干就是，要在移民中宣传白人主义的重要性，并把它训练到家。中国移民和墨西哥移民未受此沙文主义理念的影响，但来自于印度的部分移民却寻求将白人至上的思想内化到灵魂。这样的情况一直持续到21世纪。

其他被种族歧视主张蛊惑的被压迫群体是为选举权而战的白人妇女。

由于废奴主义者大部分受到过奴役，因此他们努力推行黑人的投票权，同时，重建健康、教育、卫生和农业这种潜能的爆发，确实证明了变革社会的有力尝试。但妇女运动的领导者们和黑人领导的意见不统一。1870年，苏珊·B.安东尼和伊丽莎白·凯迪·斯坦顿对民主党、三K党曲意逢迎，当时第15次宪法修正案刚刚通过，允许黑人参与投票。[37]

因此重建之后的一段时期，种族主义分子和被压迫的妇女之间的联盟得以加强。2008年把莎拉·佩林推到总统候选人行列中的短暂努力，通过利用白人

61

大变革：量子社会与乌班图

女性作为种族主义暴力泛滥的陪衬，力图达到历史重演的目的。以保护白人妇女为名，暴力成为美国长期种族主义暴力和暗杀风波的正当理由。

现在新一波的学术冲击又来了，即把重心放在研究白人至上是否和男性有关，以及三K党和其他恐怖组织的诉求不仅是种族歧视，还有大男子主义。[38]这些学者打破了对黑人男性的成见，因此使波及范围广和具有一定深度的美国性恐怖崭露头角。"肢解黑鬼女人"成为美国南部流行的委婉语，用来描写对黑人女性的强奸行为，因为这被视为不仅是"白人男性的特权，还是他们发泄愤怒和蔑视的工具"。[39]性恐怖强化了政治上对公民权的剥夺以及分成制这种经济上的剥削。多萝西·罗伯茨曾经研究过优生学和性恐怖之间的联系，把性恐怖定义为"故意否认妇女的生育权和隐私权，并无视以社会传统中的性别规范为基础的对大约50%人类的大规模压迫"。[40]

三K党是1866年以后实施性恐怖表现最突出的组织之一，现在女权主义学者们了解到三K党是通过部署预谋的性暴力活动组织起来的。周六晚的聚会无非是设立私刑、实施阉割和焚烧黑人男性的身体，这些掩盖了更为深刻和范围更广的对黑人妇女的强奸和暴力行为。强奸是对性恐怖和白人至上最具说服

力的表现。这种恐怖非常普遍，几乎延续一个世纪的残暴成为与体制相一致的意识形态，即"以长期被强迫的性交和生育为标志的种族控制"。[41]

三K党在实施美国历史上所有的恐怖活动时无所不用其极：政治的、经济的、种族的和性行为的。

政治上的恐怖是指对黑人选举权的暴力剥夺，它一直持续到1965年投票权法案的通过。一直通过黑色隐语和当地的法令来严格执行。有拒绝黑人投票权的祖父条款（法律规定内战前参与投票的后代没有投票权）、人头税（向黑人贫民征收的税务）、白人预选（只有民主党有权投票，且只有白人才能成为民主党），还有文化水平测试等一系列条款。

经济恐怖是体制上的剥削和对黑人的掠夺，通过"分成制"（即各种形式的租佃制，佃户的生产资料，甚至生活资料，像犁牛、农具、籽种、住房，几乎都仰赖地主——译者。）这种半奴隶制形式严格予以实施。这种体制下，黑人在白人农场里干活，并长期负债，到20世纪50年代，小马丁·路·德金甚至遇到了从未看见过货币的南方人。

62 另眼看世界·当代国际热点解读

私刑和种族恐怖主义是通过社会控制的手段来维持对分成制中黑人佃农剥削的。1877年联邦军撤走之后，针对袭击和残暴的剥削，黑人失去了法律的依靠，因为"黑人"时代的司法体系全是为白人而设的：包括警察、检察官、法官、陪审团和监狱看管。

性恐怖涉及强奸（特别是轮奸）、性折磨和对女性尤其是黑人女性的焚尸。这种恐怖的另一方面是性折磨和对黑人男性的阉割，这是由三K党的暴徒干的，这一切说明了大男子（"真正的男性"）主义是白人男性独一无二的特权。[42]

本杰明·蒂尔曼的职业生涯和南卡罗莱纳州所赋予的恐怖主义是多侧面恐怖主义的象征。他于1847年诞生在一个奴隶主家庭，1864年蒂尔曼签约要为联盟军效力。在重建时期，面对当选的黑人官员，他组织了红衫预备役来杀害、弄残黑人，并对其进行恐怖袭击。他是组织不满的暴徒实施暴力和私刑复仇行动的数千个农场主之一。

像三K党和其他街头黑帮组织一样，面对黑人劳动者为权力发起的挑战，蒂尔曼卖命地恢复白人的地位，以重构白人父权制的权威。蒂尔曼和他的家族开始调动没有任何技能的白人贫民，并确信"种族的良知在于统治和恐怖，而非合作"。[43] 蒂尔曼后来成为南卡罗莱纳州的州长，任期从1890年12月到1894年12月，这充分说明在许多政治家的生涯中，都曾靠操控白人种族主义的主张而步入政坛。

1895年从州政府升到参议院，蒂尔曼在美国传递着他的思想。1900年、1906年和1912年他再次当选，任期从1895年一直到1918年去世。正是在这个国家舞台上，他宣称如果黑人争取特权，就把他们消灭掉，并且断言"黑鬼就必须处在劣势或者被消灭"。[44]

这种男权主义分子和军国主义分子的断言是20世纪南方政治文化的标志。蒂尔曼自诩为"干草叉"，是想说明他的农民身份，但他却依靠军事恐怖来对付黑人民众和政治对手。

由此看来，掩盖这些罪行是显而易见的，蒂尔曼通过创建两所大学——克莱梅森和温斯罗普大学以及查尔斯顿海军造船厂，使他一跃成为伟大的教育家。美国两只海军舰艇被冠以他的名字。我曾经在2008年大选时到过温斯罗普大学，惊讶地发现，21世纪的这些学生竟然在这样的一所法西斯主张丝毫没有受

大变革：量子社会与乌班图

到质疑的学校读书。西奥多·罗斯福在白宫招待布克·T.华盛顿之后，议员蒂尔曼说，"罗斯福总统招待黑鬼的举动，必然会迫使我们在他们再一次认清自己的身份之前，杀戮1千个南方黑鬼"。[45]

第三阶段的永久性遗产

作为一个推行白人至上主张和性种族歧视的鼓动者，蒂尔曼的作用是在其参议院任职时确立起来的。为了确保对南方历史的理解成为国家思想的中心，那时他在美国到处演讲。1913年到1918年，作为曾在美国参议院军队服役、军事事务委员会的一员和海军委员会主席，蒂尔曼用他的影响力来扩大军工业的作用，并支持对南方意义上的重建予以扩张。

通过此项事业，他鼓励人们对三K党《同宗同族之人》进行赞美。[46] 后来有一部名为《一个国家的诞生》的宣传电影也受到它的影响。该电影开创了好莱坞长期传播性种族主义的历史。它把南方描述为美国价值观的堡垒，内战时这块领地被瓦解。该电影把重建描绘为灾难，因为黑人永远不能像普通人那样

融进美国社会。具有代表性的"3/5 人"策略成为了答案,该电影和领导者们的宣传,如蒂尔曼展示了三 K 党的暴行,并把它视为使美国回归真正民主的基础。

戴维·布赖特的《种族与重聚:美国记忆中的内战》[47]一书追溯了全社会如何内化内战和重建的种族主义内涵。戴维·恩·戴维斯认为这篇文章是"南方内战胜利的永久性遗产":

>美国现在才开始从内战后联邦思想的胜利中恢复过来。尽管南方失败了,但经历了一个多世纪后,它已经取得了既定目标:即使从战争起因的角度来看,奴隶制在美国历史上的作用也被彻底低估了。南北方的谈判需要国家出面否认,把重建视为"灾难性的错误";白人广泛接受"黑人的从属地位"以及南方的白人至上;把奴隶看作是不幸的人,从道义上来说,虽然良好的机制伤害黑人是为了白人的利益,但却有助于对"非洲野蛮人"的教化并使其成为基督徒。"[48]

另眼看世界·当代国际热点解读

优生学与南方思想的胜利

如果像《同宗同族之人》这样的小说和《一个国家的诞生》这样的电影,能在 20 世纪这一美国政治和文化的重要阶段得以普及的话,优生学思想就会永远成为解释"种族"之间差别的方法。像弗朗西斯·阿玛萨·沃克这样的移民官员一直反对"劣等种族"的移民,从他所处的位置来讲,是想帮助盎格鲁·撒克逊人,以避免混血种族的涌入以制止种族自杀行为。

性种族歧视,以及 20 世纪对移民的恐惧,预见了统治阶级和高层机构学会接受了"社会特征是遗传来的,异常的行为是由生物确定的"这一理论。[49]生物决定论在社会上起着决定性作用,因为美国针对黑人设立了惩罚措施,国家官员在生物决定特质的基础上使其合法化,认为黑人天生具有犯罪倾向和"异常行为"。到 20 世纪末,随着对毒品发起的攻击,生物决定论支持性种族主义,因其把黑人妇女称为"不适合生育"的人,而加强对其疯狂地进攻。这个对贫民发起的疯狂进攻行为,拒绝承认隐藏在种族歧视和种族主义思想和行为背后制度上和文化上的势力。为了掩盖剥削，美国资本家巨头为研究和出版进行了投资，因此卡内基、哈里曼、凯洛格、洛克菲勒和其他工业大亨成为资助研究机构、高校和组织的名人，他们致力于"铲除那些劣质种族"。

这个研究网络的最高端是优生学记录办公室（ERO）。它位于纽约的冷泉湾实验室。由于它作为优生学和人类遗传的研究中心，故而在国际上臭名昭著。优生学记录办公室研究成果依旧长期地影响着今天的社会。

令人尊敬的科学家和像斯坦福、哈佛、耶鲁和普林斯顿这么知名的大学也对种族理论和种族科学表示赞同。斯坦福校长戴维·斯塔尔·约旦在1902年有关种族的一封书信"一个国家的血统"中发明了"种族和血统"的说法。在这封信里，这位大学学者宣称，人的素质和社会地位，比如才能和贫困等，都是由血统造成的。在国际范围内，主流种族论强化了性别歧视、沙文主义、恐同症及所孕育的法西斯主义。"优生学这种致命的美国种族科学使一个金发碧眼的优等种族理想化了"，这促使科学家和政策制定者同意"用不同的手段来消灭90%的人类"。[50]从资本家对劳动力需求的角度来看，这种建议虽然不实用，

65

大变革：量子社会与乌班图

但大量消灭目标人口的主张却得以生根发芽，并通过乡村集市、杂志和令人尊敬的学术平台等大众媒体流传开来。

在德国大量屠杀人类时，德国的高效和组织技巧确保其更加集中和高效。直到现在，美国市民并没完全意识到美国基金会和研究者与获得优生学最优秀论文的德国科学家之间的紧密合作。[51]如果说纳粹大屠杀的暴行只是集中在短时期内（1933年到1945年），那么美国统治中的优生学主张酝酿的时间就相对比较长了，并在人类基因上发现了新的鼓动者。

人种科学思想之所以根深蒂固，是因为在20世纪，像亚瑟·R.延森这样知名的科学家加强了关于种族和智力的基因学派思想。[52]从优生学记录办公室到20世纪60年代的亚瑟·延森的学术研究和世纪末的理查德·赫恩斯坦的观点看出，使"劣等人种"处于从属地位的优生学观点盘踞在美国的政治和机构中。优生学运动所产生的结果是，美国前总统西奥多·罗斯福是唯一一个在美国写了篇关于"正确类别里的正确市民"应负的责任和避免"培养错误的人"的文章。[53]类似于1880年到1940年这样的三K党军事对手，优生学阵营成为主要的社会运动。[54]

优生学的优势被描述为有选择性的"选种",能够改善生物或种群的特性。不利的方面涉及到系统地消灭那些所谓不需要的生物特质。1945年以前美国协调出台的"消毒法"为保证优良育种提供了条件。美国社会和生活各方面受到了优生学思想很多负面的影响。

哈丽特·A.华盛顿研究了大批黑人妇女接受消毒的悠久历史,这与优生学思想以及受优生学思想庇护的针对黑人的医学实验密切相关。对黑人长达40年实验中的塔斯基吉梅毒研究证实,对于医学专业被优生学思想腐蚀这一说法令人产生深深的怀疑。医疗和健康服务领域体制上的种族歧视和性别歧视得到了新自由主义的精心呵护。此时"自由优生学"希望与"希特勒的权威优生学"划清界限,为的是在改变基因的领域中寻求更多的资助。

迈克尔·J.桑德尔在披露改变基因的危险性上始终处于领衔地位。他还披露了在生育婴儿时让他具有"更完美的孩子"所应具备的性别、身高和基因特质上的新投资。[55] 多萝西·罗伯茨在《扼杀黑人》[56] 一文中提到,改变基因使其白人化上的巨额投资所产生的问题被重视起来。正是因为上述研究,我们才

另眼看世界·当代国际热点解读

全面认清了产生于生育者运动的相关思想,以及种族形成基因工程的原委。

体制上的种族歧视(特别是在教育、医疗和监狱工业复合体领域)已经在美国深深扎根,因此对种族主义思想深度和对社会造成的影响的削弱,既不是通过布朗学校董事会案这样的最高法院裁定,也不是1964年的民权法案和1965年的选举权法案而采取的法律措施。事实上,当最高法院于1954年通过了具有标志意义的布朗学校董事会案的裁定后,美国大师级的保守派思想家威廉·F.巴克利紧跟着就宣称:"白人有权歧视黑人,因为白人属于'高级种族。'"[57]

尽管第4阶段存在民权运动有所发展的事实,但以种族定性为方式的一种新种族主义还是出现了。"黑人"时代法律上的种族隔离被一新的"黑人"时代的监禁所取代。有关城市社区和剥削的相关政策,力度之大使"更多的非裔美国人处于被修正的控制中"——他们被关到监狱中、服缓刑或者假释——被奴役的人比1850年,即内战爆发的前十年还要多。[58]

黑人驾车在美国大部分地区非常危险,因为经常有警察的骚扰。种族定性和"对毒品的宣战"确保了美国1/3的25岁以下的黑人都曾经遭遇过法庭、监

狱或刑满释放这样的经历。美国所有的监狱犯人中,有67%有色人种,虽然有色人种只占美国人口的30%。美国人均监禁数量超过任何国家。与法院、监狱和监管打交道的黑人男性和女性数量与人口数量不成比例。

在社会各个领域,如住房、教育、职业、健康和与警察打交道上,体制上的种族歧视使黑人和拉美裔人比内战革命时期的境遇更加糟糕。当新自由主义给予种族歧视和性别歧视主义分子更多支持时,继任政府保守的公共政策战胜了社会规划。为了赢得大选的胜利,继任领导们利用排外和针对黑人的种族歧视政策,借用媒体使种族歧视和性别歧视这一惯用的伎俩又抬头了。

1980年初,罗纳德·里根参加大选时,就对南方的种族隔离心知肚明。威利·荷顿通过恐吓黑人男性使其以犯罪形象出现,然而他却深得老乔治·布什的赏识。与此相匹敌的是比尔·克林顿,在攻击说唱行业大姐大丽莎·威廉姆斯时还用了隐语。

种族歧视、恐同症和宗教原教旨主义成为小布什政府的主要思想,一些导致分裂的话题如堕胎、恐同症、伊斯兰追随者和爱国主义等给政治文化下了定

大变革:量子社会与乌班图

义。性别歧视、对大男子主义的狂热、军事主义和宗教原教旨主义使布什或切尼政府拥有了法西斯主义的全部特征。[59]新自由主义掩盖了自由优生学。在自由优生学理论下,新观点认为个体需要拥有改变基因的权利。在此环境下,我们才有机会耳闻有关未来21世纪科技奇异性的新观点。

优生学与科技奇异性

当有关科技奇异性的探讨首次出现在20世纪末时,雷·库兹维尔预测人类在2045年能够达到这个目标。到21世纪初,又产生了新一阶段有关未来的新方案,此时"我们的智力将会逐渐发展成为非生物性的,并且要比今天强大万亿倍——新文明的诞生会使我们超越生物上的局限性,并增强我们的创造性"。[60]

依托对未来21世纪的畅想,我们已经在向超人阶段发展,至此4大科技在此融合,这将会永远改变人类本质和文明的形式、物理性和发展方向。这就是纳米技术、生物科技、信息、传媒科技以及认知科技。这个时代的科技是由计算机模拟人的大脑完成的。这4项科技能够产生比历史上的工业革命与核时代

更深远的影响。宣称它们都能提高人类现存的质量,并会把控制一些可怕的负面效果考虑进去。2010年未来学家预测,到2013年将会建成一台比人脑的计算能力更强的超大型计算机。

因为电脑的功能变得越来越强大、数量越来越多且价格更便宜,故而未来学家预测,它们可以被设计成为拥有人脑的机器(智力、自我意识、情感丰富),使人们辨不清孰人孰机。雷·库兹维尔预测第一台人工智能机将围绕着模拟人脑来建造,这将通过先前的纳米技术进行人脑扫描得以实现。[61]

从优生学的历史来看,在纳粹主义和种族主义思想历史时期,纳粹科学家的作用对这个时期的人类是一个重大的挑战。这个时期的机器人和超人将不光要改变生产和生产关系的基本原则,人类与超人之间的平衡也会对社会民主参与带来清晰的预见。超人智能可能会脱离人类生存的目标,并使预想中的种族等级思想焕发新的活力。

1971年,西德尼·维尔赫姆写了一部标题非常敏感的书,名为"谁需要黑人?"。[62]维尔赫姆在此书中称,随着自动化和科技变革的发展,美国的黑人劳

另眼看世界·当代国际热点解读

动力将会成为多余。在过去的30年中,数百万人失业了,结果造成了美国的去工业化,这对城市、生活质量和公共政策都造成了破坏性的影响。除却把劳工出口到原有受资本支配的劳动力区域之外的概念化社会重组,取而代之的是当政治权利只集中在越来越少的人手里时,新自由主义呼吁出台更多的政策。

正是基于这个背景,有关科技奇异性的探讨和研究家雨果·D.加里斯认为,人工智能会轻易地"消灭人类,人类将无力阻止它们的行为"的建议,使得反种族主义者们对此亦步亦趋。通过与雷·库兹维尔的探讨,比尔·乔伊把对此的关注有力地呈现了出来。在畅销杂志《有线》的一篇文章中,比尔·乔伊提醒那些曾替人类作出决定的未来精英们:

> 克隆人科技加深了我们对伦理和道德内涵的深刻理解。例如,我们如用基因工程把自己设计成为几个分离和不平等的种类,那我们将会威胁到平等的内涵,然而这却是民主的基石。我们努力追求这些新科技带来的承诺,然而此刻面对的是全球资本主义固有的体制,以及多角度的金融刺激措施和竞争所带来的压力。[63]

援引卡尔·萨根的话,乔伊补充说,"在我们地球的历史上,所有的物种第

一次通过它的自觉自愿威胁到自身的行为——并殃及其他大量的种群。"

巴拉克·奥巴马参选美国总统期间,恰好是新科技和新型奴隶制在信息畅通和民主参与问题上展开大讨论的时候。

结论:民主化进程

1968年,即小马丁·路德·金博士被暗杀的前一年,他号召对美国价值观予以革新,把"以物为中心"变为"以人为中心"的社会。[64] 他说,只有通过超越灵魂死亡的革命,否则美国的民主和反种族主义斗争不可能取得成功。他对摆脱灵魂死亡的途径进行了预测,这一警示对21世纪的科技奇异性和超人时代更具现实意义。

基于种族歧视和性别歧视历史的分析,以及生物科技时代变革的迫近都使我们认识到,处于核心地位的科技奇异性是意义深刻的精神挑战。因此,面对这一挑战,有关变革和民主参与的唯物主义观点是无效的。关于我们是人还是

大变革:量子社会与乌班图

半机器的争论把民主这个问题放在了一个全新的领域。

在精神价值的演讲中,金博士不仅挑战了美国的种族主义、性别歧视和军国主义,还挑战了固有的把人分成理智和非理智的西方欧洲哲学思想。玛丽·米奇利在对还原论和西方理性主义进行指责时,她提醒我们,在希腊和罗马,奴隶不属于人类。[65] 在启蒙哲学家康德的影响下,西方思想对这些人与非人的区别不断深化。

米奇利对康德和理性主义者的批评激发了我们想通过此书对基因工程、纳米技术和机器人进行民主探讨和更加见多识广的介入。乔伊和米奇利呼吁社会,从单纯的科技角度而对科技加以赞美的时代抽身而退,以便更加了解等级制度的危害和人类生存的危险。米奇利30年前就批评人工智能的理论家们,她认为"理论不能真正解决世界面临的社会和道德问题,无论是优生工程还是机器。这些计划对我来说只是为了逃避我们面对的现实困难而进行的替代性活动"。

全球变暖、环境破坏、世界饥荒、军事主义和疾病是亟待人类解决的问题。美国的种族歧视和性别歧视阻碍了关注人类需求的能力发挥。实际上,美国过去几百年里输出的是种族主义思想和非民主价值观。白人主义的国际投资使挣

脱剥削和压迫等传统桎梏的斗争变得迟缓了。从中国到巴西,从日本到印度,对白人至上观点的接纳依旧阻碍了人类关系的变革。

我们对美国奴隶制根源的探索就是想提醒读者,任何物品都可以被其他人处理,奴隶更像是物品。"物品可以用来终结人类,但人类却做不到。"物品没有任何自身目标;它们不是主体而是客体。对待人像对待物品一样的处理方式就是剥削和压迫。[66]

就曾经给美国宪法带来灵感,并且认为非洲的奴隶制和第一民族的大规模屠杀是合理的理性主义思想,金博士对此提出了质询。在我们的介绍中,看到了美国宪法的制定者视非洲人为非人,以及对非洲人作为"3/5 人"的定义是如何使美国政治文化畸形的。抱有同样心态的理性主义思想家们提出了女性非人的思想,并加重了社会制度的腐败。21世纪的社会是如何赞美人类的精神以远离人与物、精神与物质、灵魂与躯体、黑与白、异性恋与同性恋这些二元性,以及阻碍人类创造力和无尽能量的分立呢?

种族歧视与老左派

面对种族歧视和性别歧视,过去被称为左翼的那些人的思想和实践被推到了前沿。激进左派的唯物主义和直线性思维意味着种族问题应该从属于阶层问题。社会达尔文主义的不同形式适用于社会变革,以至于马克思框架下的共产主义、奴隶制、封建主义、资本主义和社会主义都能够为全人类提供出路。根据对人类变革这样的理解,欧洲人超越了封建主义,但其他人却成为"附庸"。来自于左右翼的经济学家们把"进步"形同为资本主义扩张。对于20世纪的马克思学家来说,种族主义问题需要等待资本主义的斗争来解决。

这些马克思学家忘记了卡尔·马克思的警告:"在白人群体中,因为黑人已经有了深深的烙印,因此劳动者不可能解放自身。"[67]

C.L.R.詹姆斯也探索了种族和阶层之间的二元关系,他指出,"在政治中种族的问题附属于阶层问题,从种族的角度来考虑帝国主义是灾难性的"。但把种族的因素仅看作是偶然的从而忽视它,也是错误的,同把它视为基本的要素相比，缺乏严肃性。[68]

不管是否具有洞察力，那些在美国承受种族歧视和性别歧视冲击的人们还是找到了民主诉求的社会运动。广大妇女，尤其是黑人和褐色人种妇女坚持认为，对性别歧视的质询对于反对种族歧视和阶级剥削至关重要。美国在面对种族歧视和性别歧视的第5个阶段，是激进的女权主义者，特别是黑人激进女权主义者，把性别和性别歧视置于新民主斗争的核心地位。

凯西·科恩的书《黑人的边界：艾滋病和黑人政治的崩溃》呼吁黑人政治领导挑战他们社会中的恐同症和性别歧视。[69] 这个挑战被哈莉特·华盛顿的研究《医学上的种族隔离》所强化，号召社会确保对生物和医疗战方面的科学研究进行民主管理。[70] 南非的博伟达·巴森尝试发展一种病毒来杀死黑人，留下白人，这个典型事例说明，在科学社会种族主义造成的伤害有多么深重。

超越自由思想的局限

大变革：量子社会与乌班图

美国为民主而战意义最为深远的时刻之一就是内战，它是在先前斗争的基础上建立起来的。是建立在针对奴隶制的反种族歧视和反性别歧视斗争、反"黑人"时代、反优生学运动以及民权运动基础上的，它力图和美国自由传统中的知识分子基层结盟。尽管自由民主有限的参考价值，民权运动的社会根基还是建立在被奴役者的自由斗争，以及爱和解放精神之上的。

奥巴马在竞选时，不止一次通过事实来引起大家的关注，即他是站在社会斗争中牺牲了的那些人的肩膀上的。他用"北极星"来比喻所接受的哈莉特·卡布曼的政治教育。在他赢得大选后的一本书《赢的胆量》中，他的大选经理人写到：

> 需要记住的是我们是如何与为何取胜的。我们从未忘记为何参选。那就是"北极星"。我们坚信"北极星"时刻伴随着我们。一路走来，我们犯了很多的错误，但我们始终铭记，正像巴拉克说的那样，我们之所以参选是因为多少代为之奋斗的梦想在悄悄溜走。[71]

奥巴马从民权运动中受益匪浅，并且民权运动是从社会上长期的自由斗争中获得的成果。关键的是，许多力量促成了民权运动：牧师、学生、工人、积极分子还有一些无名英雄。奥巴马分析了每一次运动的技巧和组织优势，并专门提到了艾拉·贝克的贡献。

这是一位坚持斗争长达 60 多年的女性，她结合了反对三 K 党的实践斗争经验和持续到 20 世纪 80 年代的反对性别歧视的斗争经验。她是民权革命中对年轻队员最具影响力的人物之一。她呼吁年轻人去变革整个社会结构。她鼓励参与民主、集体领导，并避免"领导主义"。她在运动中是男性沙文主义最坦率的对手之一。她称赞那些结合当地群众的组织观点。正是这些主张才促使了大规模的斗争，最终导致了民权法案和选举权法案的通过。

1965 年的选举权法案尤其代表了美国民主斗争的最主要胜利。由于三 K 党、"黑人"时代和本杰明·蒂尔曼传统思想的胜利，黑人被剥夺了美国南方各州大部分的选举权。1952 年，南方 24 个郡的"黑人聚居区"，没有一个黑人登记投票。虽然选举权法案通过后，有 7 个州选民登记量有所增加，这曾是剥夺选举权最明显的地方，但美国司法部还是不得不严阵以待，以保证黑人能够行使公民权。

72

另眼看世界·当代国际热点解读

罗纳多·里根在大选之后说，美国体制上的种族歧视和根深蒂固的性别歧视，不是仅仅选举上的胜利就能够去除种族歧视和性别歧视痼疾的。根除种族歧视和性别歧视以及白人至上的思想，需要社会认可它正遭受着疾病的困扰。2001 年的世界反种族歧视大会需要强制其对司法的修正。但是，美国大部分白人都否认种族歧视这一真实历史。修正法案能使种族歧视和性别歧视的痼疾治愈成为可能。

需要认可的是，精神疾病的医治需要社会大多数人意识上的飞跃，以了解种族歧视是白人的问题，因此需要白人参与到反对白人主义的行列中。本章的主旨同意詹姆斯·鲍德温的观点，即"只要你认为自己是白人，你就没有希望了"。这个作家还赞同戴维·罗迪格的观察，即"种族身份，不仅指黑人、拉美裔人、亚裔人、美国本土人等，也包括白人。忽视白种人，就是对其的自然化，这反而加强了白人的霸权地位"。[72]

奥巴马这一代人不断地在寻求与从属地位和控制相决裂。2004 年，在共和党全国代表大会的发言中，奥巴马清楚地表明，"没有一个自由的美国和保守的美国——只有一个联邦美国。没有一个黑人美国，也没有一个白人美国，抑或拉美裔人的美国或亚裔人的美国——只有一个联邦美国。"自由党对他的讲话倍加推崇，但并不了解对白人主义自然化挑战的真谛。奥巴马用自传的形式超越了苛责和惩罚的传统历史。援引乌班图的主张，即"我是我兄弟的监护人，我是我姐妹的监护人，这样才可以使国家运转起来"，他力图设计出联系所有美国民众的蓝图，及"伴随着我们尽人皆知的个人主义，关于美国的传说，还有其他的因素。相信我们团结得就像一个人一样"。

奥巴马试图平衡乌班图的个人主义和集体主义思想。金博士也同意乌班图的这个主张。他警示道："一个个体生存的条件是，跳出只关注个人的狭隘小圈子，并具有关注全人类的更宽视野"。[73]

奥巴马徘徊于乌班图的未来以及构成自由民主价值观的旧有主张之间。作为在美国从政的一位政治家，他别无选择。像林肯一样，奥巴马把对民主的承诺当作一种建议来接受。林肯当时是受命于内战时期。还会有一场社会运动从资本主义的衰退中诞生出来，推动奥巴马以使他摆脱自由主义思想的禁锢吗？

一种可能性就是和 2008 年大选有关的大规模动员活动。奥巴马投身于一场

73

大变革：量子社会与乌班图

新的社会运动，当他和这场运动一同成长时，民主参与作为新的希望出现在了大选中。这突出体现在我们将要涉及的大选预选阶段。

第四章　基层组织与国家机器相遇

> 鲜有革命一开始就有夺权的意识。也没有每个国民一开始就都认同革命运动的目标。革命的产生来源于意识形态、物质世界、各个群体之间以及受反革命蛊惑所造成的冲突。革命有时是暴力的，有时是非暴力的，但它依旧算作革命。革命人士有时能够意识到革命的结果，有时预料不到，但他们还是会有所作为。
>
> ——詹姆斯·伯格斯《美国革命》

民权斗争初期的这一言论概括了美国反对种族主义斗争方式的本质，它与新型社会组织的斗争和人类的新关系密切相关。数百万市民争取公民权的行动被称为民权运动。从一些人意识到他们行动的结果来看，这是一个经典事例。这场革命必须解决社会所面临的种族问题。种族和阶层之间不存在二分法。[1]

虽然詹姆斯·伯格斯并没有把性压迫和性别歧视与种族、阶层和国家的挑战联系起来，但他清楚地看到革命需要多面性、众多战场及众多斗争前沿。在第三章里，我详述了种族歧视和性别歧视之间的内在联系。种族歧视和性别歧视把人分为黑人和白人、男人和女人以及同性恋和异性恋。正是由于20世纪发明的这种分类，才激发了三K党纵容反革命暴力和对黑人袭击的行为。纵观二战之后的民权运动斗争，反对种族歧视的那些白人不得不面对白人主义的威胁。白人主义和财产巩固了金钱的地位，金钱又巩固了白人主义。尽管事实上，资本家阶层和那些权力派别都从美国财富的追逐中获益了，但"右翼的领先财富政策却得到了中低收入阶层的支持，特别是保守派文化人士中宗教选民的支持"。[2]

正是民权运动与和平运动释放的潜能才使保守主义和新自由主义从里根时代一直延续至今。巴拉克·奥巴马回到了"霹雳游侠"（即电影《霹雳游侠》中的男主人公，意指惩恶扬善，与邪恶作斗争的性格特征——译者。）一样的基层组织，并在这一时期的传统和技能的基础上来建立组织，以获得民主党席位。（"霹雳游侠"开始运营各种沟通方式来挑战现存状况，并挑战为支持种族隔离制度南方腹地所采用的法律或习俗)。在此过程中,奥巴马徘徊在革命和反革命之间。

克林顿民主党政府机器的失利,终结了黑人被美国官方驱逐出党派的政治阶段。为了成为民主党候选人,巴拉克·奥巴马充分依靠组织的技巧、自信、自组织的主张和20世纪60年代激进基层组织的开放性。1964年到1968年的密西西比自由民主党和奥巴马大选两者面临的挑战有着明显的关联。当奥巴马在丹佛民主国民大会上发言时,他承认了这一历史事实。

本章将从密西西比自由民主党,以及1964年亚特兰大民主党大会上为黑人代表争得席位的历史斗争开始叙述。虽然范妮·卢·哈默尔和全国学生非暴力统筹委员会以多种渠道被反复传颂,但它在美国史上依旧像是一部史诗,甚至于南方分成制的佃农虽然在梦想即将到手的利益面前,还是首先要冲破半封建的剥削。[3] 同时这些自由战士们还揭露了美国"坐高级轿车的开明派"这一现象。这些人是来自于北方的自由人士,他们呼吁民权运动以不触犯法律条文为标准,并且让白人的"博爱"还能对其指手画脚。大规模的选民登记驱动器和

大变革:量子社会与乌班图

大选中的计票是一种责任,它来自于根本不了解"白人民族主义"痼疾和剥削的自由主义思想。民主党内部,每一位领导者都有他们喜爱的"黑人",因为他们能在选举时安抚选民,并且把他们引导到选民点。当奥巴马出现时,估计会用向那些黑人政客和传教士分发一些普通奖品的手段来拉拢他们。

现在我们了解到,持续时间很长的民权运动开启了立法程序,并通过了1964年的民权法案和1965年的选举法案。除了司法上的斗争以外,还要与残酷的剥削、生物决定论、种族隔离、大规模监禁和青年犯罪作长期斗争。正是由于针对种族歧视和性别歧视的持久斗争,自由主义在体制上才暴露了面对种族歧视时的浮躁。面对和平与民权之间的法律联系,自由主义分子在反间谍计划的军事突袭中做出了让步,这从身体上消灭了积极分子。[4] 自由主义者口头上反对种族歧视,但实际行动上就不是那么回事了。罗伯特·肯尼迪在北方时就是以自由主义积极分子身份自居的。为了参加和平运动,他的命运和黑人以及拉美裔人联系在了一起,1968年他遭到了暗杀的厄运。

小马丁·路德·金一开始就恪守平等和个人财产积累重要性的信条,但他一旦参与了和平运动并把它和工人的权利联系在一起时,就变成了一个为争取

所有人权利的、一个富有感性的卫道士。起初金参与了一个传教士发起的精英和父权运动，后来他成了美国革命最重要的积极分子，他呼吁革命的价值是摆脱"灵魂的死亡"。金在沿着批判资本主义、帝国主义和军国主义之路前进时，不幸在田纳西州的孟斐斯被暗杀了。同样，马尔科姆·艾克斯和麦德佳·埃弗斯也遭到暗杀，还有数不清的事件都发生在大量的资金投在了渗透、破坏和推翻那些有颠覆企图组织的背景下。对美国种族歧视的挑战被认为是具有破坏性的，因此借用媒体和大公司，动用一切手段来对那些被认为是"黑人的革命力量"产生质疑。[5]

在文化生产领域，为了调动年轻人的积极性，20世纪60年代的革命打破了组织间的障碍。无论是自诩为"革命诗人"的兰斯顿·休斯的作品和文化发言人的诗歌，还是吉米·亨德里克斯对国歌的亵渎，文化革命都对种族歧视权力机构发起了挑战。年轻人逐渐摆脱了用符号演唱的方式，因此当德拉合唱团演唱《在街上起舞》时，歌曲向年轻人传递了一个信息，号召他们起来加入城市反压迫组织。以嘻哈说唱著称的布朗，作为全国学生非暴力统筹委员会的

另眼看世界·当代国际热点解读

领导人之一，在组织活动时就演唱了《在街上起舞》。从音乐的旋律、布鲁斯音乐到与权威斗争的说唱中，此时的音乐、艺术和文化撼动了共和体的根基。在保守派的反击中，他们把精力放在了文化斗争中。

琳恩·切尼和威廉·班内特（里根政府教育部秘书）都是这场文化战争前线的将军。这场战斗的目标是从学院派中清除出那些左翼分子，以使至高无上的理想体系得以深化和纯粹。琳恩·切尼，作为全国艺术基金会的首脑，以及原来在五角大楼供职、后来成为美国副总统的迪克·切尼，他们激励反革命势力全力以赴清除社会公平的主张。新保守主义和"爱国主义"成为调动白人贫民工人反对他们自身利益的交流工具。

为了体现爱国主义，民主党的领袖们如华盛顿州有"独家新闻"之称的亨利·杰克逊，成了军国主义的活跃分子。20世纪30年代，罗斯福新政引领这个时代朝着与劳动者、黑人和小资本家联盟的道路前进，但麦卡锡主义时代后，民主党又像共和党一样来支持军国主义了。为了刺激联邦的经济，新政时期的开支大量倾向于管辖区内的党魁和捍卫民主党的那些领导们。各城市中党的机器成为政党经常光顾的基地。

在美国的主流政治中，尤其是民主党的城市政治始终处在没有人情味的机械操作中。一台润滑的机器对于被称为民主参与的官员选举至关重要，因为它滋润了各党派工作人员的手掌，贿赂、腐败和暗箱操作的负面形象使人联想到美国政治中最卑鄙的角色。

机械的这种心态一直延伸到政治组织之外。机械思维支持牛顿的世界观学说，随之而来的就是支配——对黑人的、女性的、自然的和地球所有这一切的支配。男性至上，尤其是白人男性至上要使政治牢牢掌握在推崇理性和科学的人手中。然而黑人和妇女历来感情丰富且非理性。政治领导需要具备冷酷和预见能力，党的机器只能把那些能够顺利通过机器的人输送过去。"通过把现实喻为机器而非生物，科学认可了对自然和女性的操控。"[6] 希拉里·克林顿和比尔·克林顿1922年以后就为操控这台机器做足了功课，为控制民主党机器，希拉里·克林顿借用平等来发表演说。

市长老理查德·戴利能进入历史书籍，就得益于他在芝加哥"机器政治家"的称号。"付款才能玩"这样具有肮脏本性的政治在奥巴马2008年当选总统后

大变革：量子社会与乌班图

展现在年轻一代的面前，此时鼎鼎大名的伊利诺伊州州长米洛拉德·布拉戈耶维奇被指控犯有"预谋信件和网络诈骗以及索贿罪"。"付款才能玩"充分体现了美国的机器、金钱和政治之间的关系，在此民主党职位可以出让给出价最高的竞买者。媒体、高等教育机构、宗教机构、小企业、大企业、证券、情报人员都可以被赞助、贿赂和在美国被称为销售 "民主"的影响力所引诱。到了20世纪末，政治商业已经具有相当规模，因此催生了一批特殊的企业家。他们被称为"政治幕僚"。为政治家提供咨询并已发展成为繁荣的产业，"企业家们"发展自己的产业协会，即美国政治顾问协会。政治野心家和企业家使民主参与蒙羞并且使其名存实亡。

作为一个主流政治家，奥巴马也支持和雇用幕僚。自从哈罗德·华盛顿担任市长以来，戴维·艾索洛就供职于芝加哥政界，当他竞选2004年的参议员时，曾为奥巴马当过"政治幕僚"。本章中，我们将用"奥巴马大选"的模式来表明基层的巨大能量，甚至把奥巴马推到了世界舞台上。可是，基层力量不该经常受到大选中其他势力的左右。奥巴马大选中有三个阵营。第一个是由奥巴马和米歇尔·奥巴马、芝加哥局内人和朋友构成的，如瓦莱丽·贾勒特、玛蒂·内

斯比特和埃里克·惠特克。奥巴马第二个阵营是由有偿的政府工作人员构成的，如戴维·艾索洛、戴维·普罗菲、罗伯特·吉布斯、皮特劳斯和一些企业，如国家蓝色数码和数百万美元的企业巨头 GMMB。第二大阵营是如此庞大，以至于必须在艾索洛资本家企业（AKP&D 信息和媒体公司，一家政治咨询公司）和吉姆·马格利斯的巨型公共关系运营之间做出分工。

我想重点介绍奥巴马大选的第三个阵营。第三个阵营包括数百万志愿者，他们是在预选中被动员的力量，意在提名奥巴马为民主党的候选人。对政治教育和政治文化的了解是大多数志愿者的必要条件，以便他们祛除有关美国社会的神话和虚假信息。第三阵营，我把它称为奥巴马的基层组织力量。为获得民主党的任命，奥巴马大选调动了数百万以前从未参加过政治大选的市民。

马歇尔·甘茨，作为奥巴马阵营中的讲师，从全国学生非暴力统筹委员会中积累了很多社团和基层组织的经验，并且打算写一篇关于基层组织的哈佛大学博士论文。[7] 甘茨在一个当地社区参与了建立当地基层组织的重复性工作，这样的组织会对国家、各州、各地区产生一定的影响。

78

另眼看世界·当代国际热点解读

在本章中，我们的分析将集中在被称为民主党资本的这一部分内容，以及一直到克林顿时代的发展过程。希拉里·克林顿和比尔·克林顿早在 20 世纪 90 年代初期就已经是民主党领袖了，他们借用一些金融大鳄的势力，巩固了新自由主义和军国主义思想。奥巴马努力争取总统席位要依靠哪一类人？是依靠富有的自由主义者、科技高手们，还是依靠认为需要进行长期大众斗争的那些人？赋予政治竞选以新的内涵也成为一种挑战，需要发动一场比任何主流政党机器都要强大的运动。

奥巴马是以政党机器的局外人来发动大选运动的。他在大选初期遵循三个原则：尊重大选；自下而上地建立组织；最后是不掺杂任何戏剧性成分。正是自下而上的自组织和自我动员才击败了旧有的民主党机器。詹姆斯·伯格斯勾勒出了美国为权利而战的意外结局。他指出："改革和革命都是由人们的非逻辑性行为引发的。鲜有理性的人们进行革新，也没有理性的人投入革命。"[8]

奥巴马获得的权利曾经掌控在 1877 年妥协之后的数百万人手里。掌握这些权利需要 21 世纪的动员，以在民主和激进变革方面提出新问题。

以下内容，我会描述政党机器的本质和奥巴马战胜它的意义，因为这一机器的任务就是低估选民民主参与的意义。

普通大众的革命——密西西比自由民主党

　　1964年的密西西比自由民主党在历史上所面对的挑战现在变成了传说。然而有必要重提贫民劳动阶层势力在南方腹地争取权力的斗争。芬妮·卢·哈默尔是成百上千个妇女在不知情和不认可的情况下接受消毒的人之一。她成为自由斗争积极分子之前，在密西西比庄园做过18年的计时员。芬妮·卢·哈默尔、罗莎·帕克斯、艾拉·贝克成为挑战性别成见的新妇女骨干。哈默尔曾作为一名基层组织者接受过全国学生非暴力统筹委员会的训练；曾经挑战过像詹姆斯·伊斯特兰这样的政治家，并于1964年在亚特兰大作为密西西比自由民主党的发言人。詹姆斯·伊斯特兰是南方民主党派，从1877年到1960年统治着民主党。来自于德克萨斯州的林登·约翰逊在洛杉矶大会上被约翰·F.肯尼迪推举为竞选伙伴，以促使约翰逊团结南方的种族隔离派支持肯尼迪大选。

大变革：量子社会与乌班图

　　1963年约翰·F.肯尼迪去世了，他死在了暗杀者的枪口之下。[9]肯尼迪曾经被"霹雳游侠"这些街头力量所鼓动，迫使他认真考虑民权的需要。始于华盛顿的反共产主义说教，让位于学童被警犬追逐的一幕街景。这是一种政治和革命的大气候，培养了像芬妮·卢·哈默尔这样勇敢、自信的人，还有争取全部公民权的分成制佃农。密西西比自由民主党形成了一个对詹姆斯·伊斯特兰（参议院司法委员会的首脑）这样的参议员发起的挑战。当哈默女士在1964年大会上发表她的证言时，林登·约翰逊总统亲自出来干涉，把视线从法律诉求转到民主代表上。

　　约翰逊在白宫就职以来一直把持着大会的权力。当哈默尔女士想举证南方黑人的权利时，约翰逊立即召集新闻发布会以迫使她闭嘴。为了示意平息民权运动，并把视线从斗争转向代表席位，民主党领导互相推诿、拖延，甚至对提供给密西西比自由民主党在大会中的两个席位进行干扰。他们后来的让步确保了来自于密西西比种族主义分子代表维持了他们在党内的地位，同时安抚了密西西比自由民主党的两位代表。出于原则上的考虑，密西西比自由民主党拒绝了这两个席位。

约翰·F.肯尼迪遇刺后,约翰逊于1963年当选为总统。党派的团结和大选胜利远远要比芬妮·卢·哈默尔和数百万美国贫民黑人的权利重要。并不像主流所分析的那样,密西西比自由民主党发起的挑战被低估了,卡·迈克尔把这场斗争作为更大革命斗争的一部分来看待。[10]

卡·迈克尔回顾了他为自由而抗议的经历,以及在南方大部分地区挑战种族隔离所付出的努力。贯穿这些斗争的核心议题是青年自治。

奥巴马从艾拉·贝克原则中之所获

密西西比自由民主党斗争的许多战略和战术都重现在奥巴马大选的组织过程中,它意在努力变革美国政治。

1964年密西西比自由党的鼎盛时期(尽量使非裔美国人参加选民登记的活动)是一个州内的大选活动,但它却得到了整个南方的回应。从国家的角度看,它影响到了美国的首都华盛顿。在此工作中有两个分形过程:一个是当地大选的相似性,一个是一层层过滤直到政府最高层。奥巴马大选从传统领导力和不断经过锤炼的反对奴隶制斗争组织中获益匪浅,而且也从一些基层领导者经验中得到了提纯,如哈莉特·塔布曼,她为抵抗三K党以及"黑人"时代以争得生存的权利奠定了理论基础。在芝加哥的一个学习小组中,巴拉克·奥巴马师从艾拉·贝克的战术策略,领会了领导力、权力和当地社区自治方面的内在联系。

数字革命时代的领导力、权力和自治是个不小的挑战,因为军国主义价值观和畸形的男权社会已经在权力的理解上做出了让步。再者,唐纳德·拉姆斯菲尔德的军事部署和五角大楼要求人们能够在21世纪的人民、权力和社区的理解上达成共识。保守派势力又组织了新的运动,如"守诺"(一个国际性的保守党基督教男性组织)和反税以及种族主义茶党抗议活动。像本杰明·蒂尔曼的人民党种族主义希望奥巴马登台之后重振旗鼓,但说唱运动的剩余力量限制了许多白人青年公开支持沙文主义和茶党运动的排外情绪。

通过说唱革命,反对权威的歌曲已经把民权运动积极分子和反对监狱工业复合体人们的那些充满蔑视的歌曲连在了一起。从杜桑·卢维杜尔到图帕克,革命意识跨越了国界，把反种族主义斗争和革命斗争维系在了一起。[11] 正像鲍勃·马利的歌曲《革命》中的歌词那样，"只有革命才能找到出路"，美国黑人音乐的力量已在文化革命中占有一席之地。它打破了"黑人"时代的排外障碍。像柯川和迈尔斯·戴维斯这样的爵士音乐家把音乐推到了顶峰，以至于资本家难以抵挡这股创造性力量的威力。奥巴马大选认可了这股力量，2008年整个大选过程中，把它称为古典音乐和爵士乐的融合。

这个时候的歌曲和音乐生存了下来，并且激发了一种新的音乐形式，那就是嘻哈（说唱）音乐。21世纪自由的歌声和梦想从民权运动中汲取了养分。图帕克和坎耶是两个优秀的嘻哈说唱者，他们的父母曾参与过民权斗争。他们通过回忆和理解，对深刻记载最受压迫人们的自我授权过程予以了补充。芭芭拉·兰斯比借助演奏对艾拉·贝克自我发动和自组织为中心的策略进行了演绎，这给民权运动的另一种叙事方式提供了支持。它完全区别于有关资本和公共选择上的那些文章。[12] 正是艾拉·贝克和芬妮·卢·哈默尔这样具有激进民主思想的女性才使革命组织的技能得以加强。没必要系统总结，但有必要概括一下

大变革：量子社会与乌班图

历代抵抗运动中继承的革命组织要点。第一，也是最重要的，就是自下而上的组织形式。自下而上的自组织需具备基层力量中的政治能力。第二，基层组织必须熟谙当地和全球的条件。第三，这些基层组织力量必须自立和自信。

在种族主义社会，激进与革命的势力必须是反种族主义者、反性别主义者和反恐同症者，并对其他人的权利采取宽容的态度。宗教宽容是一种很高的境界。这意味着一些左翼人士的军国主义无神论必须尊崇宗教教义。反独裁和反军国主义的民主精神在新的革命组织中也非常重要。在新的自组织中，艾拉·贝克能够意识到普通妇女的力量，这并非偶然。全国学生非暴力统筹委员会一贯遵循亲民政策，甭管他们是在教堂、清真寺、寺庙或者某个角落里。激进的基层组织和他们的群体必须保持和组织上的联系。

艾拉·贝克和芬妮·卢·哈默尔的女性时代强调的是，民权斗争不能脱离反性别歧视斗争，并反对大男子主义只围绕着小马丁·路德·金思想所领导的民权斗争。教与学是一种互惠关系，"学生"和"教师"的作用可以是灵活的。每个人的经验都可以对进程有所贡献。

奥巴马预选中，志愿者的训练遵循开放教育的传统，赋予基层的反种族主

义分子和反性别歧视分子领导以激进民主思想。从奥巴马团队到公开网站**Mybo**,早就清晰地表明,通过巴拉克·奥巴马和希拉里·克林顿之间"大卫和歌利亚"(歌利亚是传说中的著名巨人之一。据《圣经》中记载,歌利亚是腓力士将军,带兵进攻以色列军队,他拥有无穷的力量,所有人看到他都要退避三舍,不敢应战。最后,牧童大卫用投石弹弓打中歌利亚的脑袋,并割下他的首级。大卫日后统一以色列,成为著名的大卫王——译者。)的战斗,认清了基层领导力的重要性,以此来反对克林顿政府建立起的金融统领一切的局面。通过奥巴马作为组织者的经验、20世纪60年代的教训以及全国基层运动的体验,奥巴马大选都可以从中净化领导的概念。

第一步就是识别、招募和发展领导人。第二步是围绕领导力发展组织时所面对的挑战。第三步是从组织内部来建立资源。因此,无论这个组织水平多么低,也由自己来授权。

在奥巴马阵营里接受训练的这些积极分子中,需要强调三点原则:基层领导力、群体的重要性和权力的重要性。[13]有信息科技作为工具,在短期内可以将信息传达到数百万民众,新基层组织的星星之火可以点燃整个美国的政治地域。科技、新媒体和地区组织陈旧形式之间的相互依赖,为新的"希望"和"变革"运动谋得了利益。新媒体形式挑战了老式媒体的锁喉形式,过去与金融有着千丝万缕联系并且靠支票簿说话的政治在此做出了让步。

1960年在北卡罗莱纳州萧伯纳大学的一次组织会议上,艾拉·贝克呼吁年轻人拿出自身的力量来建立自己的组织。贝克藐视那些具有所谓超凡魅力和靠媒体炒作,但却没参加过任何民众社区活动的领导人。基层力量的这种认同和部署促成了全国学生非暴力统筹委员会的诞生,类似的还有把芬妮·卢·哈默尔推上国家显著地位的领导力建设。全国学生非暴力统筹委员会是多民族的组织,它把南方基层积极分子的力量和北方那些有责任感及乐观精神的年轻人汇聚在了一起。罗伯特·摩西认为,基层组织者如芬妮·卢·哈默尔的组织方式是可以聆听到自己声音的:

> 黑人群体中的小会和研讨会为人们提供了可以站起来和大声讲话的机会,并且可以谈论他们关注话题的场所。在这些场合,人们感觉可以

和外界接触上了，并且学会用话语来表达所思所想。在这些会议上，他们朝着掌控自己生活的方向发展，作出关乎人生的决定，并发出自己的请求。[14]

  学会如何表达心声和自我授权相同，他们都利用了奥巴马阵营接受训练的志愿者所取得的辉煌成就。在大选的工作中，我们可以看到马歇尔·甘茨对传统的依赖。米歇尔·奥巴马也采用了这种叙事方式，即把她父亲在丹佛全国民主大会的经历联系起来。乐观和具有科技悟性的年轻人为组织构成和各行业的领导输送了后备力量。文字和新科技的力量意味着奥巴马大选会产生 1100 多个 YouTube 视频节目。在此关键时期，这些视屏被 5340 万人次浏览。

  YouTube 沟通训练课在全国奥巴马的志愿者和有偿组织者中间广泛传播，奥巴马团队鼓励志愿者讲述他们的个人经历以鼓舞其他志愿者和积极分子。正像奥巴马在《父亲的梦想》中讲述自己的故事那样，鼓励每个志愿者讲述自己的经历，用故事的力量来鼓舞其他人。有问题的和有反社会背景的基层人员不能领导其他人。因此，讲述个人经历这种特殊手段成为吸引力图变革那些社会

大变革：量子社会与乌班图

力量的一种方式。它也是团体智慧的基础。一旦奥巴马取胜，这些故事有可能流传下来吗？对于支持奥巴马选举的那些激进分子来说，这是一个挑战。

  在 20 世纪 60 年代的斗争中，密西西比会议的召开使分成制的佃农、农民和普通工人都能参与这个过程，并赋予他们权力。为了让全国学生非暴力统筹委员会参与到这个过程中来，以发挥自我授权和自组织的作用，必须有一个组织框架来回应曾以排山倒海之势摧毁"黑人"时代社会能量的释放。奥巴马团队学到的这种组织形式正是融灵活性和能力于一体，并有普通人参与的。

  正像在民权运动中一样，组织的领导力和自我动员以及自我授权的融合才成就了"普通人做大事"。因此，奥巴马大选影响了 21 世纪激进政治组织的主张。

  2008 年大选周期的辉煌成就是对根深蒂固的政治机器的摧毁。据杰里米·伯德对奥巴马大选的理解，组织类似于古典音乐和爵士乐一起演奏。爵士乐的即席演奏需要创造、技巧和自组织能力，但也需要一定程度上的构成和组织。对于音乐的爆发力，即席演奏的爵士乐必须占据舞台中心，并推定它的演奏过程。正是这种新的组织形式才成为 21 世纪政治的中心议题。

基层网络的即席性和自发性需要释放更大的能量，以建立改变美国政治的游戏规则，并敦促巴拉克·奥巴马登上总统席位。由一个原本不是权势资本家直接受益者的人，来调动数百万基层支持者对主要政党大选进行投资，这是美国历史上的首次。奥巴马大选中组织和领导力的发展带来了巨大的影响，有1350万的市民投入到大选中，有4000名积极分子（大部分是年轻人）接受全日制的组织训练，数以千计的当地领导团队担当了取得本社区目标的重任。

民权时代的爵士乐歌曲和布鲁斯音乐由爱好者重新翻唱，如《甜蜜蜜》和《摇滚》唱道，"我们相信自由永不停歇，直到自由来临的那一天"。歌曲《唤醒每个人》的不同版本（尤其是哈罗德·梅尔文版和蓝调版）成为大选时的团结歌，因为歌词中的"希望"连同被激励人们的热情共同创造了一种新的动力。嘻哈艺术家"我将会"制作了题为《是的，我会》的音乐电视，由知名演员和音乐家在一起边说边唱来配合奥巴马演讲，在 YouTube 上有1270万个视频。

另眼看世界·当代国际热点解读

超越先驱主义

在这个充满活力的时代还未到来之前，总统大选活动中进步基层组织的希望变得越来越遥远。美国政治文化的腐败表明，大选中的候选人需要大量的资金支持。政治是由金钱推动的。由少数人控制的资本主义表明，大笔的资金催生了金钱人、律师、金钱捆扎机和高端说客。美国的竞选成为"金钱人质"。正像杰弗里·恩鲍姆所说，"国家的大权不是掌握在新罕布什尔州，而是华盛顿的 K 街（游说者的主要街道）、纽约的华尔街和芝加哥的密执安大道。"[15]

凯文·菲利普斯概括了，社会基本的民主形式是如何被财富的集中和集权式管理所腐化的。[16]美国的政治因此被比作富人的先驱，在此财富腐蚀了民主。选举作为资本主义的另一个分支，为那些有大量金钱去游说的人提供了机会，而且在积累资金和谋取暴利的过程中巩固了帮派势力。

左右翼先驱主义禁止基层力量在政治中心发挥作用。威廉·多姆霍夫坚称，民主党在过去就像是先驱党。[17]在他的分析中，民主党的精英是代表圈内的银行家、房产开发商和选区内的政治名流作出决定的。克林顿政府周围的这些精英们在掌控着2008年民主党选举的决策过程。克林顿政府把自己当作民主机器的高级部件。

弗拉基米尔·列宁在共产主义运动中写了一篇关于先驱党的文章,是工人阶级和革命知识分子最先进的部分领导了革命。[18]整个20世纪,马克思列宁主义政党试图把先驱主义的概念强加给革命变革运动。从斯大林领导的布尔什维克党开始,政党逐渐取代了人民,先驱取代了政党。

原则上讲,美国的两大主要政党(民主党和共和党)在运作上,类似于马克思主义政党自上而下的方式。被大资本家控制的党使得多姆霍夫得出结论,"通过简单、直接以及远远超过其他阶层和组织的方式,精英权势派是借助大选捐助这种并不高明的方式来对候选人进行遴选的。"[19]奥巴马的基层运动横扫了民主党的旧机器,因为这是建立在20世纪30年代富兰克林·德拉诺·罗斯福执政基础上的。奥巴马大选中数百万基层贡献者的参与,无论从鼎盛时期的竞争力,还是从2008年11月的普选来看,都不可同日而语。

大变革:量子社会与乌班图

奥巴马奇迹诞生前保守党在美国的反攻

在前言中,我强调了美国政府坚定地推行渗透、破坏、边缘化并推翻一些组织的方式,如有可能,还要暗杀对种族歧视进行军事抵抗的那些人。在新自由主义时期,传统非营利机构的变革沿着反革命的道路前行,此时乔治·W.布什政府下的基层保守主义和"激进右派"的机器化在努力调动贫民反对他们自身的利益。[20]通过富豪的干涉和"基金会"这一避税堡垒的运作,贬低了想了解民权斗争的基层和被压迫人民的斗争,并引导他们接受自由市场思想和理智的政治选择。

众所周知,在社会关键时期的转折上,民权与和平的力量构成了社会政治,一些主流作家想控制民权革命方面的研究和文字,想方设法排斥民权斗争一线人们的话语权。虽然常春藤大学联盟的主要研究过度关注民权运动时期的教训,但目标是让那些权威人士保持沉默并且从基层建立组织。

美国的统治者们对基层调动的深远意义颇感震惊,因为它能够慢慢培养出能做出理性判断的科学家、各种顾问和社会工作专家,他们希望能在民权斗争中占有一席之地。

然而,大部分的基金会和他们的捐助者都想控制基层运作的思路,但反资本主义力量激进的传统始终如一,以至于大学和资金充裕的非营利机构在基层组织上没有发言权。在环保司法运动中,有一些新的积极分子对传统的组织形式提出了反抗。在民权革命中不断得到磨练的基层组织形式进入了一个新阶段,现在听命于拥有数十亿美元"非政府组织"企业的国际资本阵线的调遣。过去,基层组织者曾挑战等级制度和自上而下的政治。然而,在新自由主义时期,经过正规训练并且被授予写作和公共管理方面权力的"专家"正充当"贫民的服务供应商"。[21]

作为反对革命的一个举措,民权运动的工人们被打上共产主义的标志。20世纪60年代罗纳德·里根在加州时,自诩为一个激进的反共产主义者。保守党基金会和亿万富翁们让一些知识分子来研究"全国学生非暴力统筹委员会"和"黑人权利运动"这样的基层组织,通过使用这些策略来代表富人的利益。以此

另眼看世界·当代国际热点解读

方式存在的组织是好战的反堕胎力量。反动的复辟思想控制了里根时代,以至于"财富,金钱文化伦理和腐败超越了政府和政客们的贪赃枉法行为,在思想上、决策上和时尚方面也是如出一辙"。[22]

美国政界涌现的"里根民主党"这一术语,是为了辨别白人工人阶层的一些成分,因为他们背叛了阶级利益而去加盟里根总统领导下的激进保守派。里根个人对军工中心的保守派曲意逢迎,南方各省也被鼓动离开民主党。里根的密西西比之行不仅仅具有象征意义。它还向南方的政治家传递信息,如果当地官员违反1965年的选举法案,里根领导下的联邦政府就不对其进行追究了。美国"各州的权力"历来对支持种族隔离和制度上明显的种族歧视心知肚明。里根政府下的反革命复辟主义利用媒体作为手中的工具,当"革命"这一概念掉转头来描述里根时代为"里根革命"时,基层政体明显地把它歪曲了。里根政府继续推行军国主义,承诺以战略防御计划来统治全球。里根政府共和党的变革开始大举进攻行业联盟运动以及大部分工人阶层。里根政府采取的第一个举动是束缚职业航空交通管制人员组织的工人力量,因为他们参与了与政府的劳资纠纷活动。里根政府开除了大量职业航空交通管制人员组织的雇员,他们被

列在了未来招聘的黑名单上。这是美国联盟20世纪规模最大、最具戏剧性的失败。

通过意识形态的高压政策，数百万工人被迫支持里根和共和党，故而得名为里根民主党人。这一时期鲜为人知的是，政府给社会造成的心理创伤，即在贪婪、个人主义和在帝国机器思想上的巨额投资。虽然民权运动时期对性暴力、种族灭绝和掠夺提出了责问，但里根执政的这些年却在为战争歌功颂德。直到里根时代末期，民主党成立了一个叫做民主领导委员会的组织，意图很明显，就是想让民主党从社会民主根据地中撤出。它始建于罗斯福新政以及林登·约翰逊的伟大社会计划时期。1980年到2007年，里根和保守党的政策一直都了解美国社会的核心，因为里根的主张和战术支持美国两个主要党派的变革。

美国资本主义的统治党派预测美国的军事大国地位更趋向于合作的帝国主义形式，并和吉米·卡特总统领导下的"三极委员会"一同发展。资本的三分天下更青睐这种方式：金融服务业、石油和天然气工业以及军工制造。其他像大制药以及跨国农业部门也不甘落后。

比尔·克林顿和民主党领导委员会支持军工产业和金融家巨头，与此同时

大变革：量子社会与乌班图

给予科研部门大额资助。比尔·克林顿的财政部长罗伯特·罗宾是连接寡头资本家和军国主义分子的粘合剂。因为在新科技企业和军工工业中心之间联系不是太紧密。在杰西·杰克逊试图成为党派总统候选人之后，民主党向社会新自由主义发展的速度惊人。

杰西·杰克逊的试图介入

当还沉浸在1983年哈洛德·华盛顿当选芝加哥市长的愉悦中时，列夫·杰西·杰克逊参与了1984年民主党竞选的这场角逐。他的参选引起了来自基层组织和工人、环保主义者、和平运动、妇女运动以及民权力量进步联盟的广泛支持，它被称为"彩虹联盟"。[23]

正是这种热情才使得杰克逊大选时赢得了众多的预选胜利，并且使1984年大选季节的新选民登记数量超过了200万。1988年，同样的角逐在民主党高层领导中引起了惊恐，因为杰克逊获得了愈700万张选票。早在1982年，党派就建立了超级代表名单，以避免像杰西·杰克逊这样没有根基的候选人出现。

杰西·杰克逊大选时又重新动用了曾在1968年民主党上任之后就遭到冷落的和平和民权运动社会力量。

1964年密西西比自由民主党发出挑战以及1968年芝加哥所发生的一切之后,民主党建立了一个委员会来使总统选举更趋于民主化。由议员麦戈文领衔的委员会颁布了新的规则,以保证所有代表的遴选过程是公开的,规定党派领导不能秘密挑选会议代表。委员会建议每个州都应按照人口比例来遴选代表。为了扩大妇女、年轻人和有色人种的参与,委员会强制推行黑人、妇女和年轻人代表的比例。[24]

杰西·杰克逊在带领党派进入20世纪并改变暗箱操作政治的方面付出了很大的努力,这导致了伍德罗·威尔逊、富兰克林·德拉诺·罗斯福和约翰·F.肯尼迪的脱颖而出。1984年和1988年两次选民运动爆发之后,为宣泄压抑情感,进步基层组织启动了超级代表体系,以选拔民主党总统候选人。超级代表基本上是民主党机器的内部人,他们起到了安全阀的作用,以保证民主党不再遴选像1972年乔治·麦戈文这样失利的候选人。[25]

88

另眼看世界·当代国际热点解读

1972年改革后,乔治·麦戈文大选失利,民主党认为他们的事业就是赢得大选,这阻碍了进步基层组织的积极性和调动能力的发挥。选举中选民登记的用意所在对民主党非常有利。从财富、权力和政治之间的关系来看,杰西·杰克逊大选虽为民主党增添了超附加值和色彩,然而他并没有得到应有的重视。

来自于银行业的罗伯特·罗宾、娱乐业的戴维·格芬,还有成百上千从科技和电信领域涌现出来的百万富翁,都已经成为克林顿民主党的积极分子。地方资本家利用这些强权财富在林登·约翰逊政府领导下变得愈趋强大。连同克里斯·多德、约翰·克里、爱德华·肯尼迪、南希·佩洛西和杰·洛克菲勒这些人物一起居于民主党的权力阶层。

在民主党中间涌现了一股新的势力,他们成为了知识经济的权威。这些由政治积极分子组成的方阵受雇于教育、电信、信息科技和研究,从法律到精神病学等各个领域。除了这些势力以外,就是受金钱和高层领导驱使的那些政治代表。议会中的政治代表主要依托执政党的专业顾问和超级富豪之间的联系。

据皮尤研究信托2008年的调研结果,美国议会中竞选一个席位的平均成本是110万美元。[26]金钱和政治强化了美国的新自由主义。因此有必要挖掘过去民权运动积极分子的根源，以给这个新的发展方向一个合理的解释。

弗农·乔丹和罗纳德·布朗（著名的黑人领袖）曾经有过他们在党内地位的记载。他们被推到重组后民主党的最高层，为的是保证在城市贫民眼中它的合法性。乔丹，作为城市联盟的前任指挥员，得到了罗伯特·施特劳斯的庇护，他曾在美国政坛做过40年的顶级权力掮客。布朗曾经做过爱德华·肯尼迪的助手，在杰克逊提出挑战之后成为了民主党国民大会主席。布朗是比尔·克林顿不知疲倦的募款人。当克林顿1992年当选后，布朗被任命为商务部长。在他的第二个任期内，比尔·克林顿利用民主党和国家机器为美国资本主义体制的高层人物谋取利益，在民主党内部，权力的制衡边缘化了麦戈文和反军国主义势力。

民主党领导委员会完成了把一个政党变成新贵们的工具的使命。2008年大选中的头牌人物希拉里·克林顿乘机利用工人阶级的怨恨以反对乔治·W.布什的现代民粹主义政策。基层的挑战和奥巴马希望信息的传递一拍即合，引起了民主党高层的恐慌。为了认清奥巴马胜利的意义，有必要回顾民主党政治机器

大变革:量子社会与乌班图

的本质以及针对工人的阶级斗争。

民主党与权力等级

反种族歧视的基层力量被边缘化的趋势说明了这样一个观点：为了赢得大选，民主党必须重获里根民主党人士的支持。战胜里根民主党和金融解禁是比尔·克林顿时期的中心任务。福利改革是克林顿政府针对贫民和弱势群体的立法支持而出的重拳。然而，民主党前资本家激进主义并非新鲜出炉。新生事物当属美国社会不平等现象已经达到了前所未有的水平。

在里根革命和新自由主义20年的时间里,巨富们占据了更多的美国财富份额。到了2005年，占人口1%的高层占据国民总收入的愈21%。而1986年，这1%的人口只占据总收入的11.3%。[27]保罗·克鲁曼对社会上这种"巨额财富的转移"给予了关注，一个市民的收入水平越高，财富积累速度越快。[28]伯克利大学的伊曼纽尔·赛斯跟踪记录了收入差距的程度，表明现在财富的积聚已经达到了1928年以来前所未有的程度。[29]

在2008年的大选季节,民主党由于共和党拥有的财富和权力而对其严加苛责。但在美国,为了捞取经济利益,少数人在政治上的操作和共和党一样没有什么新花样。在夺取英国殖民主义者权力之后,为富人服务的政治形式是反革命的原因之一。1776年美国革命的基本原则是"人民能够也应该为自己着想,也应该和能够承担为社会、经济和政治做决定的责任"。那时(1791年海地革命前),美国革命是当时最彻底的革命。通过这场伟大的革命建立了国家,并开启了一个新时代,此刻"它赋予了男性和女性应成为自治人的权力,使其成为市民,而不是奴隶"。[30]

当时的问题是要保证公民权适用于所有人,无论是何种性别和种族。性别歧视战胜了革命,因此自共和党诞生以来,自治公民权这一革命概念就遭到了种族主义的破坏。海地革命后,与资本家有着千丝万缕联系的种族主义又卷土重来了,非裔亚人类("3/5人")的概念深深地扎根在反革命和党派政治组织中。1776年革命以后的新领导人利用国家权力来获取已经逃离的殖民最高君主的财产。这些财产在依旧维持着契约中劳动奴隶关系的革命胜利者之间进行了瓜分。

托马斯·杰弗逊(1776年在美国主张革命和自由的主要思想家之一)于1792年成立了民主党。他是作为国会专题研究核心小组来抵抗比尔法案联邦党的精英派。杰弗逊想以正在兴起的北方产业阶层为代价,把权力集中在农场主手里。1800年,他成为第一个当选为美国总统的民主党领导人。那时党派的名称为民主共和党。为了选举,非裔奴隶作为"3/5人"被登记在表格上,民主党用政府来资助农场主。

除了托马斯·杰弗逊和安德鲁·杰克逊,共和党的第一位领导人也是军国主义者和扩张主义者。詹姆斯·门罗于1816年当选为总统,现在和其有关的门罗学说把西半球开创为美国的势力范围。

杰克逊和名不见经传的印第安排除法案有着密切的联系。这时密西西比河以东区域美国土著居民的生活遭到了官方的破坏。由于杰克逊发动了捍卫他们主权的塞米诺族军事行动,他还被标榜为"战争英雄"。

19世纪下半叶,共和党代表着正在兴起的工业资本家阶层,从经济上控制着铁路、银行和制造业。亚伯拉罕·林肯成为这个党派的第一位总统。虽然历史学家突出强调了林肯出身的卑微，但共和党还是一个拥有财富的党，并在维护盎格鲁·撒克逊价值观时没有做出丝毫让步。共和党赞同逐渐取消奴隶制，因为契约劳动关系制约了美国工业资本的泛滥。

在第三章中，我们勾勒出了这个主线，尽管客观上共和党支持解放运动，但还是由受压迫的黑人对自由坚定的决心这种主观力量促成了内战革命。共和党承担的责任在1877年暴露出了它的肤浅特征。那时它抛弃了重建计划并对三K党和极端种族主义分子的活动放任自流。共和党在重建计划上曾经做过让步，这是美国政治上的君子协定，即民主党将成为极端种族隔离分子的组织。这一现实影响了数百万非裔美国人来支持共和党，一直持续到1932年富兰克林·德拉诺·罗斯福参加大选。

当南部的民主党被农场主控制以后，在北方各城它成为了新移民寻求统一的政治组织，尤其是从天主教阶层得到强有力支持的爱尔兰人、意大利人和犹太人移民。虽然美国是一个政教分离的世俗社会，然而宗教在社会的政治斗争中起着非常重要的作用。虽然民主党被描绘成"联盟多党派"，但这种多元化反

大变革：量子社会与乌班图

映了正在兴起的寻求政治代表的社会力量。城市中的这股力量非常强大，许多移民在这个组织里发现了可以依赖的群体。伍德罗·威尔逊借助民主党的平台当选为总统，但他却是无耻的、丝毫不隐瞒崇拜白人至上思想的种族主义分子。

到20世纪初期，民主党由小生意人、专业人士、行业联盟者、农民（跟随先前维持分成责任制体系的奴隶主）、银行家、地方资本家和那些脱离东部权势集团的人构成。然而曾经被盎格鲁·撒克逊白人新教徒剥削的这些力量内化了针对黑人、拉美裔人、中国人和其他非白人民众的歧视。因此，在北方的城区，欧洲移民控制了政党并且分享了许多南方民主党的顽固派思想。从组织上来看，以各州和当地组织为基础的政党得到了组织工作强有力的支持。[31] 富兰克林·德拉诺·罗斯福1932年的竞选为政党带来了新的变革，平衡了党内的纽约商业银行家和农业、农业机械以及南方力量的关系。新政安抚了城市的工人阶级力量，政党的基础成为竞选中投票的媒介。它被一些"刺激措施"、赞助、贿赂以及和恶棍有关的合同体制等其他方式所腐蚀。早在20世纪30年代，美国政治学家就写道："政党对抗政治机器。"[32]

民主党的机器像先驱党一样以多种方式运作，组织围绕着党魁和一小撮专

制团体并操纵支持力量以维持政党和行政上对一个城市、乡村和州的控制。像纽约城这样的主要城市，它的党魁需和全国各地的党魁保持联系。纽约城坦慕尼大厅成为自律组织的象征，能够确保某个特殊候选人的竞选胜利，并保证通过组织权力的立法通道为政治行为大开绿灯。[33]

尽管民主党和共和党两者之间有区别，但二者都抑制第三个政党，即强大的工人阶级利益代表的出现。同时，两个政党的领导为了分割选民，极力推行沙文主义和优生学思想。在20世纪，反共产主义和军国主义是维系两党利益的力量。在此整个过程中，民主党依旧认为自己是普通人的党。

1904年，形成了一个预选体制来遴选候选人，它曾经为了不断取悦党魁而变得异常复杂。在黑人有投票权的北方各城，像波士顿、费城和纽约，党魁对黑人极不尊重。直到2008年，非裔美国人才有投票自由并像1865年到1876年那样参与进来。[34]

从富兰克林·德拉诺·罗斯福1932年的胜利到1968年为止，民主党人士一直把持着权力（除了1952年到1960年艾森豪威尔共和党执政的8年）。 来

92 另眼看世界·当代国际热点解读

自于密西西比州的参议员詹姆斯·伊斯特兰在美国参议院从政36年，在参议院司法委员会从政25年。约翰·史坦尼斯和特伦特是来自于同一个州的两位代表，他们丝毫不掩饰其种族主义思想。在2002年斯特罗姆·瑟蒙德100岁生日那天，特劳特在回忆1948年瑟蒙德竞选总统时说，"我们都支持他，我们为他自豪。如果其他地方的人们都能够遵照我们的领导，我们也不会存在这么多数年来没有解决的问题了。"[35] 这就是来自于密西西比种族主义代表的厚颜无耻和胆大妄为。

最近有关美国"激进保守主义"崛起的研究，把重点放在了密西西比州的政治和它对国家的影响上。约瑟夫·克雷斯皮诺有关密西西比的文献是唯一为了让我们学会民权运动的抵抗方式，也是要我们超越政党关键时期急功近利主义的素材，它对美国激进保守主义的再度现身起到了推波助澜的作用。[36]

面对民权运动的历史斗争，政党的北方各部都想用两条腿走路。他们想保持与南方政党的联盟。如詹姆斯·伊斯特兰激励黑人耐心等待向导来领导改革。因此，在民权斗争中，北方自由基金会支付大量现金来支持对选民登记的启动，直到选民登记的安全性得到保障并对体制不会产生威胁。1964年以来，基金会

投入了大量资金来启动选民登记,同时政党发现了新旧两种方法来"削弱黑人选民的力量"。[37]

领导主义、先驱主义与党魁

国家机器由党魁操控,他们组织起来"通过刺激措施对政党参与予以监控:如在政治标准上给予个人决策方面的偏袒,缔结协约和法律的管理"。[38]党魁并非当选的官员。党魁经常是从控制政党机器的民族中涌现出来的。19世纪末和20世纪初,爱尔兰移民和党魁在大都市中如雨后春笋般涌现出来,有一些职业专门为已成为白人的爱尔兰人保留着。

当爱尔兰人、意大利人和犹太人移民之间的竞争在美国的种族政治中如火如荼地展开时,部落制度非常兴旺。[39]由于19世纪爱尔兰移民非常活跃,文献中有广泛的记载来说明它在政党机器上的作用,以及为控制国家机器给他们预留的工作岗位。[40]大量的书籍和文章重塑了党魁体制的历史,如今历史已经承

大变革:量子社会与乌班图

认,是这个体制控制了美国政治。[41]

19世纪末和20世纪初,美国政治一直被一些党魁控制,如休伊(路易斯安那州)、埃德·克朗普(密西西比州)、希奥多尔·比尔博(密西西比州)、弗兰克·黑格(新泽西州)、埃德华·凯利(伊利诺伊州)和詹姆斯·克里(马萨诸塞州)。在这些党魁中,最有名的或许是埃德华·约瑟夫·凯利(1876年5月1日至1950年10月20日),曾于1933年到1947年担任过芝加哥市长。

另一位先前非常著名的党魁是理查德·J.戴利,他继承了凯利政党机器的风格,并且担任芝加哥市长,从1955年到1976年,他从政大约21年。戴利政党机器是其中能够控制广为人知的美国赞助体制,且被视为保证约翰·F.肯尼迪在1960年的民主党竞选中胜出的机器。[42]

虽然在有关1968年芝加哥的文献记载中,那些撰稿人把戴利描述成永垂不朽的人,但纽约政治体系中的党魁还是成为了国家的过去。詹姆斯·法利在罗斯福政府效力,他是在组织罗斯福大选后从纽约政党中脱颖而出的。在这同一历史记载中,臭名昭著的卡民·迪·萨皮欧也涌现出来。2004年,当他95岁仙逝时,《纽约时报》把他描述为"国王的拥立者"和坦慕尼大厅最后一个党魁。

美国产业工会联合会发生武力罢工事件后,为了"剔除共产主义的影响",联邦政府转而组织一些犯罪势力对行业工业联盟予以还击。在冷战时期,有组织的犯罪势力融入了美国政治机器,为的是破坏行业联盟和民权运动的梦想。在大城市中分配政治赞助战利品时,对以色列的投资和反共产主义行动一样重要。1968年民主党国民大会召开,也就是芝加哥街头发生冲突之前,资本家阶层的帮派势力就和芝加哥与纽约的民主党机器结盟了。[43]

主流政治家和学术界针对帮派对党内的渗透进行了分析,认为这使党魁的作用和重要性最小化了,尤其是在民主党以改革党的身份出现时,又重塑了另一幅面孔的保守党。[44]

技术统治、党魁与政治优势

和这些党魁勾结在一起的是授予政府合约的权威官僚。新政颁布后,党魁分配赞助和合约的能力不断增长。二战、城市化、高速和公园建设、政府建设、

另眼看世界・当代国际热点解读

军事基地和其他设施强化了"激励措施"的未来方向。纽约顶级建造商罗伯特・摩西(区别于全国学生非暴力统筹委员会的激进领导人罗伯特・P.摩西)的故事揭露了沙文主义和高层政治圈内的等级制度,以及不同种族领导的机器化。摩西是纽约移民中德国犹太人的后裔。他在耶鲁大学和牛津大学接受过培训,利用其在州里的权力内化了盎格鲁・撒克逊白人新教徒和英国君主最基本的偏见观念,由于受其影响长达44年,他后来逐渐走向腐败。[45]

从21世纪重建的观点来看,摩西的生涯对用权威来取代数十万贫民和黑人,然后为富人的迁徙和享乐铺平道路非常有利。近郊化过程和城市更新需要深化政党的意义,以及1945年后的资本主义模式。[46]

关于城市化和政党之间的关系需要注意三点。第一是房地产行业银行和金融体制的作用,以及抵押、金融工具和政治间的关系。第二是深化所有权和产权的观念,以推动保守党在郊区的影响。第三是挖空城市内部,以及加强对非裔美国人、拉美裔人和其他有色人种的蔑视。另外一条就是20世纪90年代毒品的泛滥成为大量毁灭内陆城市的杀手,这为21世纪上流社会的形成做好了充分的准备。

从党魁到政治顾问

卡民·迪·萨皮欧出现以后，由于国家机器内部某些人的犯罪行为受到了指控这一负面效应，"党魁"这一术语不再流行，取而代之的是"顾问"。政治顾问和美国顶尖企业中的商业顾问变得一样复杂。在交通、传媒、大选工作人员分配以及和美国大选有关的上百条细节上，由候选人出资聘请顾问做出战略决策。到20世纪末，卡尔·罗夫和迪克·莫里斯两人成为最知名的顾问。这里必须提到他们的行业协会，即行政与计划委员会。据这一行业协会统计，政治咨询成为数十亿美元的产业，每年为美国愈5万次公开选举提供服务。这个协会的单子上超过59项工作，包括投票、为候选人建立工作人员组织、信息管理、日常的活动管理、散布消息、调研话题和建议、讲稿撰写、日程安排、提前赶工、用电话兜揽和联系选民、志愿者合作、信函的撰写和印刷、"统计选票"、创建网站和维护等。2007年经济走疲时，政治大选和汽车业、大型化工产业和

大变革：量子社会与乌班图

零售广告业并驾齐驱，为广告业带来了大量的收入。有关新时代建构政治机器这项工作，没有外行施展的空间。[47]

据估计，1998年到2008年的十年间，五个经济部门花费约87.2亿美元来游说政客。[48]

马克·佩恩是克林顿国家机器的著名顾问，他象征着金融、房产、公共关系、市场营销公司、投票和政治大选之间的内在联系。正是在他的引导下，希拉里·克林顿从中得到了启发，决心参加男性竞选，以表明民主党在反恐怖主义的斗争中会和共和党一样坚韧不拔。

克林顿政府承继了政党机器的衣钵

越南战争是另一个分水岭。此时民主党开始瓦解休伯特·汉弗莱或有"独家新闻"之称的亨利·杰克逊党派，还有尤金·麦卡锡或乔治·麦戈文分支。[49]有"独家新闻"之称的亨利·杰克逊是军工中心的支持者，多数民主党联盟是由他创建的。两个主要的保守党派就出自于这个联盟：第一个是美国新世纪规划，

第二个是民主党领导委员会。美国新世纪规划的动荡崛起和其明星领导人，如唐纳德·拉姆斯菲尔德和迪克·切尼出现以后，整个世界都对新保守主义势力和强大的军国主义有了非常深入的了解。[50] 人们不了解的是美国新世纪规划是两党合作的形式，被拒绝加入的是那些保守党的顽固分子，他们是受丹尼尔·帕特里克·莫伊尼汉的教导并听命于他。[51]

民主党多数联盟的第二个副产品是 1985 年成立的民主党领导委员会。民主党中的"自由之鹰"被一种欲望所激励，以此来表明他们对国内的军队和对外干涉政策的支持。由于纽约州和以色列说客的重要性，民主党领导委员会的其他特征就是对以色列政府的支持。民主党领导委员会的其他工作就是消灭基层的激进派积极分子，因为他们是在"彩虹联盟"的背景下参加政党的。

民主党领导委员会以多种方式和美国新世纪规划分享了一些世界观点。杰西·杰克逊把民主党领导委员会称为"民主娱乐派"，因为他深刻意识到，民主党领导委员会的"中心者"位置就是为了边缘化那些以对抗里根政府为目的而调动起来的基层势力。

另眼看世界·当代国际热点解读

丹尼尔·帕特里克·莫伊尼汉和帕梅拉·丘吉尔·哈里曼是来自于里根获胜之后调动政治力量向右翼倾斜的众多政党中的一分子。被任命为民主党领导委员会主席的是奥·弗朗姆，但他所处的环境是，民主党的重量级人物如山姆·那姆、迪克·格普哈特、乔·李伯曼和帕梅拉·哈里曼想使民主党从联合工人、农民、民权运动组织者和行业协会分子的新政中脱离出来。

虽然莫伊尼汉遭到了民主运动全面的指责，却在 1976 年成功竞选纽约州议员。他和民主党机器之间的关系确保他一直处在纽约州议员的位置上，直到 2001 年退休。希拉里·克林顿于 2001 年接任他的议员职位。帕梅拉·哈里曼（温森·丘吉尔的儿媳），作为埃弗利尔·哈里曼的遗孀，是纽约州政治机器的内部人士。哈里曼家族是 19 世纪晚期控制美国铁路和金融集团的大股东。E. H. 哈里曼夫人，是埃弗利尔·哈里曼的母亲，是优生学运动热心的支持者之一，为冷泉港口的研究基地捐助了场地。

在罗纳德·里根和老乔治·布什统治长达 12 年以后，民主党领导委员会势力选择比尔·克林顿作为重振民主党的人选。

克林顿家族把他们对民主党领导委员会和民主党之间关系的理解记录在了

书籍和回忆录中。这个记录使读者能够对希拉里·克林顿的政治倾向予以核查。从这段历史中不难看出,在阅读马克·佩恩于2006年12月关于希拉里·克林顿的性格描述中提到:"她要比任何人都像撒切尔。"[52] 玛格丽特·撒切尔强硬和军国主义的性格充分体现在希拉里·克林顿的大选中。由于比尔·克林顿聪明地站在左右翼立场上讲话,才使克林顿家族的撒切尔风格如此暧昧。故而它被称为"三极政治"。

在克林顿执政期间(1993年到2000年),民主党一直为华尔街的利益效力。罗伯特·罗宾德财政部长的优势加强了新贵的地位,古德曼·萨克斯文化上的贪婪和权势被推行为新自由主义。外交政策的主动权都为超级资本家服务。无论是生物科技公司以及出于农业利益考虑的农业补贴上的贸易相关知识产权协议,抑或是降低环保法案的标准,比尔·克林顿的保守政策都为乔治·W.布什激进的新保守主义铺平了道路。同时站在左右翼立场上讲话这一传统,也证明了克林顿在劳动力和移民权利方面的历史。克利顿在奉承工会联盟时,极力推行北美自由贸易协定以支持美国公司。正是在他的领导下,财政部长罗伯

大变革:量子社会与乌班图

特·罗宾的赌博式经济运行获得了新生。

在党魁缺席的1996年,比尔·克林顿再次参加竞选,特里·麦克奥利菲、狄克·莫里斯、詹姆斯·卡维利、马克·佩恩和波尔·贝加拉将在民主党中以领导顾问的身份出现。当莫里斯和克林顿家族一样遭到诟病,并在印刷品上被毁名誉时,他被《时代》杂志称为"美国最具影响力的市民"。作为一名政治顾问,他并没有对民主党和共和党区别对待。他的咨询公司既在美国国内也在国外提供服务。通过与国际共和党机构和全国民主机构之间的联系,它对外出售美国式民主和咨询业务。

21世纪的顾问和20世纪初的党魁非常相似。然而由于21世纪大选的规模和复杂性,筹款和广告以及公共关系是分离的。正是由于这种分工才使特里·麦克奥利菲和马克·佩恩处在克林顿机器的核心部位。他们中的每一位都在为克林顿竞选总统保驾护航。当罗恩·布朗突然离世时,特里·麦克奥利菲成了克林顿家族的主要筹款人。他筹款方面的不懈付出和对国家机器的控制被载入了史册,书名为《这是什么样的一个党派啊?》。[53] 麦克奥利菲在书中联想到,在1996年的大选中,比尔·克林顿可以坐在电脑前,不一定与国家全部,

也是与大部分民主党机器的网站保持连通。对于世界人民来讲，克林顿政府最惊人的纪录就是竭力保证联合国不插手阻止1994年卢旺达的种族灭绝事件。当世界上最快速的种族灭绝发生时，克林顿政府游说其他联合国安理会成员国以保证联合国对其不予干涉。[54] 这位总统还把自己称为黑人的朋友，人们把他亲切地称为"第一位黑人总统"。这以后，通过YouTube传送了他在大部分农村社区发表讲话的视频。希拉里·克林顿在她的自传《岁月历史》中没有提到这一细节。[55] 希拉里·克林顿，又重新书写了她去波斯尼亚造访的真实故事。当时她是以第一夫人的身份出访，现在准备以引领美国的男性领导风格来展示自己，实现从第一夫人晋升为总统的梦想。

尽管希拉里·克林顿不是纽约州本土人，但民主党机器却保证了她在2000年成功当选议员。当她成为纽约州议员时，历史上的黑人聚居点第125号大街上，比尔·克林顿在众目睽睽之下设立了办事处。这是克林顿家族发出的信号，即作为纽约州机器的黑人技工成为民主党的一个组成部分。查尔斯·兰热尔、贝希尔·帕特森、戴维·丁勤时和珀西·萨顿是纽约党派四个重量级人物，

另眼看世界·当代国际热点解读

迪·萨皮奥和哈里曼统治时期，他们处在党的外围。把办公地点搬到纽约就是为了在党的机器中心搭建舞台。在为2008年大选募集金融资源时，哈罗德·爱考尔斯、马克·佩恩和特瑞·麦克奥利菲成为克林顿机器的一线将军。林恩·福雷斯特（迪·罗斯切尔德夫人）作为欧洲金融家伊夫林·罗伯特·迪·罗斯切尔德阁下的妻子，也是民主党国民大会的筹款人。她是希拉里·克林顿竞选总统中一位一线支持者。她是21世纪版的帕梅拉·哈里曼。麦克奥利菲在《这是一个什么样的党派啊？》一书中，为后人记录了金融资本、套保基金经理和克林顿家族的融资能力。麦克奥利菲调动一切力量当选2004年后的民主党国民大会主席，就是为希拉里·克林顿2008年的总统竞选做准备。

结　论

克林顿家族领导下的民主党变革巩固了它种族主义的根基。对美国基层组织两种不同方式的分析是想强调一个事实，即和平运动和民权运动的激进主义不同于由新自由主义创立的"激进保守党"基层组织。我们的分析也会涉及密

西西比种族主义的经验,以及种族主义制度的思想和沙文主义如何在北方找到了根据地。民主党的新政策略为美国重建提供了资源,如高速公路使近郊化得以发展。顶级建筑商罗伯特·摩西采用了密西西比社会组织模式,这个种族主义模式深深根植于城市恢复计划中。党魁在合同和房地产业中获利颇丰,民主党的一个新组织被称为"开发商"。这三股力量——银行家、房地产开发商和党魁把党的机器牢牢掌握在手里。到20世纪末,选举业的复杂化要求一个先驱新骨干的诞生。他们被称为"顾问"。他们为顶级政治代表和最大的资本家搭建了桥梁。通过筹款,建立了他们之间的关系。

在促进资本积累新时代来临的过程中,政治领域受到了伤害。由于服务于数十亿美元咨询业的工人们接受了政治上的训练,整个社会科学的新领域连同咨询业的分工一同发展。保守主义、自满、制度上的种族歧视掌控着学术界和政界。学术界逃脱不了保守派对他们文化上的攻击。

然而,民权运动的乐观主义和其产生的能量在社会中依旧存在。这一角逐就是希拉里·克林顿和奥巴马之间的总统大选。我们现在转向奥巴马的希望信

大变革:量子社会与乌班图

息,是为了干预克林顿机器的挑战而创造的一种动力。我们可以说,詹姆斯·伯格亲历的美国革命被反革命抑制了,但它并没有消失。两个大趋势中还存在着挥之不去的传统影响。第一个大趋势就是和平与正义的基层组织者在取得小成就以后并没有就此停歇。这些经验来自于罗伯特·P.摩西和那些依旧参与激进政治活动和追求自由梦想的全国学生非暴力统筹委员会成员。[56] 迄今为止,摩西是激进幻想派的典范,他依旧投身于为正规教育而进行的一线斗争。第二个大趋势正面的实例来自于自组织和充满自信的社区积极分子,他们甚至能够驾驭年轻人这样的新生力量。这些力量得到了文化艺术家创新力的激励,预计变革即将到来。

在第五章中,我们将阐明乌班图的"人类共享"理念是如何与乌班图的开放运动结合在一起的。我们的分析将要检验奥巴马团队是怎样利用社交网络工具与政党机器决裂的。在第五章,读者还能够了解奥巴马在建立新式民主或者大选上是如何取得成功的,因为这会为21世纪的民主政治提供一些参考。

第五章　2008年预选中的分形智慧与乐观主义

到2008年大选为止，美国社会为未来两个发展方向做好了准备：一个是深化反革命时代的保守主义和军国主义，另一个是变革。抵押危机与伊拉克战争以及阿富汗战争增加了失业人数，并把大部分权力集中在新自由主义派的手里。市民对所谓"反恐战争"连续实施的心理战不仅恐惧而且采取了防御的措施。

民主党候选人不得不在持续的心理战和保守派的超级军事主义或新型的政治模式之间进行选择，因为普通大众被赋予了参加竞选的资格，而且不仅仅是消费者受到了民意调查人员和焦点小组的欺骗。

在时间最长和花费最多的民主党竞选中，奥巴马和他的多层面团队，要面对旧有的政党机器。在调动社交网络资源时，奥巴马团队采用的是"三O"政策（英文的网络Online、奥巴马Obama和运作Operation等三个词的开头字母均为O——译者），运用了网页2.0技术进入了21世纪的大选。它是一场反对克林顿家族政党机器的大选，在此奥巴马的网上运作是历史上一次最大规模的政治颠覆。

政治过程的主要干预之所以成为可能，是因为发挥了大部分民众的创造性。候选人鼓励这种精神并对美国"狭隘的"政治表现出了乐观主义。[1] 这种乐观主义体现在"是的，我们能"这一口号上，还有一切都希望是最好的心态，抑或最起码结果是令人满意的乐观。这种乐观主义包括坚守人类信仰和普爱的宗教，以及把世界看作是最美好的有关论点。

这个乐观主义被哈莉特·塔布曼广泛传播并被奥巴马的母亲实现，即"不要以现在的情形看待事物，要对未来充满理想"。

作为团队的一个核心人物，戴维·普罗菲一直用这种模式来分析从奥巴马大选中的分形组织策略中脱颖而出的新型政治。自下而上的授权原则把一些新的网络资源吸引到了政治进程中。这些网络反过来阻止了机器中的先驱主义以及党魁或者顾问的操纵。阻止的主要原因在于"这个虚拟原理是来衡量和支持社团活动的"。整个国家建设社团行动方案的重复，包括了由基层社团组织的、与自相似性重复的模式,以及与专业顾问和解放了的数百万志愿者的决裂。这些都充分利用了分形几何学的原则。正是耐心、智慧和分形组织的结合才构成了本章的内容。

像普通人而非黑人参选者那样参加大选

奥巴马不是第一个参加民主党竞选的非洲后裔。1972年,布鲁克林国会议员谢莉·奇泽姆也曾经是美国总统候选人,她是所有种族里寻求政党提名的第一位女性。杰西·杰克逊、奥·夏普顿和卡洛·莫斯利·布劳恩也参与了竞选。但只有奥巴马的挑战变革了政党和美国政治。

这场变革来源于以下因素:第一,奥巴马是以一个普通人,而非黑人参选者的身份参选的。第二,乌班图的新思想——人类的共享,超越了白与黑的等级观念,激发了参与这一过程的年轻人。第三,在志愿者和全体组织中,组织的分形原则部署产生了变革的影响。

大变革:量子社会与乌班图

最重要的是,奥巴马竞选是"真实的"。也就是说,奥巴马大选力求获得民主党的提名及美国的总统席位。为争得席位和宣传资料,这个黑人候选者并未沿袭过去与政府高级官员之间讨价还价的"杠杆政治"。[2] 奥巴马大选终结了长期以来黑人只能在民主党内谋得个芝麻官的局面。

竞选政治和挑战右翼的方式,把左翼和在2008年大选准备阶段时自称为进步积极分子的那些人分隔开来。在劳工运动中,主流组织美国劳工总会与产业劳工组织中的保守主义出手支援了克林顿机器。

在和平运动中,以色列和巴勒斯坦问题使美国大部分地区的反恐斗争平息了下来。在绿党、候选人辛西娅·麦克基尼与想凌驾于政治之上的那些环保主义者之间进行抉择时,环保司法运动拿不定主意。

对于女权主义运动来说,希拉里·克林顿的参选产生了主要的矛盾。民主党中的保守主义和自由女权主义者群起支持希拉里,同时激进女权主义者警示大家《性圈套和帝国女权主义》作品中的危险。[3] 艾丽丝·沃克和格莉丝·李·博格斯一开始就非常清楚,在奥巴马执政时会有新生事物涌现。

如果把劳动力、和平、环境和妇女运动分开,黑人解放运动内部存在两派,一边是避开拥护"资产阶级"政治的那些人，一边是推算在反革命时代没有超越竞选政治可能性的那些人。

客观上讲，也有一些黑人发言人认为奥巴马当选的可能性微乎其微，因此反对他。泰维斯·斯密利就是因为不满奥巴马缺席电视秀而发起了对他的反对攻势。主要的操作者从安德鲁·杨、查尔斯·兰戈尔和玛克辛·沃特斯到弗农·乔丹和黑人娱乐电视的创始人罗伯特·I.约翰逊，早就信心满满地为克林顿家族打了包票。只有玛雅·安吉罗这样少数的几个人依旧和克林顿家族保持着长久的联系，并且与他们藕断丝连。自诩为激进分子的一些黑人寻求约翰·爱德华兹的支持或者创建第三个党派。从民权运动时期黑人激进分子的历史来看，只有阿米里·巴拉卡直接呼吁，对这一时刻以及奥巴马与这一时期联系的重要性进行评估。

有相当一部分黑人知识分子沉醉在激进的历史中，为了引起年轻人对"布兰德利效应"（即指白人选民不愿对黑人参选者给出意见，因此预选票的统计结果很不准确——译者。）的重视，有些人在有线电视节目中喋喋不休，这些黑

另眼看世界·当代国际热点解读

人知识分子向他们提供了素材。[4]哈佛大学的马丁·凯尔森在网络杂志《黑人评论家》的素材提供者中脱颖而出，通过这种方法，他掌握了从内战时期到激进黑人神学阶段历史连续性的资料。亨利·路易斯·盖茨是另一位著名的黑人知识分子，对奥巴马一直持怀疑态度，因为他和克林顿的局内人弗农·乔丹有着密切的关系。

很早就有黑人专业人士，特别是律师出来支持奥巴马。可是基本上黑人知识分子在大选时都采取了避让的态度。但大多数被压迫的民众却在这时毫不含糊。黑人贫民出于对自身利益的考虑，因此紧跟事态的发展，当需要他们对南卡罗莱纳州进行干预时，他们会采取果断的行动把谈话的语气和内容都转到了大选上，并向进步基层力量中的拉美裔和贫民传递让他们不要袖手旁观的信号。

首先，使大选增加胜数的是美国的年轻力量。他们通过网络组织起来，把娱乐和消遣工具转变为教育工具，来打破美国传统上"教材简化"的状态。奥巴马通过接纳年轻人的观念来与他们接触。在大选早期，团队获得了克里斯·休斯的关注，他是因特网Facebook的创始人。在休斯和一群令人瞠目的年轻媒体团队的协助下，奥巴马表示，他不仅分享了年轻人在未来科技奇异时代

能够实现做完整人的这一梦想，还要做一个超前主义者。奥巴马对未来科技所带来的挑战抱着学习与理解的态度。

奥巴马有能力让人们相信，他会信守诺言，与他们结成同盟。当他们在政治竞技舞台崛起，并勇于面对始终认为年轻人不应参加选举的那些政党顾问时，正是这份情感关系的建立激励了年轻人。一种新型的多元文化和多元民族的年轻文化产生了，它努力寻求自我表达的途径。许多人都在2007年到2008年奥巴马大选时听到了自己的声音。

希望与变革

从进步基层力量参与进来以后，奥巴马大选就兴旺起来，它就像一粒种子在等待时机发芽和成长。在贫民和被压迫人们居住的地方，竖起了一面面标语："希望"、"变革"、"起来，准备出发"和"是的，我们能"。在这周而复始的过程中，这些标语不断地在社会上传播，由此催生了曾经被政党机器消灭的新生代。

大变革：量子社会与乌班图

在鼓励成千上万的年轻人挖掘他们的潜力时，希望战胜了绝望和冷漠。每一条标语都在传递历史上有关妇女、年轻人、工人以及和平运动的信息。"是的，我们能"曾是美国农民联盟的口号。山姆·库克的歌曲《变革即将来临》引领了民权运动，图帕克·沙克在歌曲《变革》中给出了渴望和平的信息。小马丁·路德·金号召年轻人认清"现在"的紧张局势，奥巴马也同样发布了与"文化恐怖"决裂的紧急信号。

在详尽描述2008年大选局势时，奥巴马不断提及"现在的紧张局势"。又一个为期4年的布什政策像幽灵一样，使2008年大选引起了世界的广泛关注。因此，当希拉里·克林顿团队让她像美国版的玛格丽特·撒切尔一样抛头露面时，奥巴马大选认为不应该发动伊拉克这场"沉默的战争"。通过挨家挨户的宣传，小溪已经汇成了奔涌的江河，把许多反对战争和贩卖恐怖的人们都登记入册，并把希拉里·克林顿的机器淹没在这股洪流中。

在给希拉里·克林顿的备忘录中，马克·佩恩支持她的男权主义和军国主义作风。一直到大选时，佩恩还不相信奥巴马能取胜。克林顿阵营的一些内部备忘录，迫使她不断展示自己的"优势"和"经验"。

马克·佩恩发表的一系列论述后来被莎拉·佩林和她的选举团得知。马克在一份不知名的备忘录中称，"难以想象，美国在战争期间，能够选择一位想法和价值观都不能体现美国核心观念的人成为总统。"佩恩也对奥巴马"缺乏美国根基"予以攻击。[5] 对于佩恩和他的势力来说，由奥巴马承诺的美国多元文化只能到2050年才能兑现。

和佩恩自上而下的分散运作不同，奥巴马团队以民权运动基层组织为样板，以一个组织的形式展开工作。它努力创建一个自下而上的运动组织，训练领导人在自身的群体中培养能力，并用旺盛的精力和明确的动机以确保当地行动与国家目标的一致。大选的计划是以"升级换代"为原则来变革社会的。国家领导人培训的复制是以另一个分形原则为基础的，这就是自相似性。

大选中的剥离技巧、自相似性与循环

基层组织对克林顿机器的挑战展示了与过去"绑架金钱"式的自上而下的党派和专业顾问作决裂所付出的努力。[6] 这一决裂对于大选周期循环非常重要，它也是分形几何学①五个要素中的第一要素。大选过程中，奥巴马与旧有势力决裂的朴素性显而易见，事实上，奥巴马大选能够调动更多早于克林顿大选时当地各主要州的志愿者。尤其是一些具有核心意义的各州更为重要，因为那里拥有广泛的群众基础。

从根本上来说，在较小各州和核心各州面对面发动民众非常重要。在志愿者和筹款能力上形成了反向循环，志愿者越多，为大选筹集小额捐助的可能性就越大，总和甚至可以达到上亿美元。筹款为大选组织提供了更多的便利并加强了力量，以保证在拓展50个州的宏伟蓝图时，能够拥有后备资源。

由于志愿者、资源和坚固的组织已经夯实了基础，因此基层组织计划就拥有了信心和乐观态度。布鲁斯·利普顿称可以用分形智慧来巩固与加强乐观主

---

① 作为当今世界十分风靡和活跃的新理论、新学科，它的出现，使人们重新审视这个世界：世界是非线性的，分形无处不在。分形几何学不仅让人们感悟到科学与艺术的融合，数学与艺术审美的统一，而且还有其深刻的科学方法论意义。本文中的分形策略是指把小部分力量汇聚成整体，在任何水平上都可以展示其同一水平的复杂性。——译者

义。[7]

分形智慧打破了线性和机械的思维模式,以重塑灵魂的可能性为基础。这一重塑关乎人与人、人与自然之间的和谐共处。分形智慧力图抓住自然几何学的实质。基本上来说,分形可以被视为小部分力量汇聚成了整体,在任何规模上都可以展示其同一水平的复杂性。分形的另一个概念就是它们模拟自然的数学模型。

你如果把大选比作花椰菜的话,你就会理解运行时自相似性[①]这一分形概念。一旦你把花椰菜掰开,你就会看到一片片小花椰菜,无论多么小,都能以局部展示整体。这就等同于奥巴马大选。一个群体内部挨家挨户的这种模式,如衣阿华州和南卡罗莱纳州,这两个州都是一个县一个县地效仿,然后是全国一个州一个州地效仿,最后反映到了全国大选。

奥巴马大选的组织没有把主要精力放在"前线各州"上,而是贯彻了霍华德·迪恩(民主党国民大会主席)的主张,即50个州的策略,它在爱达荷州这样的重点州内作战,这是数代以来民主党都没有竞选过的州。是乐观主义使正

大变革:量子社会与乌班图

在形成的网络得到了充实,并激励其走向胜利。以合作和个人参与为基础的社交网络引发了新一轮的行动。

杰里米·伯德,作为南卡罗莱纳州的阵地组织者,反复强调一个有关家庭会议的电视节目所造成的影响。这些电视节目后来被送到各个社区来鼓励志愿者,并告诉他们应该怎么做。节目从社区被送到芝加哥,又从芝加哥被传到奥巴马网站 Mybo 和 My Barack Obama。基层组织和网络科技联合在一起击破了过去的选举政治堡垒。YouTube 在预选中的广泛使用对政治来说是一个新课题。

其他主要因素就是让当地组织者掌握这些新的工具。因此网络作为组织、授权和联系民众的新工具在奥巴马大选时得以发展,就好似以前美国没有经过任何政治大选一样。戴维·普罗菲、克里斯·休斯、马歇尔·甘茨、杰里米·伯德以及奥巴马团队其他的一线人员都用他们的方法来撰写文章和发表讲话。这

---

① 线性分形又称为自相似分形。自相似原则和迭代生成原则是分形理论的重要原则。它在通常的几何变换下具有不变性,即标度无关性。自相似性是从不同尺度的对称出发,也就意味着递归。分形形体中的自相似性可以是完全相同,也可以是统计意义上的相似。类似于蔬菜中的菜花形状。每一瓣都是一个整体的微小版本,无论多么小,都能以局部展示整体。——译者

是最基础的网络,一线团队把顾问和专家的策略与"密西西比党自由夏季"(在1964年和1965年,费伊去南部为"密西西比夏季项目"工作,花了相当大精力,帮助密西西比民主自由党挑战民主党——译者。)的老牌战术融合在了一起。戴维·阿克塞尔罗德曾经在指导他的广告团队时,强调了和旧有观念决裂的重要性,"忘记你从政治中学到的任何东西。这个家伙可不同以往。他的肤色是不一样的。如果我们还循规蹈矩的话,会淡化我们的独特性。"[8]

乌班图与乌班图相遇

有关奥巴马包容性的叙述,他善于治愈的信息,以及共享价值观和人类共享(乌班图的思想)战略内涵的信息传递,都是大选个性化的特征,它为参与政治变革过程的志愿者奠定了基础。民主党机器溃败之后,杂志《亚特兰大》月刊了解了新政治有关包容的内涵,它提到,

希拉里大选输在不能理解美国正处在从生育高峰一代的老式对抗政治——即通过克林顿和布什政府来弥合分歧——过渡到新式的网根族政治,资源开放且具包容性、多种族和多元文化的国家进程中。[9]

多元文化的尝试体现在杰西·杰克逊和反种族主义运动积极分子的彩虹联盟上。2004年在波士顿民主党全国大会上,奥巴马宣称,"不存在一个黑人美国,也不存在一个白人美国、拉美裔人美国和亚裔人美国,只有一个联邦美国。"这个充满希望和共享价值观的信息构成了大选的方法论。

共享价值观为合作以及建立关系和信任提供了空间。正是这种信任和合作才使米歇尔·奥巴马、瓦莱丽·贾勒特、史蒂夫·希尔德布兰德、戴维·阿克塞尔罗德、戴维·普罗菲和罗伯特·吉布斯的大选组织得颇具特色。在一线团队中,必须在同性恋者和异性恋者、黑人和白人、男性和女性、年轻人和资深顾问之间建立信任。

当奥巴马在YouTube上宣布他是民主党提名的候选人时,当时还有其他七位候选人。在这些人中,最知名的当属希拉里·克林顿和前参议员约翰·爱德华兹(北卡罗莱纳州)。几个月之内,奥巴马调集的社交网络工具就使他跻身候选人的最高层。利用网络平台来强调他不同生活侧面的技巧。

21世纪初期，新的计算机能力为彻底的变革铺平了道路，即如何通过万维网在社会和合作基础上联合创建满意度和价值观。网络2.0技术为信息民主化打开了一扇门，使网络成为了一个合作平台，各个组织、个人、企业实体或政治团体能够通过分散用户这一集体力量，来充分利用数据存取和新网络苦心经营所产生的非凡网络效应。

先驱主义和信息控制被网络第二代的发展所淘汰，方便了信息的分享与合作。需要强调的是，科技必须根植于大众。科技资源调动的一个核心内容就是劳伦斯·莱斯格的老生常谈，"人民拥有思想"。[10]

网络2.0环境产生的创新挑战了老式的媒体和信息共享，因为社交网络为新的群体打开了大门。科技呈指数地上涨，也使得群体纷纷寄希望于更加民主的网络环境，即每个市民都能进入网络。这种以自由网络概念为基础的自由和开放资源的环境运动是乌班图思想的另一个体现。

2004年霍华德·迪恩竞选民主党总统提名活动参与了对满意度和革新的改进，但使21世纪的政治得到根本转变的是，奥巴马信息中具有共享价值观的乌

大变革：量子社会与乌班图

班图和另一个开放资源运动的乌班图。奥巴马大选处在开放资源的未来和只求利润的过去之间，这明显地体现在"我的奥巴马"网络平台的管理上。2004年，有一个围绕"网根族"概念的组织，想"摧毁盖茨"。这是一个击毁旧有政治机器的委婉语。[11]基层组织中有关"击毁盖茨"和创立人民掌权的政治表明了乌班图思想已经进入了哲学和网络层面。必须拥有一个团结的组织框架，这个框架必须对旧有先驱政治党魁体制的局限性非常敏感。2007－2008年选举周期的所有大选都采用了适用于奥巴马大选的技术工具。在民主党内部，攻关小组可以挖掘同样的媒体资源。

奥巴马团队创立的奥巴马阵营是为了利用建立社区的社交网络工具创造最佳的条件，从正反两方面获得杰西·杰克逊彩虹联盟和霍华德·迪恩活动的经验，并对自告奋勇的志愿者进行培训。在奥巴马阵营训练中，不存在任何歧视现象。

有关奥巴马阵营最具全面性的记载出现在马歇尔·甘茨有关分布式领导力的讲话中，奥巴马当选后这一讲话在YouTube上被多次重放。奥巴马大选中分布式领导力这一特定标题预示着会有新事物的涌现，这充分反映了政治组织和

管理的态度。分布式领导力意味着奥巴马阵营中被培训的志愿者,将会把自己视为权威的变革推动者——可以作为激励者、领导人和激励其他人的思想源泉。

奥巴马阵营的工作人员鼓励这些志愿者成为本群体的培训师。表达志愿者心声的授权过程成为一个开端,像密西西比自由民主党一样,鼓励每个人都发言,为的是对每一位志愿者都一视同仁。为铲除内奸,志愿者的审查程序必须非常复杂,然而鼓励那些思想虽然健康但缺乏经验志愿者时,还是要相当警惕。

在深入挖掘国家文献的过程中,邻里之间的关系这种工具被开发出来,使审查过程更具法律依据。奥巴马阵营的志愿者必须深入理解,志愿工作并非次要的业余工作,而是需要承诺和责任感的。奥巴马阵营要求参与者要像运动中赋予奉献精神的骨干一样,而不需要像先驱党领导那样有严格的思想约束。它所提供的是建立团队所需要的长期合作环境。

奥巴马阵营借鉴了"自由夏季"和全国社团组织的经验。最重要的是强调提供服务(非营利和社会服务工作)和为政党服务之间的区别。当号召积极分子超越梦想时,奥巴马大选中心能够把奥巴马阵营带到各州"超级星期二"(即总统竞选初选日,通常在每个总统选举年的2月或3月的某个星期二举行——译者注)的路上,如纽约、乔治亚、爱达荷、加利福尼亚;密苏里、亚利桑那州等。为了招募论坛的工作人员,大选甚至把社团组织中的老兵、协会组织者和宗教领袖也吸收进来——每个人都为赶日程而开足马力。以信仰为基础的组织、网上组织、社区组织和协会组织中最优秀的人,全体加入进来为奥巴马阵营效力。

马歇尔·甘茨,曾经在密西西比接受过艾拉·贝克和罗伯特·P.摩西为期44年的教育,因此把他作为农民联盟和1968年肯尼迪大选中组织者的经验介绍了进来。他证实了工作人员的头等大事就是以国会选区为单位把志愿者组成小组,每组大约7个人。

让小组成员讲述自己的经历而不光陶醉于奥巴马的经历,"是为了寻找价值观的源泉"。[12] 在2009年甘茨的演讲中,他认为新的领导力由五点构成,它们是:

● 利用叙事艺术来激励选民。
● 建立关系,即对公共利益的承诺。

- 建立组织。
- 战略制定。
- 产生可测量的结果。

在此情形下,最终得出的结果就是克林顿政党机器的溃败。

南卡罗莱纳州的试验基地

作为南卡罗莱纳州大选志愿者,安东·冈恩和吉尔·里特约翰是包容和变革政治新方法的好榜样。受希望信息的驱使,吉尔·里特约翰作为奥巴马大选中最具活力的年轻领导人之一现身于南卡罗莱纳州的北部地区。作为格林维尔县青年民主党派的副主席,为了奥巴马大选她把精力投入在整个南卡罗莱纳州的联络工作中。受到奥巴马大选的激励,她第一次参与了当地政府的政治工作。

安东·冈恩成为奥巴马大选时南卡罗莱纳州的政治领袖,并与奥巴马总部所在地芝加哥进行接触,以联络国家大选的组织机构和基层运动组织。《时代》

大变革:量子社会与乌班图

杂志把冈恩称为奥巴马在南卡罗莱纳州的"基层部队"领导。[13]

在上一章中,我们把南卡罗莱纳州视为性别歧视和种族歧视最严重的地方。在南卡罗莱纳州的腹地格林伍德,一位热情的妇女打出了标语"起来,准备出发"。伊迪丝·蔡尔兹(在2007年南卡罗莱纳州的一次集会上为奥巴马唱赞歌的领导者)曾是20世纪70年代全国有色人种协会的组织者,也是格林伍德当地的一位积极分子。2007年1月15日,当奥巴马在一个雨天到达格林伍德时,因为观众的规模不大,再加上旅途劳累和糟糕的天气,他显得有点沮丧。伊迪丝·蔡尔兹试图用她的歌曲来振奋疲惫的奥巴马,《起来,准备出发》这首歌曲来自于民权运动时期的基层组织。

又一个循环过程出现了。基层的歌曲和标语都是从早期斗争中学到的,它滋养并充实了国家的大选活动。《起来,准备出发》在西雅图被录成歌曲,之后成为奥巴马大选比较有名的歌曲之一。用奥巴马的话说,它表明了,一个声音如何改变一个群体、一个县、一个州和一个国家。

在南卡罗莱纳州,民主党机器向黑人政治力量做出了最大的让步。克林顿大选给"黑人诸神大会"的领导和一家咨询公司的国家参议员配备了价值15000

美元的定位仪。2007年11月,教堂中愈60多位最知名的领导为希拉里·克林顿摇旗呐喊,支持她成为民主党的候选人。这一由阁僚授权的方式又重蹈了奥巴马团队正在打破的老式政治大选的覆辙。

牧师的工作是向他的"羔羊"传递信息,克林顿家族的广告团队将会从这一信息中有所斩获。奥巴马大选是在不直接伤害牧师的情况下,来挑战这种自上而下授权的。为此,米歇尔·奥巴马和奥普拉·温弗瑞参加了大规模的集会,以向南卡罗莱纳州以外的地方散布信息。

南卡罗莱纳州不仅对抗议标语所表明的清晰信息予以维护,还有100多年来与"黑人"时代作斗争时通过隐语所进行的秘密沟通。美国每一个社区成员都用隐语来与对方交流。大学毕业生和友爱兄弟姐妹协会在日常交流中储存了很多隐语。专业人士、街头流浪者、运动爱好者都用隐语交流,最重要的是基层组织间的。关键是奥巴马大选团队能够理解这些隐语,并能把它们翻译出来,且能直接或间接地与潜在的支持者沟通。安东·冈恩在给奥巴马冠以"嘻哈参选者"名号时,使用的就是嘻哈革命的隐语。这个命名真是恰到好处。对于奥

另眼看世界·当代国际热点解读

巴马在南卡罗莱纳州的生存来说,社交网络是一个重要策略。在19世纪和20世纪,贫民都受到富人的控制,政治势力用联盟旗帜所留下的记忆来激化分裂。联盟旗帜是奴隶主的旗帜,它依旧是白人至上、恐怖、仇恨和私设刑罚暴民的象征。直到21世纪,种族隔离和充满仇恨的旗帜依旧在州政府大厅的屋顶上得意地飘扬。

政治情感有时很纠结,因为南卡罗莱纳州的被压迫程度非常深重。从西北部的格林伍德县到南部的波弗特县,两方的激进主义痕迹意味着群体之间的联系非常紧密。政治需要进行个人接触,因此召开挨家挨户的会议非常有意义。在南卡罗莱纳州,群体中的知名人物和每个人的接触非常重要。因为民众可以互相交流经验,杰里米·伯德联想到了家庭的收视和社区会议的影响。即使这种发言和验证是在奥巴马阵营学到的,但在南卡罗莱纳州奥巴马运动创建中,黑人和白人这些栩栩如生的例证还是对大选产生了光电的效应。家庭会议的视频被发送到全国以激励其他社区,从南卡罗莱纳州到芝加哥以激发全民大选。米歇尔·奥巴马和奥普拉·温弗瑞又在为南卡罗莱纳的竞选加油鼓劲,在2007年12月一次群众集会上奥普拉传递了秘密信息,她问大家:"你是其中一员

吗？"

奥普拉·温弗瑞（出生于密西西比州，是詹姆斯·伊斯特兰德的后代，在电视脱口秀节目中达到了事业巅峰）在提到奥巴马时说，"这个问题全国都在问——他是那个人选吗？在南卡罗莱纳州——我坚信他就是"。"他确实是"。与美国的旧有政治非常类似的是，由名人来举荐政治野心家，但奥普拉的推荐却拥有每天观看她脱口秀节目的多达 800 万观众。当她现身于体育场 3 万多人的一次集会上时，大大加强了女性的支持力度。她所传递的信息真正的危险在于会引起很多麻烦，因为在过去，如果只选一个人，这个信息传递者必须拥有很多的权利。无论关于领导主义和传递信息方面的负面效应是否困扰了奥巴马，人们都在等待大选愉快时刻的到来。2007 年 12 月，奥巴马在成为伟大的领导人时完全依赖基层组织的力量。

这次集会还有一个特点，就是发动集体力量。这是短信服务的意义所在。要求体育场内的每个人留下手机号码，以便他们能及时得到紧急信息和有关大选的信息。杰里米·伯德回忆说，奥普拉集会是一个充分利用短信来联系支持

大变革：量子社会与乌班图

者的转折点。[14] 通过收集姓名、电子邮箱地址、手机号码、邮编和其他信息，可以扩展大选的网上覆盖面，这是为 2007 年 12 月以后确保稳操胜券而建立的选民个人资料库。在南卡罗莱纳州，短信的升级可以筛选不同的信息，以便奥巴马中心"拥有向其他团队成员发出大选信息的能力，而不是向不相关的人发出信息"。[15] 集会以后，斯考特·古德斯坦（奥巴马大选的短信专家）向那些收集来的号码发信息，并要求支持者、周围地区的志愿者打电话，并统计 2008 年 1 月 26 日南卡罗莱纳州的选票。

在 2007—2008 年大选期间，iPhone 上市了。古德斯坦开发了 iPhone 应用系统，使其被充分利用在向选民提供大选的新闻和视频上。"它还通过向新选民介绍当地大选办事处的路线的方式，让选民手拿 iPhone 到达指定地点。"[16]

西班牙和肯尼亚等国家已经把短信沟通作为政治组织的一部分。奥巴马大选早期，创立了"为美国组织起来"的网页。进入网页后，读者就会接到游说信息，"登记支持右翼党派，就会接到手机短信，或者按'Go'键到'OBAMA'（62262）。"[17]

"加盟奥巴马手机系统"这个诉求来自于大选期间开发的一个工具。具有科

技悟性的团队和来自于硅谷的顾问们，在以通信系统中心一个虚拟的普通短码登记方面很有远见，数字（62262）代表的是"奥巴马"。这个数码在手机警示选择加入时使用。为了统计年轻选民，奥巴马大选使用网页www.barackobama/mobile，这使潜在的支持者能够下载手机铃声和墙纸，在更新微博上注册，并接收有关政策和大选事件的短信。奥巴马的支持者可以通过各种手段来链接，这样他们可以收到大选的最新消息和奥巴马大选的政策导向。

南卡罗莱纳州的即席演讲成为全新的一个工具，手机成为把各种信息传递给选民的基本手段。从俄勒冈的大规模集会到民主党大会的提名演讲，利用邻里之间这种工具的水平，展示了如何在微观层面上从一个州或一个社区的宣传一直波及到整个国家。

庞大的选民数据库成为2008年大选最永恒的遗产（这些是来源于工作中分形原理的剥离和串联的结果）。在2007－2008年间，奥巴马网络通过运作，获得了一块块加起来有数亿选民成员的新数据。"三O"策略加强了收集数据的能力。

地理人口数据库被开发成为美国愈30年来政治科技上的"奇迹"。这项科技结合了政治大选中的软件使用和地理资讯系统科技。[18] 拥有了这个地理人口数据库，补充了美国统计局的数据，使政治大选能够开发大量有关市民的信息。从这些渠道获得的统计数据，连同9位数的邮编，为邻里之间这个工具提供了丰富的数据。这为奥巴马大选展开了潜在支持者的分布图。由商业界营销研究团队开发的新数据库科技被政治顾问调遣，用来描绘民众的意见、大选的活动、他们在哪儿投票、对大选信息的反馈以及通过电子邮件和电话交谈间接获得的花边新闻等的发布。

到2008年大选周期来临时，"挖掘现实"的工具为老式的地理人口科技增添了新的内容。这个由科技爱好者起的名字是描述关于人类行为的、由机器感知的环境数据收集和分析，目的是确认行为的可预测模式。2008年，《科技评论》杂志宣布"挖掘现实"为"改变我们生活方式的十大科技"之一。[19] 虽然已经拥有为了适应我们生活方式研究人类行为数据的计划，但奥巴马大选还是研究了"挖掘现实"的很多变量，以开发选民和国会选区最为精致的分布图。

到2008年，奥巴马大选团队不允许把本已匮乏的资金再投入到仅停留在幻想的一些领域，而是投在了怎样利用民众的手机号码、电子邮箱地址和包括邮编在内的家庭住址这些信息。

2007年12月集会后,邻里之间的工具被升级了。面对面和邻里文化曾经同样被作为防御体制来打击私设刑罚的暴徒,但现在却被奥巴马大选团队个性化的风格所束缚。由于2007年12月以后这些被利用的工具都升级了,因此古德斯坦称,"南卡罗莱纳州是一个决定性的时刻,这就是用短信来安排我们的工作——不仅涉及年轻选民,还涉及全体选民。"[20]

南卡罗莱纳州又有了新的计划,即"在选民所在之处和他们接触,然后说服他们参与进来"。每一位志愿者都被看作是潜在的团队组织者。奥巴马团队网络的工作是向潜在的组织者传递信息,以便他们能出来做一些工作,无论是奥巴马大选有偿组织者还是无偿的组织者。具有科技悟性的志愿者能够突破专业与业余政治候选人之间区别的障碍。

杰里米·伯德重述了南卡罗莱纳州的故事以及马里兰州集体的付出。在蒙哥马利县,电子邮件能调动1200名志愿者并有效地组织波托马可河流域的预选活动。整个大选的创新动力确保了国家目标深深根植于基层所付出的努力之上,

大变革:量子社会与乌班图

而不是从芝加哥总部向下的强制推行。这是实实在在的自下而上的政治,从基层筹款活动中就可以看得一清二楚。

树立国家形象与自下而上的筹款

为取得更大规模的胜利,民主党大选的传统模式把重心放在了各州"超级星期二"(2009年2月5日)的战场上。"超级星期二"决定性胜利的策略给1992年的克林顿大选带来了先机。它意味着把精力集中放在了支持民主党的蓝州与那些在预选之后拥有获得普选成功希望的州上。当霍华德·迪恩于2004年当选民主党国民大会的主席时,他决定发展一个多达数百万美元的"50个州策略"(在美国50个州拉选民——译者),以从根本上重建政党。

"50个州策略"是在全国范围内展开竞争的一种新方法,以使政党不仅起到总统机器的作用。奥巴马分享了"50个州策略"的主张。这和2004年的讲话一致起来,既没有支持民主党的蓝州,也没有支持共和党的红州。奥巴马对召开党团会议各州的组织结构尤其感兴趣。克林顿机器对其从未关注过,因为

这是以民众为导向的，并要求富有责任感的支持者参与。奥巴马团队研究了国家的选举分布图，以及候选人提名的规则。它预计党团会议上的胜利将会成为制胜策略的一部分，并要求基层志愿者参与进来。基层志愿者需要资金。通过与志愿者的接触和参与筹款过程使奥巴马的付出有别于其他候选人。

对于克林顿家族来说，从大额捐助人那里筹集资金和候选人的投资，要比培养进步和基层组织者重要。迪恩打破了这一模式，因此克林顿团队与 2005 年后民主党国民大会影子内阁之间的关系日趋紧张。

奥巴马进入总统大选，终止了克林顿团队和民主党国民大会影子内阁之间的紧张关系，因为 2007 年 2 月以后，克林顿家族发现奥巴马团队要比预想中可信得多。

奥巴马惊人的现金机器

奥巴马传递的希望信息创造了一种动力，用以干涉克林顿金钱机器的挑战。

另眼看世界·当代国际热点解读

统治美国政治的三个工具——信息和媒介、金钱以及机器的基础设施。在奥巴马大选时以循环的方式汇聚到了一起。社交网络的媒介用来向广大的支持者传递希望的信息。希望的信息鼓励新生力量向大选捐款，筹款考虑到了基础设施对基层组织的调动。主要的新闻渠道为奥巴马的筹款能力感到惊讶，成千上万的文章针对大选的这一方面进行了报道。随着基础设施的变化，它不能脱离开分享和希望的信息。

到竞选的预选末期，有 150 万人向奥巴马大选捐款，有几乎一半人捐了 200 美元或不到 200 美元。大多数小额捐助人是通过社交网络机制联系上的，特别是以网络为基础的联系方式。马丁·凯尔森把这一现象称为"筹款的民主化"。[21]

这种民主化一部分是真实的，但在大额捐助人向奥巴马大选捐款时，大规模涌入的基层组织的支持依旧在持续。在给联邦选举委员会的报告中表明，逾半数捐款者的数额超过了 200 美元。表 5.1 表明，在预选期间，奥巴马大选筹集了比克林顿机器双倍的款项。奥巴马基层组织成为了金钱机器。钱生钱，因此大额捐款者慷慨地向奥巴马大选捐款。信息时代的企业在支持大选上也是身先士卒。不要被落下，金融服务业人士向每一位候选人都捐了款。

表 5.1　总统候选人筹资活动　　（2007 年 1 月 1 日到 2008 年 8 月 31 日）

	总数	200 或少于 200 美元	百分比	201-999 美元	百分比	1000-2299 美元	百分比	2300 美元以上	百分比
奥巴马	414,207,808	217,166,401	53	74,785,564	18	59,525,828	14	59,728,4431	15
克林顿	216,561,826	52,092,334	31	29,583,684	17	34,245,795	20	53,965,808	32

资料来源：数据来源于大选金融学会 http://www.cfinst.org/pr/prRelease.aspx?ReleaseID=205 9/25/200

奥巴马从银行家和套保基金经理那里获得了大量的捐款。虽然来自于这些渠道的捐款多达 5900 万美元，但只占预选募集资金的 15%，克林顿大选却只募集了 5300 万美元。

为力图在资本家面前表现得更有胜算的把握，奥巴马选择潘妮·普利茨克为国家金融协会主席。潘妮，作为凯悦宾馆连锁店亿万美元的继承人，她是来自于美国最富有的家族企业家之一。奥巴马想让政党从中级层面过渡到高级层

大变革：量子社会与乌班图

面。为了到达顶峰，他不得不调动基层的力量。当他到达政党的顶峰时，会不会深陷其中呢？这个答案要等到大选斗争结果出来以后才能见分晓。

预选时的斗争

2008 年 1 月 3 日到 7 月 3 日，民主党开始为 2008 年总统选举遴选候选人。这次选拔是折磨人的竞争选举斗争过程，要参加 59 次预选、党团会议和全国 50 个州的会议。（包括波多黎各、关岛、萨摩亚、美国维尔京群岛以及身居国外的民主党人。）

预选和党团会议最明显的结果是，奥巴马和他"神奇的金钱机器"最终打败了克林顿家族的政党机器。但对于 21 世纪的政治研究而言，在预选时有四个因素表现得最为突出：

- 最重要的就是作为美国第五大投资银行贝尔斯登 2008 年 3 月的倒闭。美国政府必须强力干预以避免整个金融系统的倒塌。
- 年轻选民的崛起和市民参与人数的增加。

- 努力把对种族身份的质疑作为大选的核心问题。
- 克林顿机器从内部大规模坍塌。

奥巴马取胜和继续竞选总统是众所周知的事实,在预选以后,记者和对主要大选的研究大量地披露了克林顿机器瓦解的事实。这里没必要逐州地介绍预选的结果,因为克林顿团队的策略在全国人民面前已经展示出来了。从这个研究结果的重要性看,就是我们上述提到的四个因素,以及这些因素如何能够并且将要对 21 世纪政治造成的影响。

经济与政治的向心性

2008 年 3 月 10 日到 15 日(民主党大选提名期间),贝尔斯登投资银行倒闭了。媒体在披露消息时尽量做到不引起民众的惊慌,但它的垮台揭示了经济体制的脆弱,以及美元作为世界贸易储备货币的有限未来,还有美国超级大国地位的微弱基础。2007 年,一些银行由于抵押证券化的一些问题被媒体大肆曝光。贝尔斯登和雷曼兄弟,在华尔街上大名鼎鼎,现在成了金融发布中提到的处于危险机构之中的两家银行。

在贝尔斯登倒闭的前一个月,经济学家努力尔·鲁比尼还曾提醒他的客户危机已经迫近。他提醒道,"房地产市场的倒塌会导致金融系统的巨额损失,特别是针对使贷款证券化的工具而言"。由于麻烦越来越大,投资银行和套保基金也会随之坍塌。[22]

在"次贷危机"中,对支持抵押的证券业和投机业广泛系统之间的复杂关系尽人皆知,因为鲁比尼的提醒已经从短短几页的商业评论变为满大街的议论。不持股票的市民和普通工人,在看到房屋拍卖的结果时,开始对如何重新包装抵押以及如何卖掉这些新包装的金融产品产生了兴趣。在这个金融革新的世界,新的工具出现了。它是以相互债务责任和信用违约互换来命名,以及其他多达万亿美元衍生工具市场的混合物。

金融、保险和房地产已经成为美国经济的支柱,因为金融化和解除监管维护了银行家的利益,允许他们冒更大的风险。这些冒险家们组成了一个新的、构思缜密的系统,一些经济学家把它称为"金融影子系统"(影子银行,又称为影子金融体系或者影子银行系统(Shadow Banking system),是指房地产贷款被加工成有价证券,交易到资本——译者。)[23]

这个系统在"自由市场经济"和解除监管的情况下运作,成为里根革命前后,新保守主义和新自由主义政策在政治上自然发展的结果。美国的政治力量要归入经济和金融力量的范畴。

罗伯特·罗宾和劳伦斯·萨莫斯像是搭建银行影子体系和政治经济势力真实世界之间的一座桥梁。

鲁伯特·默多克,作为金融和传媒界的大亨,曾经是布什时期新保守派政策的热心支持者,他全力支持希拉里·克林顿。默多克、贝尔斯登和罗伯特·罗宾占据了超越政治背景的领域。这种感觉承载着这样一个事实,即美国只有一个政党。除了个案以外,媒体机构乐于重塑这样一个信念,即经济的金融化对美国社会最有利,并保持世界经济的统治地位以及美元作为世界贸易储备货币的中心。

由于"信贷危机"的全部含义不再是隐语,它已经向社会公开,因此为隐

大变革:量子社会与乌班图

瞒"不良资产",银行影子体系的真实结果被一种创造性机制进一步掩盖。[24] 金融和政治体系的内部人员明白,他们的帝国处在危险之中,许多银行都纷纷破产。2007年8月到2008年3月,金融服务业对复杂金融工具的未来相当不安,沃伦·巴菲特把它比作定时炸弹和"具有大规模杀伤性的金融武器",它不仅会伤害到买卖双方,而且会殃及整个金融体系。

但在预选期间,媒体的焦点却放在了瑞夫·耶利米·赖特身上,仅仅是为了把目光从人们眼中的首要问题——资本主义的未来转移开。

贝尔斯登的破产对2008年9月雷曼兄弟的破产是一个严峻的警告。它揭示了整个金融体制的腐败和肮脏,伯纳德·麦道夫涉及650亿美元庞氏骗局的罪行成为了它的缩影。

这一事件之所以重要,是因为美国的政治体系并不能面对这个现实。在贝尔斯登破产后的一天,奥巴马在费城发表了重要讲话。或许人们寄希望于一个民主社会里,讲话内容肯定是关于国家最大的经济丑闻和金融体系的濒临倒闭。取而代之的是,它是关于"种族"的话题,媒体更关注的是瑞夫·耶利米·赖特的讲话,而不是资本主义体制的未来。

奥巴马承诺要改变美国的政治对话和政治腔调，贝尔斯登的破产为教育民众提供了绝佳的机会。由于他相信自由市场经济的自由原则，因此他不能理解新话题的需求。那些给出警示，即"具有大规模杀伤性金融武器"会进一步爆发的经济学家们现在持观望的态度。此时奥巴马把目光转向了一群货币主义经济学家以及米尔顿·弗里德曼的追随者们。

此时，媒体和决定什么具有新闻价值的政客们串通一气。对于政客们来说，华尔街、媒体、瑞夫·耶利米·赖特发表的关于美国过去种族灭绝历史的言论对于大选来说非常重要。奥巴马在这次转向时也和他们沆瀣一气。

然而事情不可能逆转。费城演讲被认为是历史性的，因此也就被如法炮制了。但事实上，美国社会都把目光集中在种族问题上，而非金融体系和经济体系的健康状况上，这预示着哲学-政治世界是美国民众偏爱的领域。难以想象，媒体和政客们会探讨关于银行国有化的问题，或许这些对社会的未来非常重要。博客成为另一个信息渠道，但它们的作者不能对新闻环境的改变有效地进行干预。政治领域需要年轻人的参与，以此来影响社会的政治经济。

118 另眼看世界·当代国际热点解读

年轻选民与基层组织的干预

数十年来，政治大选中的巨额资金确保了美国的政治进程被大工业中心的金融调查顾问所操纵。这些人在烟气缭绕的房间里做决策的场景成为了经典一幕。似乎民主党工具的使用，如预选和党团会议也不能击垮资本家大鳄对选举的控制。祛除政治大选中巨额资金的作用，它启动了许多有关大选金融改革的立法方案。

特瑞·麦克奥利菲（希拉里·克林顿的筹款人）把他的目标定为超越卡尔·罗夫的"天才"，并建构对花销限额相关法律予以逃避的机器。麦克奥利菲需要谨慎行事，因为杰克·阿伯拉默夫的罪行向世界表明，美国作为腐败国家之一，在全球腐败排名表上几乎拔得头筹。

拯救美国现存这微乎其微的民主需要新的社交网络工具，因为它能给基层组织带来力量，并为数百万小额捐助者提供崛起的机会。大选基层组织对奥巴马团队的资助，在使数百万基层组织人员进入政治系统、信息、资金和发动群众之间的互动时，给预选带来了不同的效果。由于竞选队伍的扩大，志愿者团队的积极性和组织结构与自发性之间的互动，才使奥巴马在大选中战胜其他民主党人选，尤其是具有突出优势的希拉里·克林顿。

"小额捐助者的革命"扩大了参与度并使基层政治赋予了新的内涵。[25] 年轻人在基层运作中起到了决定性的作用，尤其是党团会议。劳伦斯·赖斯格与参加捣毁大企业集团对软件领域进行控制的那些人给年轻人带来了挑战，让他们不止停留在下载音乐这些行为上，而是让他们有所回应。年轻人是与旧制度决裂的关键一环。

克林顿大选团队出版的音像制品表明，在针对年轻人是否发挥作用上争论不断。曾为2008年大选撰稿的记者和党内人士，就大选中年轻人的影响这一议题重建了马克·佩恩和克林顿策划者的边缘地位。但奥巴马团队广泛的基层工作痛击了克林顿家族对他们失败的预想。特别是衣阿华州的党团会议展示了年轻人的重要性。

大变革：量子社会与乌班图

衣阿华州的党团会议

1972年以来，美国总统大选的第一个党团会议在衣阿华州召开。过去党团会议的程序是邻里之间的一项活动，那些积极的政治选民聚集在学校、教堂和图书馆来谈论他们的政治取向。这是一种面对面的没有缺席票的政治形式。党团会议比美国任何政治论坛形式都更像是群众集会。在这个选举过程中，一切都是透明的。在党团会议上，选民组成小组来商议他们的政治取向，然后抽草签，这个结果通过广播公布。然后，代表们在州里的会议上遴选代表。由于党团会议是选举周期的第一步，因此接受国内外的监督。

很早以前，奥巴马团队就决定努力扩大基层组织的范围并吸引年轻人投票。2007年建立了奥巴马高中分会，为的是调动满18岁的年轻人，它一直持续到2008年11月举行的党团会议和选举。每一个州的党团会议大选办事处都要想方设法来吸引年轻人。这一传统一直持续到2008年选举，而且效果显著。

年轻人精力充沛，激发了衣阿华州支持奥巴马大选胜利民众的热情，然而现在它已经成为历史。希望、变革和积极行动起来的信息激励了年轻人，奥巴马曾引用甘地号召支持者的名言——"你会看到这个世界的变化。"这个别在纽扣上的标语成为大选期间最珍贵的纪念品。就衣阿华州党团会议的经验而言，"信仰"和"为变革而战"的口号成为大选的箴言。

奥巴马的微弱优势归功于在基层、面对面和挨家挨户组织上的策略，以及从衣阿华州到全国各地创建的基层组织的团结方案。尽管克林顿机器动用了大量金钱并进行了精心的筹划，希拉里·克林顿还是位于衣阿华州第三位。从衣阿华州开始，大选势头凶猛，并且延续到新罕布什尔州，在此希拉里·克林顿以微弱优势获胜。在新罕布什尔州大选失败的当晚，奥巴马深入挖掘斗争的历史以为团队的持久战做准备。他为了传递最终胜利的乐观精神，大声呼吁沉寂的被奴役者：

当他们穿过无数个黑夜开辟通往自由之路时，奴隶和废奴主义者喊出了自己的心声。
是的，我们能。

另眼看世界·当代国际热点解读

这是有组织工人的呼声；是得到投票权妇女的呼声；这是把月球当作我们新领土的一位总统；这是把我们带到山顶并给我们指明通往希望之乡的国王。
是的，我们能做到正义和公平。是的，我们能获得机会和繁荣。
是的，我们能为国家疗伤。是的，我们能拯救世界。

这些文字后来被谱成了歌曲，演出时有1200万的观众收看了节目。它把过去和现在的斗争联系在了一起，直接提到了南卡罗莱纳州未来的斗争，标志着美国政治上的转折点。

美国政治中的种族歧视导向性

如果说年轻人和民众聚集的未来力量（党团会议）能够为美国构建民主提供了一种可能性的话，那么美国政治上黑人选民汇聚起来的力量就为此打开了另一扇窗。似乎是一下子摆脱或是逐渐摆脱了本杰明·蒂尔曼的历史影响，南卡罗莱纳州的黑人选民在1月份的大选中取得了决定性的胜利，而且为大选的后续活动发出了信号。

1月26日大选投票结束时，激进主义重建时期以来隐藏在社会后面的一种新的理解方式出现了：即黑人投票是为了维护自身的利益，他们能够平衡政府的权力。

米歇尔·奥巴马理解嘎勒人（居住在乔治亚和南卡罗莱纳州乡下的非裔美国人）的军事集体精神高度概括了南卡罗莱纳州反抗的传统，因此她在南方广泛活动，以使曾经授权给希拉里·克林顿的那些黑人诸神大会的牧师们认识到，当他们在支持克林顿家族时，普通民众却在支持奥巴马。

从米歇尔·奥巴马出现在家庭会议时起，南方的百姓就为她秘密做了一个褐色纸袋反面的测试。全美国的黑人中产阶级，从安德鲁·杨到查尔斯·兰戈尔、玛克辛·沃特斯和其他民主党机器的官员，都低估了这些曾经经历过"黑人"时代孩子们的缜密心思。对于这些市民，奥巴马不只是一个象征，而是一个真正的竞选者，他们的介入为他的胜利铺平了道路。

在大选的当天早上，比尔·克林顿说，"杰西·杰克逊在1984年和1988

大变革：量子社会与乌班图

年两次获得南卡罗莱纳州的胜利，他的大选非常成功。奥巴马参议员在这里也取得了成功。他在各个地方都很成功。"媒体观察员很快就明白了这些话背后的潜台词，《亚特兰大报》称其为"不断向前地旋转"。[26]

市民对种族歧视的抗议是对一个世纪以来一贯奉行的老式政治分裂的断然拒绝。比尔·克林顿对南卡罗莱纳州了如指掌。学生时代时他就参加了州里的选民登记工作。在1992年大选中他打了一个漂亮仗。作为一个八面玲珑的人（对不同观众说不同的话），比尔·克林顿和南部的乡下人建立了密切的关系。这种关系建立在YouTube时代之前，否则的话每一次乡下的讲话都会被瞬间传到网上。比尔·克林顿缺乏这方面的理解，因为他没有出生在社交网络的时代。

两年前，弗吉尼亚州的政治家乔治·艾伦作了有关种族主义的陈述，提到了"像对待外国人一样对待美国"的选民。这番言语使他失去了大选的机会。同样，杰西·杰克逊的言论也让克林顿家族失去了大选的机会，因为不愿支持种族主义的年轻选民能够体会出这其中的言外之意，通过投票的方式来表达对种族主义的反对。然而，克林顿家族不想承认这一现实，因为一直到预选结束，他们依旧固执地认为黑人不可能成为美国总统。这种愚蠢的种族歧视使克林顿家族发表了很多有关种族主义的言论,使很多支持者想知道他们是如何把比尔·克林顿视为"美国第一位黑人总统"的。

克林顿家族的言论经过多次努力和尝试来煽动"白人对抗"奥巴马的参选。1984年,杰西·杰克逊在南卡罗莱纳州胜利之后,民主党主席曾说,面对杰西·杰克逊的胜利,沃尔特·蒙代尔别无选择,只能谋求"蓝领选票"的支持。"蓝领"这个词和"美国中产阶级"意思相近,是美国白人的象征。

在遣散市民上花了大量力气的学者和权威人士认可了针对杰西·杰克逊的白人对抗,因为"在白人种族主义、恐惧以及白人对抗和现实政治环境中聚集的黑人人口上有必然的联系"。[27]本月早些时候,希拉里·克林顿还曾非常蔑视小马丁·路德·金以及民权运动的斗争成果,然而比尔·克林顿却把奥巴马的总统参选比作"一个神话"。希拉里·克林顿说,当约翰逊总统通过了民权法案时,"博士金的梦想开始得以实现,这是一个总统努力成就的结果。"背后的潜台词是:白宫里需要一个白人来实现某些梦想。

反种族主义势力对克林顿家族这种公开的种族主义言行表示非常吃惊,随

另眼看世界·当代国际热点解读

着奥巴马一次次的胜利,对种族主义的支持也愈演愈烈了。到1月底,参议员爱德华·肯尼迪向奥巴马授权。经过一连串"超级星期二"熄火策略的屡次失败和受挫,克林顿阵营继续明确地表明对白人女性的诉求,在凌晨3点钟发布了一条有两个候选人准备应对危机的广告。比语言更为强大的是信息本身所包含的想象。摄像机先拍的是一个金发的孩子。另外两个还在睡觉,可能是在另一张床上,他们不是金发,因为光线很暗,留下的影像引起了电视观众的遐想。

尽管种族主义这种大张旗鼓的动员,奥巴马还是在"超级星期二"以后继续领先波拖马克河流域(包括马里兰、哥伦比亚地区和弗吉尼亚)的预选。恰逢贝尔斯登灾难(即美国第六大投资银行的倒闭——译者注)降临期间,媒体开始播放瑞夫·杰里米·怀特演讲的短片。

怀特曾是芝加哥民权运动领导人之一,并做过35年"三位一体"基督联合教会的牧师。在这所教会里,奥巴马开始接触到了解放神学。奥巴马把他的第二本书定名为《大胆的希望》,并赞扬了这所教会在社区工作中所起的作用。媒体忽略了它曾向艾滋病患者和其他人援助的历史,只集中在说教布道上,因此怀特说,"政府让我们唱《上帝保佑美国》并非不可以。但不是上帝保佑美国,

而是上帝诅咒美国。上帝诅咒美国是因为它不把我们市民当人看待。"

就在媒体一整天都在热议奴隶制和种族歧视时，奥巴马在费城发表了《一个更加理想的联邦》的演讲。为了用怀特一事来对民众进行种族主义历史的教育，奥巴马提到了自己的祖母，以及为了剔除种族主义社会毒瘤所需的容忍以及和解态度。[28]

奥巴马利用这个场合，与希望国家能够得以改善的市民进行交流。就克林顿大选而言，黑人可以做领导人、调解人和治愈者的主张看来是那么陌生。它强调的是种族主义的未来，尤其在费城大选之战中尤为突出。克林顿家族的大选拒绝相信，奥巴马能在取得北卡罗莱纳州胜利后，在俄勒冈多达7500人的壮观集会上被选为总统。无论是杰拉尔丁·费拉洛所说的奥巴马资格不够，还是希拉里·克林顿高调预测的奥巴马会遭到暗杀，白人对克林顿机器的投资还是一如既往。尽管他们极力支持代表白人利益的超级代表，市民们最终还是冷落了克林顿家族。

大变革：量子社会与乌班图

大型克林顿设备的内部倾覆

在代表们的承诺中，奥巴马大选在衣阿华州和南卡罗莱纳州之后取得了明显的胜利。根据党派的规则，为了获得会议上的提名，候选人至少要获得代表们2117张选票——刚刚过了4233张代表投票的半数。2008年6月3日奥巴马超过了这个总数，成为民主党提名的不二人选。

很明显，从5月初开始，克林顿大选就朝着失败的态势发展。克林顿机器的倒塌引起了他们的绝望。希拉里·克林顿宣布她依旧坚持参加竞选，因为奥巴马有可能像罗伯特·肯尼迪一样被暗杀。这一举动使得克林顿机器的言行令人难以接受。潜台词这回失效了，她的过度担忧促使她孤注一掷，向党的超级代表示好以获得提名。

就克林顿阵营而言，奥巴马是一个失败的候选人。当克林顿机器感觉希拉里·克林顿在2月5日横扫民主党预选很有把握时，政党规则和细则委员会中的克林顿代表认可在2008年2月5日前只有4个州有资格举行预选或党团会议，包括衣阿华、新罕布什尔、内华达和南卡罗莱纳州。

2月5日克林顿胜券在握的策略失败了。希拉里·克林顿和她的大选团队开始争辩,佛罗里达和密执安也因此被列为会议举办地。由于在密执安和佛罗里达州的选票基础,克林顿家族大选才辩称,提名应给予希拉里·克林顿,因为她的普选得票比奥巴马要多。

在失败的那一刻,克林顿家族的机器想书写新的规则。但在那时,民主党领导委员会的处境也是岌岌可危。一个更加民主和反种族主义的时代已经来临。克林顿家族的机器被分化瓦解了。但战斗仍在持续,那就是民主党全国大会。这将是第六章要探讨的话题。

结 论

在威廉·多姆霍夫的《大亨和民主党》[29]一书出版后的30年,凯文·菲利浦写了《财富与民主》一书。[30]这两本书的主要议题是巨额资金的腐蚀特性愚弄了美国的民主。在乔治·W.布什和新自由主义时期,卡尔·罗夫的政党机器在说客、军国主义分子、野心家和为共和党维持永久优势的新自由主义的新政治哲学之间建立了密切的关系。

这是一种有组织和耐心的和平与正义运动,它在"反恐战争"的环境下组织起了反对军国主义、折磨和侵略的行动。尽管为数不多,但这种和平与救赎运动为反对共和党奠定了道德基础。奥巴马此时徘徊在和平运动的边缘,喊出了"反对伊拉克战争"的口号。

奥巴马之前,美国就曾为"民主党的民主化"付出了努力。其中,21世纪最主要的问题就是肃清党内的渎职和赞助行为,这是20世纪50年代由埃莉诺·罗斯福贯彻执行的,是在她儿子富兰克林·德拉诺竞选纽约司法部长时,被旧有的坦穆尼协会政党机器击败后发生的。[31]

奥巴马机器挑战了过时的政党机器,并取得了胜利,埃莉诺·罗斯福和众多改革者败在了根深蒂固的政党机器手里,它曾经控制了筹款和赞助分配过程。1968年民主党大会上,和平与民权运动成员参加了大规模示威游行。这两个选区都随声附和埃莉诺·罗斯福,即提名机制反映了民意的不满和其缺乏的代表性。在乔治·麦戈文和杰西·杰克逊竞选总统时，还有其他一些有关扩大政党基础的大胆尝试。

我们现在开始检验奥巴马预选时的胜利，是为了保证南方黑人可以名正言顺地当选密西西比自由民主党所付出的努力。我们的分析主要是奥巴马阵营里的马歇尔·甘茨与罗伯特·P.摩西和艾拉·贝克有关教诲之间联系的历史渊源。习惯于倾听自己声音的政党传统从民权运动开始就不断向前发展，这充实了奥巴马大选的组织力量。

奥巴马和他的"希望机器"于2008年6月摧毁了旧有的民主党机器，并建立了新的网络，此时年轻人和历史上被剥夺公民权的黑人也对民主平等发出了诉求。在自下而上的自组织原则与旧有组织形式的决裂过程中，产生了一种循环的核心分形原则。

我们向分形概念思路的求助，是为了努力地超越把奥巴马简单地认为是由于他的魅力才成为变革角色的论断。我们引用的分形乐观主义和分形概念框架，主要集中在奥巴马大选每一层面上简单的组织形式上，从基层到顶端，反对旧

大变革：量子社会与乌班图

有的自上而下"非民主"形式的分裂和不包容的思想。旧有的自上而下形式是集中最优资金和最优力量的政治形式，这就形成了根深蒂固的重蹈覆辙，它的历史特色体现在黑人、拉美裔人、妇女和年轻人在体制上处在边缘化上。

从信息、媒体、资金（筹款的民主化）以及机器和基础结构（以基层为主）角度上来说，奥巴马的大选策略是具有包容性的。奥巴马的希望信息、种族上的复原（和解）和我们人类的共享意识是分形智慧的核心。它们超越了种族、阶层和性别。诚然，21世纪确实存在拥有一个更具民主性选举政治的希望与乐观态度，前提是这个新的方式（或政治组织模式）能够得以巩固、串联并形成一个良性循环，以给政治提供一些参考价值。

许多作家发表了文章，主要是对黑人集中投票的担忧以及民主党内部权力平衡的意义。筹款的民主化、"三O"策略和新的自组织形式打破了旧有的政党观念。此时，许多专业人士都渐渐变成了社交网络的爱好者。这些爱好者和志愿者也因为数百万人的参与而被调动起来，因此对变革寄予希望而成为了专业的政治人员。正像一个评论员所说，"从任何角度来说，大选超越了以往所做的一切"。[32]

这是美国民主化进程本质上的一次飞跃。组织数量上的变化会对政治制度产生质的影响。在《一个更加理想的联邦》的演讲中提到的治愈与和解的概念，通过释放这种新的精神力量打动了数百万人。正是这种精神能量、质的飞跃和人类的分享意识才为量子政治打开了一扇门。

奥巴马当选总统后，打开还是关上门的问题依赖于民主延伸到除投票之外的程度，通过公众参与和教育，以此来提醒市民应意识到现实背后的危险。由奥巴马大选控制的相同技术手段也被民主党充分调动起来，以建立全面信息意识的监控系统。

奥巴马和他的团队接纳信息革命并开发艺术和智力资源,以使古典音乐（组织结构）能够与爵士乐（自发性、即兴和自组织）交汇在一起。这种交汇能让每个人都聆听得到，即媒体必须民主化、高等教育机构必须向任何人敞开，以及民主的概念必须和21世纪的现实接轨。参与黑人解放运动的一部分人认为，21世纪的民主需要三个核心因素：

- 网上民主——提升了社会的文化知识，使每个人都能利用计算机，并且成为网络科技的积极分子。
- 集体智慧——拓展了知识的空间和范围，使所有被收集、分析和利用的知识产出能服务于人类，而不仅是公司。
- 信息自由——保证知识产出像洁净的空气一样能惠泽每个人。

然而，要想实现网上民主和信息自由的目标，美国就必须迅速取缔关于黑人和拉美裔人基本选民权的禁令。罗纳德·沃特斯20年来一直在撰写民主党领导是如何对即将实施的选举权法案漠不关心的，以及高层领导是如何与南方的政党积极分子合作来抑制和销蚀黑人投票权的文章。与金融寡头政治以及军国主义分子有瓜葛的那些人非常清楚，在调动拉美裔选民、工人、和平运动、妇女和年轻人投票时，黑人的集中投票能够变革美国的政治。

主流政治党派无论是在美国国内还是国外，都把种族歧视的抵抗和反对的传统培育成了另外一种激进主义形式。小马丁·路德·金、艾拉·贝克、20世纪60年代的大规模运动以及和平与正义运动，都为美国树立了另一杆政治大旗，并孕育了美国民主斗争。杰西·杰克逊充分挖掘了1984年和1988年的选民，以让这些爱好和平与正义的选民参与到民主党来。

然而，还未来得及欢迎这些新被授权的积极分子，政党领导就对阶层和种族产生了恐惧。政党认为，杰西·杰克逊的参选会造成白人的对抗，因此发明了一些隐语来重塑种族主义思想，如"美国中产阶级"和"中产阶层"。YouTube和博客时代在揭示克林顿把奥巴马比作杰西·杰克逊时，使用了种族主义隐语。

奥巴马参加了为提名而进行的斗争，在此过程中又在芬妮·卢·哈默尔和杰西·杰克逊传统观念的启发下重建了政党。奥巴马大选力求弥补19和20世纪民主党失败所造成的损失。20世纪里，赢得大部分选民的支持就等同于完成了民权的使命。2008年新选民的数量表明，奥巴马已经达到了这个目标。

但截至2008年，民主的要求不仅是投票权，还有争取正常呼吸的权利、体面生活水平的权利和健康社会的权利。这些民主权利在资本主义那里得不到支持。在民众提升意识水平之前，必须对分裂工人阶级的活动进行斗争。在这项事业中，奥巴马作出了贡献。

尽管贝尔斯登倒闭把注意力转向了种族歧视，但对和解的呼吁依旧是美国民主斗争的必要组成部分。当克林顿机器力图在白人主义上投资时，关注未来

大变革:量子社会与乌班图

的选民却对奥巴马大选予以支持。奥巴马大选一直敞开"变换话题"，但从奥巴马身边的顾问可以清晰地看到，他的观点不包括银行和金融房产的国有化。

无论奥巴马是否准备好都不取决于他。金融体制的破产又把人们的目光拉回到2008年9月"资本主义未来"这一话题上，此时雷曼兄弟正在重蹈贝尔斯登的覆辙。

不像弗雷德里克·道格拉斯和哈莉特·塔布曼时期，反资本家势力没有足够的能力组织起来对经济焦点话题施加影响。贝尔斯登金融救援一揽子计划要求对经济运作与全球经济的关系有一个新的认识。似乎已经为那一刻做好了准备，广大工人阶级拒绝在白人主义上投资，并拒绝接受旧有的分裂政策。在这一点上，年轻人起了带头作用，并采用全国党团会议的方式成为新的政治派别。党团会议有巨大的潜力可挖，因为会议的形式可以被丰富，以便让人们不仅在投票上，而且在治理上都能够采用这种方式。这是美国首次使民主制变为现实。

有远见的统治阶级对这些可能性并非麻木不仁。因此奥巴马大选被严密地监控。奥巴马也在年轻人的自组织和大选中的商业操手之间周旋。GMMB公关公司和蓝州数码这两家企业都从公众对民主参与的投资中赢得了利益。此时，

这些企业实体的专业化主要是为民主党预选的胜利服务的。这些势力是网根族一代的组成部分，他们相信，社交网络的科技问题可以与年轻人被永久授权的政治问题分开。劳伦斯·赖斯格是一部分百姓创意网的象征，是服务于企业家和力图实现民主化政治势力的一座桥梁。

当希拉里·克林顿以"优势和经验"参加大选时，新型社交网络科技的年轻创意者们说，是的，我们没有经验，但我们有变革的梦想。硅谷力图革新和政治变革的呼声出现在奥巴马大选中。何方势力可以胜出？这个问题只有由政治斗争的实际过程来判定。这一革命将会于2008年晚些时候在民主党会议和总统大选上展示出来。

第六章 过去与未来：民主党全国代表大会

过去的重任

当民主党全国代表大会于2008年8月25日到28日在科罗拉多州丹佛召开时，愈5万公认的代表、媒体和挑选出来的政治追随者们参加了会议，这距离被称为"西部门户"州召开的会议已经100年了。40年前，在芝加哥1968年的会议上，街头的示威活动使大会议程罩上了一层阴影，在每一阶段审议和展示的过程中，2008年的大会和政党都踟蹰于过去的边界问题和将来的人类合作、环保司法与和平上。

大会的议题是"改变国家的发展方向"，有众多力量表明了变革的希望，同时也有一部分人希望继续维持现状。此时奥巴马发挥了他的领导力，建议把拥有最高票数的代表推到提名的位置上，但由于各州政党机器多数都老谋深算，因此不认同他在预选和党团会议上取得的胜利。

科罗拉多州的丹佛曾经是美国历史上形成联邦各州的地方（如路易斯安那州购置地和墨西哥美国战争），这一历史和北美各族人民社会经济与政治一体化的未来发生了冲突。地理人口学家开始逐渐地意识到，拉美裔人和西班牙裔人口的增长对于美国政治文化产生了地震般的效应，尤其是在拉丁美洲和加勒比海激进化的过程中。许多有"远见卓识"的政治战略家和知识界了解了未来的走势，并希望通过在被压迫人们中间撒下分离的种子来使现实变得更加混乱。奥巴马虽然会作为被提名的领导人，然而此时旧思想和益格鲁·撒克逊的霸权并没有受到任何威胁。

在未来之路步入正轨之前，美国和其政党必须和过去作斗争。奥巴马和他的大选，是否会进入治愈的过程并且为真正意义上的拯救社会正义而开始救赎行动呢？许多为选举胜利而担心的人对奥巴马发动信任、合作和妥协的能力赞不绝口，但如果不对过去的真理进行深入挖掘的话，救赎是不可能实现的。因为救赎和拯救正义远远超出了会议策划者和决策者的想象之外。

在为 2008 年会议做准备期间,《丹佛报》的读者注意到,土著人在 1908 年向东部人展示他们是真正的"印第安人"时,为了博得与会者的欢心而戴着头巾,跳着当地的舞蹈。丹佛几乎每一个地方,都有和恐怖历史脱不了干系的名字。一位研究美国土著居民的历史学家沃德·丘吉尔,曾经苦苦寻找为什么美国土著居民的种族灭绝一直延续的理由。他从科罗拉多大学、博物馆还有城市图书馆获取了很多资料,因为这里收藏着公民和宗教领袖、市长以及曾经为掠夺土著人土地的狩猎大会而感到自豪的州长们的光荣大事记。

其他英雄还包括科罗拉多州野蛮的三 K 党领袖。丹佛市中心是许多民主党全国代表大会的举办地,是由常任市长本杰明·斯坦布莱顿创建的。斯坦布莱顿和其他政治党派(民主党和共和党)成员一样,也是三 K 党的积极分子。除了南方以外,科罗拉多曾是三 K 党活动最猖獗的地方。州长以驱逐移民为荣耀,同时对那些在农场、矿山和工地遭到残酷剥削的劳工们进行制裁。到 20 世纪 30 年代,三 K 党已经统治了科罗拉多州政治的各个方面,甚至拥有著名三 K

130 另眼看世界·当代国际热点解读

党州长克拉伦斯·莫利令人仰慕的传记,还有关于三 K 党是如何渗透政治、宗教、社会和商业各个领域的。[1]

2008 年大会是在美国宪法批准第 19 次修正案的第 88 届大会上举办的,这个宪法通过了妇女选举权。虽然那时不允许妇女投票,但还是有两位女性参加了 1908 年的丹佛会议。土著人、黑人、西班牙裔人和亚裔人从党内被驱逐出去。[2] 美国政治和大选的总统席位是为那些被政治领导称为"百分之百美国人"保留的。

2008 年,丹佛有许多人担忧克林顿顽固的支持者会上演一出什么样的闹剧。虽然这不是现场拍摄的剧目,但会议异口同声地反对奥巴马的现状依旧持续,死党们相信他不可能在 11 月的普选中胜出。

奥巴马(一名美国混血儿)作为丹佛总统候选人的提名,为美国未来指明了一条可行之路,他代表了彻底与旧政党机器决裂的决心。在第五章中,我们概括了奥巴马大选建立强大联盟来击退民主党政治机器的方式。在此过程中,奥巴马团队开始实施新一轮多元民族和多种族的联盟来建构基层力量,以在美国 50 个州扩充选民人数。奥巴马的胜利建立在过去掠夺领土疆界的志向和未来建立多元民族和多种族社会两者之上。

在6月份战胜希拉里·克林顿和8月份的会议之间，经济崩溃的全部现实开始令美国人非常担忧。自从1929年美国大萧条以来，这是最严重的经济混乱时刻。丹佛企业在寻求研究和理解奥巴马大选的方法时，企业的影响因素已经显而易见。企业中的民主党分裂派渴望政党的胜利，但与此同时，就大选胜利而言至关重要的是，他们还寄希望于解散各方势力。

从本章开始，将分析奥巴马的西部策略为什么要和美国社会的人口发展趋势一致起来。从人口发展的分析开始，我们将考察拉美裔人口和西班牙裔人口构成的重要性，为的是寻找重整和治愈的可能性。会议构成了这样的背景，即党团会议和演讲的经验为美国未来政治组织形式提供了更多的途径。

大会上的新旧势力

2008年丹佛会议代表手里的简报全都是有关奥巴马将要"发展经济、创造

大变革:量子社会与乌班图

就业、恢复正义和拓展机会"之类的言论。除了这些议题，人们还需要具备新思想和政治水平，此时人们意识到与过去被赞扬的无知决裂的紧迫需求。一方是专家、顾问、公关和市场营销人员，另一方是志愿者。他们之间肯定存在着水平的参差不齐，但为了大选成功，党团会议必须提升志愿者的政治教育水平，以便调动数百万人参加选民登记并统计选票结果。一方是营销专家和电脑奇才，一方是开放的多元文化知识水平，这种分歧在大选中会逐渐弥合。

当奥巴马不得不建立基层组织以应对总统大选时，"改变国家发展方向"的主题踟蹰在下面两者之间：一方是停留在信息商业的管理、向公众推销政党理念和人身攻击的陈旧阶段；一方是自发组织起来的志愿者需要自组织和产生思想的阶段。博客这时成为链接两者的平台。

信息的民主化以及借助微博来发表个人意见提升了因特网的社交网络工具功能。印刷和广播媒体不再成为选举和有关国家发展信息的操控者。

数百个博客和非民主党的市民每天在丹佛的大帐篷中进行交流，这是由谷歌、网根族国家、蓝州数码、进步书社和其他大约20家企业赞助商积极分子联合主办。旧式媒体的消亡逐渐把社会从企业信息的控制中解放出来。

由过去只有少数精英记者团控制美国信息渠道的情况，演变成为因特网的强大攻势，这使数千位评论家能够通过新的信息平台与其他人进行交流。由于旧报纸的消亡，媒体大亨尝试采用新的网络付费方式。这些大亨不希望看到全部信息被民主化，因为这样会使原有的媒体渠道拱手让给社会的边缘人群。这是革命时刻的关键因素。

过去的阴影与丹佛所处的环境

根据美国人口普查结果，"拉美裔是增长最快的民族，预计在未来30年内将占美国人口的30%。"[3] 人口普查还表明，"现在占美国总人口1/3的少数民族会在2042年变成多数民族。"[4]

在政治和知识方面，主流党派都缺乏有关全面掌握人口发展历史趋势的基础。政治学家也一直在研究这一现象，2006年拉美裔国民调查也不得不更多地关注以下丰富信息，即增长最快的移民人口所具有的政治倾向。拉美裔群体中的进步学者正在探讨，"拉美裔的政治参与：移民会参与到政治革新中来吗？"[5]

社会中的保守势力建立了残暴的机器来分化黑人和拉美裔人群体。或许最邪恶的当属加州监狱工业复合体内部有预谋和联合的斗殴。监狱各帮派之间的打架斗殴蔓延到更广泛的群体中，这些草民斗殴所制造的暴力和恐怖，甚至为遣散贫民并阻止他们的反剥削组织行为服务。美国国内外的政治家非常乐于刺激这些分裂行为，正像评论中所说，"毫无疑问，充满自尊、意愿和工作能力的墨西哥人干的活，连美国的黑人都不愿意干。"这个由墨西哥总统韦森特·福克斯于2005年发表的言论被全美国的保守党派不断引用。在所有的这些领域，如互动、职业、健康、教育、住房、环保司法以及被压迫的黑人和拉美裔人之间的日趋团结被鼓动分裂的媒体蒙上了阴影。监狱是分裂表现得最为严重的地方。反对监狱工业复合体的那些人评论说，美国的司法制度简直不可理喻。

对于卡尔·罗夫和乔治·W.布什来说，他们的战略是打着道德的大旗在有关家庭观念方面（堕胎、反共产主义、同性恋婚姻和其他保守问题）上来调动西班牙裔人的积极性。奥巴马大选和民主党把丹佛作为调动不同的、更具包容性社会的一条出路，以保证西班牙裔人和亚裔人或太平洋岛国的人们以及他们的家庭，能像其他市民和完整的美国人一样被接纳。

在大会期间，拉美裔或西班牙裔人党团会议制定出了中期策略。米歇尔·奥巴马坚称，政党和奥巴马的意图是帮助 1200 万移民摆脱阴影，走向维护合法公民权之路，让所有权力都为维持这个地位而服务。

出自黑人女性的这番关于公民权的言论，招致了公民权等级原则的强有力反驳，然而这就是美国的现实。巴拉克·奥巴马的民主党西方策略不同于 1858 年、1908 年和 1968 年的西方策略。从前，蒙大拿和北达科他州被认为是"红州"，也就是由共和党控制的州。共和党自认为他们在山地各州是长胜将军，如科罗拉多州、亚利桑那州、新墨西哥州、犹他州、内华达州、怀俄明州、蒙大拿州和爱达荷州。在预选期间，奥巴马大选在所有各州都成立了办事处。像爱达荷州这样的地方，是首次亲历民主党组织的朝气蓬勃。

2008 年选举时有一个制胜的短期策略，以及在下一轮选举中拿下德克萨斯州的中期策略，还有一个长远的规划，就是以多元文化联盟为基础，扩大选民范围并吸引迄今为止还被排除在外的政治势力。新政的未来是以真正的多元文

133

大变革：量子社会与乌班图

化和多种族主义为基础的。丹佛是通往西南和南部的门户，西班牙的选票对通往联合之路非常关键。

会议的每一个方面，尤其像谁有资格获得奥巴马在景顺体育馆周四演讲入场券的问题，要由西部的短期计划来确定。西班牙语文学在大部分市中心随处可见，它打破了美国相当一部分保守派认为"只有英语存在"的思维定势。

一个环保大会的承诺

会议举办的城市经常与国家和地区的问题有关系。在希欧多尔的书《1960 年，当代的形成》中，记载了 1960 年洛杉矶大会重要性的历史，勾画了城市将要变成世界集合大都市的未来。[6] 二战之前，洛杉矶拥有国家最大的电轨或铁路公交系统。但到 1960 年大会召开时，大公司蓄意毁坏了公交系统。公交系统的故意损坏是为了"交通的自动化"铺路。[7] 新交通系统的其他受益人是在建造高速公路时牟利的建筑公司所有者、房地产开发商和那些参与郊区扩展的商人。它是从东岸到西岸的罗伯特·P.摩西扩展模式。同样实力的房地产开发商、

建筑工程人员、地产投机商都在西部的民主党中扎下了根。

丹佛市长在民主党全国代表大会召开前承诺，它将是"历史上最绿色的大会"。东道主委员会承诺，要集中精力促使能源高效并把环境影响降到最低限度。现在的挑战是与过去浪费资源的做法作斗争，目的是激励能源的节省，扭转毁坏地球和人类生活的行为。在丹佛的宣传小册子上，高调推出城市拥有"环保革新最长的历史"。然而，一到丹佛机场，就出现了对环保革新不同的议论。

丹佛机场距市中心 40 公里（大约 28 英里）。当初建造时，是以汽油价格永远处在低位，并且始于丹佛的城市扩张将会以继续延伸为前提的，那时电动车是主要的运输工具。本地区的资本家把丹佛国际机场设想为一个空港城。它一般建在机场附近，并由房地产价值的无限延伸为支撑，能提高国际市场的生产量，并通过众多的交通网点来连接企业和国外消费者。从这个"发展"的观点看，相当多的企业获得了补贴，以激励他们把工作场所设在机场内或机场附近。

为快速发展空港城，发展轻轨系统的努力让位于支持快速路的建设。开发商、银行家、地产投机商和政客纷纷筹划，因为区划条例是为了授权企业家而组织起来的，同时还要经过对邻近城市旧有住宅实行高档化的过程。

引人关注的是，想寻找基层在变革方面真实艺术的与会代表，就必须穿越丹佛市中心，造访玛尼菲斯特希望美术馆。事实上，有关政治大选在艺术、音乐和文化方面最杰出成果的论述之一，需要在"5 点"地区（它位于纽约曼哈顿中心，是贫民的聚居区——译者）附近寻找，这预示着另一场过去和未来之间的斗争。谢波德·费尔雷在"5 点"地区展示的形象标语牌"希望"，使那些勇于担当的人从丹佛市中心的现代化建筑物中走出来。

若想扭转像"5 点"地区这样传统社区的高档化和毁坏行为，则需要有与优越的房地产大亨决裂的新计划。从会议的策划上来看，民主党和会议组织者对"绿色"未来的主张比较关注，对于民主党的控制却没有一个清晰的回应，然而这是在与汽车和石油工业决裂时所必需的。

如果想超越民主党在循环能源方面的宣讲以及丹佛在绿色未来上的大肆宣传，那么可以从"绿色边境节"上清晰地看到。若想和加速全球变暖的经济活动决裂，则光凭广告宣传和政党言论是远远不够的。环保革新的需要不只停留在政党的讲台上。文化实践、经济关系和过去的政治不能和现在的经济危机脱离开。为了建立一个富有创新的未来环境，不仅仅需要横穿丹佛市中心的第16大街购物广场的免费有轨电车。天然气制动大巴和高效的轻轨系统，这种免费交通会让我们看到未来的一线希望，但仅做做表面的文章是远远不够的，我们需要的是美国能源策略的真正革新。

T. 布恩·皮肯斯与宽仁之心

丹佛像是一个宇宙，它里面有男演员和女演员，纷纷登上了政治舞台。还有一块地方供人们欣赏舞台中心的老演员。作为《绿领经济》的作者，[8] 凡·琼斯出现在会议现场，以建立艾拉·贝克的传统思想与打破旧有毁灭之路的技术变革之间的联系。在书中，他想把剥削、监狱工业复合体、种族歧视和环境危机的问题联系在一起。他坚持认为，经济上激进主义的重新思考将会终止对银行和石油公司的补贴，同时为经济变革奠定其他基础。

这样一个与过去决裂的绿色经济革命前景不同于那些决策层的计划。2008

大变革：量子社会与乌班图

年丹佛的圆桌会议组织了10次针对卫生和健康、教育、慈善事业、交通基础设施、能源、气候变化和国际关系等的探讨，给代表们"上了一堂课"。

这些探讨的意义在于，带来了一些保守主义和企业的想法，构成了国家未来的一些议题。交通圆桌会议包括一些来自于金融服务部门的高层领导，同时国际关系圆桌会议由玛德琳·奥尔布赖特和理查德·霍尔布鲁克操控（克林顿大选的坚定分子）。然而至少奥尔布赖特和霍尔布鲁克来自民主党，但在大帐篷里的探讨却包括T.布恩·皮肯斯这样的著名保守派。

T. 布恩·皮肯斯的参会加强了"无经验的英雄和傻瓜"这样的印象。T. 布恩·皮肯斯是《财富》杂志五百强榜上的亿万富翁，靠石油和天然气发家。[9] 他打算出资赞助大帐篷里的一个讨论小组。他与其他保守党策划人的出现使会议成为一次知识分子聚会的场所。

在刚刚过去的岁月里，皮肯斯因为在德克萨斯州购买地下水而闻名。他一生的保守思想与共和党派的发展迟缓有关，皮肯斯曾经赞助过"快艇"广告，这则广告是关于2004年民主党候选人约翰·克里的，他由于在越南战争中服役而被贬得一钱不值。在丹佛会议召开前，皮肯斯（共和党全国代表大会最大的贡献者）在国家电视台上就已经露脸了，他是以转向风能开发的石油商身份出现的。本月石油价格突破了 140 美元一桶的大关。皮肯斯描绘了资本家的"不可能再有的心灵控制"。他们曾经和其他同谋一样对大自然犯下了罪行，但现在又转而为"替代能源"寻求政府补贴。丹佛的一份报纸上提到了他在民主党全国代表大会上的表现，标题为"T. 布恩开始向宽容靠拢"。[10]

皮肯斯意欲对大会施加影响并预测，当他受到人们的垂青时，在预选中就不可能对选民造成影响了。早在 8 年前，乔治·W. 布什和迪克·切尼就推行同样的支持能源政策，现在他们想成为新的重心。皮肯斯正确地领会了这种新趋势，经过数十年对德克萨斯州和俄克拉荷马州共和党的支持，现在却又想和新上任的奥巴马政府上同一条船。他曾经卷入了一些负面新闻里，如土地征用和让市民从德克萨斯州和俄克拉荷马州家中搬出来。他和社区之间真实的关系被大量新闻报道所掩盖，实际上，皮肯斯是位于斯蒂尔沃特的俄克拉荷马大学基金的主要赞助人。

大学，作为像从皮肯斯一样的企业获得赞助的单位，通过把视线转向公私合作而掩盖了企业的掠夺行为。其他保守党也为丹佛大会捐了很多钱：例如，来自于纽约州北部的托马斯·葛利沙诺捐了 100 万美元。一年后，他开始闹暴乱，在纽约州策划了一场反民主党的政变。

皮肯斯寻求的宽仁之心并非没有任何代价。他已经预见了未来，读懂了民主党讲台上的发言，且专注于研究亿万富翁投资的输电网，并且拥护未来联邦政府对风能行业的资助。在民主党宣讲的影响下，美国政府应承担研发以及"循环能源科技的计划——如太阳能、风能、地热——并通过高级电池来储存能量的技术并清理煤厂"的责任。皮肯斯想看看民主党的宣讲是否只是为了政党积极分子而开设的例行讲座，以向公众放烟雾弹，还是真正为未来筹划。

奥巴马团队在大选后声称，新政府要"通过绿色经济建立一个更加强大的中产阶层"，现在还说了算吗？奥巴马团队是否会自律、专注并对实现"绿色经济"痛下决心？从循环能源科技的研发上看，美国远远落后于中国、日本、德国和韩国。循环科技投资的成本和规模要求在教育、经济和人类需求上开辟新的途径。

2007 年 6 月，皮肯斯发布了在德克萨斯州潘汉德尔 4 大县建立世界最大风力农场的意向。"风能政治"这一术语现被能源部门采纳。它是用来确定想得到联邦政府资助的那些势力,这些资助主要用在能够从不同渠道输送能源的新能源输电网建设上。[11] 由于新能源输电网(和艾森豪威尔投资于州级公路相比)的投资需要大笔联邦基金的投入,汇聚于丹佛的游说者把能源企业当作说服的重心。数十年来,在石油和天然气行业接受过补贴的那些企业,现在就在丹佛排队,以保证21世纪发放政府补贴时能够站在前排。未来补贴和税务刺激计划其实还是老生常谈,利润依旧是计划的重心。

21世纪会重蹈19世纪和20世纪制度的覆辙吗?在讨论绿色科技和绿色未来时,这是一个突出的问题。政府规定和严格的环境法需要确保21世纪的规则有别于过去。从以往的经验中得出一个事实,尤其是在金融服务部门,无论有无规则,资本家都凌驾于法律之上。只有当规则巩固权威们的力量时才能获得支持。

无论是铁路、银行、能源、商业、电信抑或是汽车行业,管理体制都是为权威们运行的。加布里埃尔·科尔克提到了这样一个事实,即19世纪末对铁路

大变革:量子社会与乌班图

监管的那些势力本身就是铁路大亨,寻求规则是为了最终瓜分市场以便取消竞争。[12]

与其类似的是,1914年由国会建立的联邦贸易委员会看似是规范那些托拉斯,其实"运行的目的是为那些用心良善的商人、大企业的成员以及其他人"[13]创造条件的。霍华德·津恩记录下了为一些大企业领域如城市政府部门服务实施监管的这段历史,它们并未体现更加民主的一面,而是受到了大企业的控制。[14]在失去真正民主时,监管、解除管制、控制、立法和监督这些名词全都变得毫无意义。

游说者、政治顾问和美国超过600人大企业的代表都向大会的东道主委员会捐了款,以便他们的名字可以出现在会议活动的显著位置上。顾问、政治家和资本家之间的会议和网络沟通是45条民主党政治大会的特征之一。丹佛也不例外。实际上,因为民主党不是由国家构成的(而是由50个不同州组织的联合大企业构成的),像丹佛这些具有权威性的代表团,还有加州、佛罗里达州、德克萨斯州、纽约州、伊利诺伊州、费城和俄亥俄州,使顾问和企业游说者的往来交通拥挤不堪。

由波音公司组织的一次最大活动是军事工业中心的核心部分。在庆祝小马丁·路德·金发表《我有个梦想》讲话45周年的大会上，波音公司的董事长和首席执行官詹姆斯·A.贝尔在芝加哥和伊利诺伊州招待会议代表的早餐上花了100万美元。会议所有有头有脸的黑人都在受邀之列。几乎每一位演讲人都对小马丁·路德·金和为奥巴马大选铺平道路的奉献者极尽溢美之词。

在每一年金的生日纪念会上，都使用这种枯燥的老生常谈。在演讲者中，约瑟夫·洛维利并没有冠冕堂皇地把军事工业中心对贫民生活的影响说出来，却义正词严地指责伊拉克战争、阿富汗战争和美国在海外的军事基地。然而，对于像波音这样有实力的公司来说，洛维利显得有些太过时了。会议前的几周，想从联邦政府获得资助的顶级公司慷慨地向大会委员会捐了款。据响应政治中心、美国国际集团、福特公司、房地美和花旗银行的报告，他们是2008年大会（民主党和共和党）的主要承保人。[15]

另眼看世界·当代国际热点解读

丹佛的局内人与局外人

在丹佛展现出了未来建立一个不同的进步多数党所面临的挑战，因为它不倾向于任何进步支持者的利益。1968年的芝加哥民主党大会上，和平运动和任何支持新发展方向的那些人纷纷走上街头反对民主党领导。40年后，许多芝加哥和平积极分子和街头示威者都已经进入了政治大选并成为了政党工作人员。

对于党团利益群体来说，以信仰为基础的党团会议是第一个。乔治·W.布什和卡尔·罗夫执政8年后，民主党全国代表大会已经决定不再向保守党的信仰低头了。会议的首席执行官是牧师娅·D.道奇，她是来自于纽约州布鲁克林非常有名的"五旬节"派（一般人视五旬节派为灵恩派之一，但其实五旬节派的出现是早于灵恩派的。在神学和教义上，五旬节派强调领受圣灵的能力（称圣灵的洗），以说方言为初步凭据；而灵恩派则不一定。五旬节派注重神学研究，而灵恩派却不重视神学研究——译者。）家庭的一名成员。她是另一位道奇牧师的女儿，她母亲曾在布鲁克林塑造了过去30多年来的历史，领导了针对警察暴虐行为的示威游行和抵制运动，并鼓励非裔美国人的经济发展。

约书亚·杜布瓦是以开创信仰为基础的奥巴马顾问，是另一位黑人教堂中的宗教领袖。杜布瓦是一位典型的局外人，并很快成了一流政府的局内人。后来成为以信仰为基础的、和邻里合作的白宫办事处领导。他被授权与全国以信仰为基础的群体一起工作。

最大的核心会议是妇女会议。妇女、劳工和黑人的会议有很多重合，许多新的局内人在过往的岁月里都是局外人，他们曾是杰西·杰克逊"彩虹联盟"的支持者。汤姆·海登，作为加州退休的参议员，是党内新晋的"局内人或局外人"代表。这份名单想维持历史上和平与正义运动的合法性，同时保持与高层领导的联系。

其他局内人或局外人，如《赫芬顿邮报》的作者们都与奥巴马大选保持着紧密的联系，并成为一股参与新兴媒体竞争的力量。

在会议内容上存在着激烈的争论，"政治上螺旋上升"的顶级专家们在电视上大展拳脚。然而，作为展示政治的舞台和场景的会议，并非在主流媒体之列。

大变革：量子社会与乌班图

博客、YouTube 和其他信息渠道都可以授权给从事"政治营销"产业的那些人来展示丹佛事态的进展。信息革命的变革潜力逐渐地产生了影响。会议期间，进步力量努力工作以挑战由大公司支持的政党垄断。

进步民主组织里的政党成员在政党平台上（医保、战争、能源、教育和职业）不断沟通，但却仅限于历史名称的认知上。如美国人争取民主行动组织，以及被称为美国进步民主党的其他组织在基督教长老会中心举行了会议，与此同时，权威人物的中餐、晚宴和企业招待会在丹佛宾馆和私人俱乐部的招待也在进行。令人不解的是，像塞拉俱乐部（美国历史最久和最大的基层环保组织）和 Daily Kos（一个联合的政治博客，本着自由的原则发布新闻和意见）是如何与 T. 布恩·皮肯斯分享信息平台的。这是延续奥巴马两党合作的原则吗？

会议召开前，次贷危机的全面影响已经变得很清晰，但会上的"讨论"还是故意回避经济危机以及与反对伊拉克人民的战争之间的联系。

会议前的几个月，约瑟夫·斯蒂格利茨和琳达·格里米斯出版了一本书，概述了伊拉克战争和阿富汗战争策略加速了经济泥潭的陷入，同时给社会特别是老兵们留下了心灵和身体上的创伤。[16] 会议现在急需的是，严肃地探讨军国主义的意识形态和政治根源，以便社会能够同"摧毁美国土著居民和使海外扩张正当化"的传统思想决裂。在第五章中，我们概括了民主党领导委员会和民主党多数联盟是如何从孩子变成新保守运动父母的。到丹佛会议为止，民主党领导委员会成员拉姆·伊曼纽尔和小哈罗德·福特已经训练成为奥巴马大选热情的宣讲人，为的是使先前的政党机器和支持巴拉克·奥巴马选举的基层努力二者混淆起来。伊曼纽尔被证明是一个内行的幸存者，当奥巴马当选时，他以白宫办公室主任的身份出现。

丹佛的克林顿团队

一个会议成功的标志是，在黄金时段广播时，把主要席位之间的对抗减低到最小。尽管2008年的会议没有像1960年和1968年那样上演会议席位的闹剧，克林顿势力这一边还是在叫嚷，应该把爱德华·肯尼迪从医院病床上拖来，让其在会议上发言。奥巴马大选成员读懂了1968年林登·约翰逊的故事，了解了他是如何为推翻休伯特·汉弗莱的提名，故意把工作人员安排在席位上并最终失败的原委。[17]

尽管希拉里·克林顿已承诺支持奥巴马，但那些民主党领导委员会成员与克林顿预选团队还是相信，美国没有选中奥巴马的打算，因此拒绝认输。

政党的一些老成员还依稀记得，当时阿德莱·史蒂文森虽然没有参加总统竞选，但在1960年的大会上成为众多席位的演讲人，此时代表们进行示威并喊出了"我们要史蒂文森"的要求。这是努力阻止约翰·F.肯尼迪接受洛杉矶提名活动的一部分。

阻止奥巴马接受提名好像为时已晚，但在民主党内部，反对奥巴马当选的破坏性抗议将预示着他们强烈的不满，并将会对他的普选前景造成危害。希拉里·克林顿的顽固支持者发现，在克林顿和奥巴马与奥巴马和约翰·麦凯恩之间很难做出比较。虽然人数不多，但他们还是极尽所能来展示自己，因此他们像丹佛的奥巴马支持者一样拼命造势。从许多方面来看，由于旧媒体的传播，这些反对统一的克林顿拥趸起着关键的作用。《洛杉矶时报》的评论非常恰当，"奇怪的是，受到媒体关注的克林顿极端拥护者的数量似乎和场内的实际人数不成正比。"[18]

《洛杉矶时报》记者看到了一群支持者,手拿印有希拉里名字的蓝旗子,在第15大街的小花园里集合,并且有突击奇兵随时待命。希拉里·克林顿的威胁,使预计在8月24日星期天举办的主题演讲《从芬妮·卢·哈默尔到巴拉克·奥巴马》蒙上了一层阴影。由《国家》杂志、公共广播服务公司和丹佛公立图书馆组织的专家研讨会可能会谈论民权运动改变美国政治的过程。作为密执安州的国会议员,约翰·康耶斯(司法委员会主席)将和《国家》杂志的约翰·尼克尔斯会谈,目的是重新考察民权运动过去的交战状态以及对民主党的影响。数百人聚集在大厅聆听这一对话,其中包括为烘托气氛三组高中学生的吟唱。此时却有一种担忧笼罩在每个与会者的心头,这就是希望赢得1800万选民尊重的那些人可能会制造一场闹剧。

作为高中学生,按理说会从1964年在芝加哥召开的民主党大会上密西西比自由民主党所面临的历史挑战中得到启发。然而,约翰·康耶斯却把他的时间花在呼唤统一、赞扬希拉里·克林顿和民主党中妇女所发挥的历史作用上。[19]

大变革:量子社会与乌班图

康耶斯在赋予妇女选举权的第19次修正案上花的时间更多,但并未把妇女的斗争与民权运动、美国土著居民的斗争和被剥削的移民联系在一起,因此这是造成会议召开前一天代表就非常恐慌的原因。约翰·尼克尔斯试图提及民权运动的斗争,以及雪莉·奇泽姆(一位黑人女性)在1972年参加总统竞选的历史。然而,康耶斯却把重心放在了别处。

当他不断呼唤未来统一,而不去处理过去曾把非裔美国人、西班牙裔人和美国土著人驱逐出政党选民行列的分裂行为时,他心里非常清楚来自于丹佛附近列队等候的希拉里·克林顿支持者的威胁。

会议室的隔壁是大声喧闹的行业工会分子的集会,他们不顾对手的反对出来支持奥巴马大选。行业工会运动有明显的两派。一派是美国劳工总会与产业劳工组织,是70年来工人组织最突出的力量。另一派是一个独立的组织。这个组织的名称是"为了赢得工会联盟而改变"。这个组织对于美国劳工总会与产业劳工组织非常关键,并且着手参与全国大选来加强工人运动的力量。

然而,美国行业联盟和公司间的长期关系让位给了工人阶级组织,甚至从大萧条以后这最严重的经济危机开始,工会会员们在演讲台上离不开对改革异口同声的呼唤。来自于新自由之路决策者的呼声包括"全民就业"、工作保障以及工人保护，然而这并不足以打破顾问们的束缚。

在政治关系上，21世纪的经济现实表明了新的发展方向，但是冷战思维的历史、做真正劳动贵族能拿到更多津贴的想法和种族隔离政策等，却削弱了工人阶层的战斗力。行业联盟运动的一些领导人提到了"美国梦"的破灭，不管这个梦想对普通大众是否有真正的意义。把这两派的力量联合在一起需要立法以促使工人加入行业联盟。奥巴马大选在这项事业中承诺，要为实现"雇员自由选择"法案而全力投入。[20] 希尔达·索利斯，作为一位来自于加州的民主党代表，在工会联盟集会上是一个主讲人。克林顿家族拼命工作来赢得一些工会领导者的支持，如美国州县和市政工人联合会，但8月24日星期日集会上那种压倒一切的气势表明，工人们需要同奥巴马为新的一天做出筹划。行业联盟将要在2008年大选时集体捐资愈4.5亿美元。

大会上另一个主要的进步力量是加州护士协会。这个协会主要是倾向于那些在美国医疗保险中单向付款人的需求。这个护士协会其中一个优势在于，它拥有多元民族和多种族的特性。和国际服务业雇员工会里的全国当地保健工会类似，加州护士协会把黑人、拉美裔人和白人的工人联合在了一起。历史上，全国当地保健工会是一个富有战斗性的工会联盟，它为美国移民的权力而战。因此由全国当地保健工会的帕特里克·加斯帕德出任奥巴马团队的组织领导，这并非偶然。

米歇尔·奥巴马与党团会议

会议上最引人瞩目的人物就是米歇尔·奥巴马。她在周一晚的会议上、在每一次主要的党团会议上以及丹佛为老兵和军人家属举办的专门活动上分别进行发言。在黑人和拉美裔人的党团会议上，她坚定而清楚地表明了自己对总统大选的立场。数千人涌进会议中心的富国银行会议室，来聆听她的讲演以及对黑人干部会议的理解。她可以在电视里的黄金时段脱稿演讲，并概述美国被压迫人们的困境。在干部会议上，她说道，对巴拉克的有些言论有时也是强忍着不发表反对意见。8月27日星期三早上，黑人干部会议如期召开，她劝说与会者要加倍努力。她说,"这虽然充满坎坷,但并不能就此轻言放弃。"

米歇尔的潜台词是,当奔走于丹佛时,她承担着要不断提高安全度的重任。在此前一天,因为所谓在民主党大会上要预谋刺杀奥巴马有4个人被拘捕,米歇尔·奥巴马向人们证明她丈夫不断面临的危险。然而她在富国银行会议室展现在数千人面前的勇气却充满了力量和清晰的目标。她发言时像一位慈祥的母亲,没有从立法的角度来探讨医疗保健问题。她谈到了军人家属和他们所作出的牺牲。除了这个特殊群体外,她还提到了每一个美国家庭都面临着的医疗危机。

在此次干部会议上,大选工作人员准备启动后勤工作计划来扩展选民,并增加黑人群体数量的比例。在米歇尔·奥巴马发言之前,奥尔·夏普顿把观众集合在一起,并称,"他们说他既不像黑人,也不像白人,但对我们来说,他的肤色恰到好处。"夏普顿宣称,他已经了解了这一历史时刻,此时他要向黑人干部会议阐明,这场战斗不是黑人对白人,而是正确对错误。衣阿华州的反奥巴马势力和他有了接触,让他把重心从奥巴马的胜利中转移出来,因此夏普顿决

大变革:量子社会与乌班图

143

心要洗心革面。他离开了老杰西·杰克逊,在福克斯频道轻声说,他要阉割奥巴马以表示他对轻视黑人的决绝。有关佛罗里达州2000年选举的这一轶事,唯独在黑人干部会议上被当作话把儿而一遍遍地传送。代表和与会者们被号召积极行动起来,提高警惕,以避免在2008年再一次发生选举偷窃事件。

奥巴马团队通过图表和数字来说明统计每一张选票的理由。并把重心放在数字时代的基层组织上,以使11月选民登记数量几乎接近2000万。他们把更多的重心放在了弥合社会分裂的全民参与上,并保证在11月能够拥有相当数量的黑人选票。米歇尔·奥巴马的工作是为志愿活动做示范,并鼓励更多人参与志愿活动。

通过大选的历练,米歇尔逐渐走向成熟。这得益于她参加的大量选举活动,由此学习并领会了美国的政治进程。媒体曾经质疑她的爱国主义。在预选阶段早期,她曾经作过一番陈述,"在我成年以后,这是第一次为我的国家感到自豪。"和平运动理解她的话语。黑人理解她的话语。媒体也对此表示理解,但它却成为企图颠覆奥巴马大选保守党的话柄。

当米歇尔·奥巴马提到预选中自组织和基层运动的前景时,主流媒体在现

场报道中却把她描述成一个愤世嫉俗的黑人女性。约翰·麦凯恩的妻子辛迪·麦凯恩评论说,她常以国家为自豪。7月份的《纽约时报》又对她好战的类似描述进行了报道。由于媒体尤其是鲁伯特·默多克旗下的媒体对米歇尔·奥巴马尖锐的攻击,巴拉克·奥巴马不得不独自面对罗杰·艾尔斯(福克斯新闻)和鲁伯特·默多克,并告诉他们不要再攻击他的妻子。福克斯新闻把米歇尔·奥巴马贴上反白人的标签,在台里人们把她称为奥巴马的"奶妈"。

米歇尔·奥巴马之所以被比作愤世嫉俗的"黑人女性",源于她对伊拉克战争的指责。与乔治·W.布什政府的国务卿康多莉扎·赖斯相比,她处于劣势。总统大选的绿党候选人辛西娅·麦金尼也被描述成"另一位愤世嫉俗的黑人女性"。每一次对米歇尔·奥巴马的攻击都会使她更加贴近百姓、黑人和不在保守党范畴的白人保守党,媒体对此很不理解。

作为一个思想独立的人,米歇尔·奥巴马打破了传统黑人女性只能是女仆、保姆和厨娘的形象。反对奥巴马的倾向促使他的诋毁者公布了巴拉克·奥巴马身着索马里传统服装的照片。这张照片是在奥巴马的肯尼亚之行时拍摄的,这

另眼看世界·当代国际热点解读

个时期正是反对奥巴马的出版物铺天盖地的时候。同一时期,《纽约人》杂志也登出了一则漫画,把奥巴马比作奥萨马·本·拉登,旁边是他的妻子米歇尔·奥巴马,荷枪实弹,看起来像一个军人。这幅漫画是为了表明奥巴马根本不爱国,它描绘了奥巴马夫妇在美国总统的办公室里,像是一对恐怖分子。奥巴马被画成身穿传统穆斯林服装,头戴穆斯林头巾,脚蹬凉鞋。米歇尔·奥巴马穿着迷彩服,脚蹬军靴,身背子弹夹,手持AK-47步枪,头顶巨大的圆篷式发型。两个人看来是在碰拳庆祝胜利,此时美国国旗在壁炉中燃烧,壁炉上方悬挂着一幅奥萨马·本·拉登的肖像。这被称为自由杂志《纽约人》的"幽默"和讽刺。

出席大会的第一天晚上,在全国面前展示的是特立独行的米歇尔·奥巴马。在南卡罗莱纳州的预选中,个人的经历被当作激励的工具。如今,为了新政的诞生,芬妮·卢·哈默尔和民权运动见证的历史和遗产又要粉墨登场了。从米歇尔·奥巴马演讲的视频中,可以明显地看到,公关专家的目的是想弱化米歇尔·奥巴马的形象。这是《纽约时报》和其他报纸出台的政策,即数百万家庭在观看电视时对演讲做出评论。展示米歇尔个人以及她与奥巴马之间的故事,和被授予"美国梦的化身"的称号。[21]

媒体并没向读者展示米歇尔·奥巴马对来自于芝加哥南部的父亲不断称颂的内容。

演讲还提到了巴拉克·奥巴马早年在芝加哥作为一个群体组织者时所接受的训练,以及从经验中获得的那份乐观主义。他曾经说过,"这就是现实世界"和"世界应该变成什么样子"。米歇尔·奥巴马提到了20世纪的80年代,当时由于芝加哥钢厂的关闭,有一些地区遭到了破坏,她非常清楚全国在金融危机和房屋抵押之后,还会有类似的企业倒闭。她描绘了奥巴马来到芝加哥后,邀请他到家中做客的那些普通人。

媒体略去了演讲的一部分,却把焦点放在了她的衣着和发型,以及她孩子的衣着上。[22] 米歇尔·奥巴马的爱国主义并不是以过去的侵略行为为基础的,而是未来"历史的大潮将会和新的希望汇合"的相关言论。希望是大选的箴言,它充满了激情,米歇尔·奥巴马是会议现场上最忙碌的人。她穿梭于干部会议和会议以外与老兵和军人家属的一些约见。

大变革:量子社会与乌班图

大会期间的拉美裔与西班牙裔干部会议

西班牙裔干部会议是在科罗拉多州会议中心大厅内举行的。对于未来拉美裔选票的担忧和斗争正在这里全景上演。第一,拉美裔群体的异质性让顾问们避之不及。第二,在黑人或拉美裔人联盟这个问题上,奥巴马与克林顿家族之间的分歧再也掩盖不住了。希拉里·克林顿突然出现在拉美裔人的干部会议上,她许诺要全力支持奥巴马,并且提到了全民医疗保健的必要性。比尔·理查森州长放弃了克林顿家族大选后,拉美裔干部会议被分成了奥巴马阵营和克林顿阵营。8月27日周三上午,米歇尔·奥巴马和希尔达·索利斯在干部会上发言。他们的出现说明了奥巴马大选已经进入了中期阶段。

对两位演讲人的反应说明了拉美裔群体存在着意识形态和地区上的分裂。干部会议上,年轻成员起立为米歇尔·奥巴马和斯尔达·索利斯鼓掌时,老成员却在袖手旁观。希尔达·索利斯曾在2001和2008年在美国众议院供职,代表加州第31和32国会选区,包括西洛杉矶和圣加百利山谷。她在加州的拉朋地长大,父母是尼加拉瓜和墨西哥移民。她曾深深地扎根在劳工运动中,因为父母曾是流动劳工的组织者,从小就让她接受积极分子的熏陶。当奥巴马当选总统时,她被任命为劳工部长,成为第一个供职于美国内阁的拉美裔女性。由于她在这两个群体中的组织作用,使她战胜了拉美裔群体中的一些分裂和地区差异行为。

谁是拉美裔?

美国人口统计局在确定美籍拉丁人时,需要确认他们讲西班牙语,还要看他们的出身和血统,究竟是来自于墨西哥、波多黎各、古巴、中南美洲还是其他西班牙语国家。就拉丁美洲人有许多不同种族背景而言,构成了社会的种族划分。美国2008年有4700万拉美裔人,64%西班牙裔是墨西哥人。另外约有10%是波多黎各人,古巴、萨尔瓦多和多米尼哥人各占3%。其他人还有来自中美洲、南美洲或其他族裔。但更重要的是4700万市民的阶层背景。

另眼看世界·当代国际热点解读

过去曾经分析过来自于美国不同地方的拉美裔人的分类。古巴革命发生后的数十年,迈阿密的难民是拉美裔最好战的群体,曾经出手援助过拉美裔的共和党和保守党。然而,波多黎各人和萨尔瓦多人不像古巴流亡者那样保守。民权革命期间,年轻的领主(波多黎各的一个激进组织)和那些黑人出于同样的理由来反对警察的残暴与对贫民的剥削。那些支持美国独立的波多黎各人被贴上恐怖分子的标签,被迫转入地下活动。随着时间的推移,像反对美国海军占领维埃克斯群岛一样,争取自我决定斗争的残余力量又在美国政治中出现了。

在拉美裔群体中,媒体操纵在自诩是白人的那些人手中。这尤其体现在《新奇》这部西班牙语肥皂剧中。打着反对黑人旗号的拉美裔保守党势力,他们这些"白人"宣称黑人不可能成为美国总统。但在年轻人中,却涌动着另一股浪潮,即"西班牙裔人要为民主党巴拉克·奥巴马和乔·拜登投票,而不要为共和党的约翰·麦凯恩和莎拉·佩林投票,2008年总统大选的最终结果超出了2比1,即67%比31%。"[23]

这些研究的其他重大发现包括:对拉美裔选票的影响是由拉美裔在移民问题上的激化所造成的结果。虽然民意调查人想把移民问题放在首位,然而在会议期间，人们在拉美裔政策论坛上的情绪表明，为了美国，也要和拉美裔交好。[24]

美洲和加勒比海玻利瓦尔联盟有个形象的比喻，即拉丁美洲民主思想和关系的蔓延激起了这个地区大多数土著人和非白人的愤怒，这些人一直在强烈反对殖民主义定居者留下的最后足迹。玻利维亚、巴拉圭、厄瓜多尔、尼加拉瓜和圣·文森特政府都加盟了委内瑞拉总统雨果·查韦斯发起的运动。

紧随奥巴马大选其后的是席卷整个拉丁美洲人们的巨大热情。在墨西哥，北美自由贸易联盟的全面影响、对毒品的斗争以及新自由主义政策都需要新的发展方向。国际政治未来的重组需要美国与其他国家之间的紧密融合吗？这些问题由于经济衰退而变得更加严峻，但在讨论这些问题之前，奥巴马必须当选，且为公开发动匡扶正义以及为"治愈"创造真正的条件而重新构思。

登记表与提名

周三下午的会议上，当奥巴马被列在点名册的党派提名人时，大会的老规

大变革:量子社会与乌班图

矩失去了许多戏剧性。点名的高潮使许多州退出，以便来自纽约州的希拉里·克林顿可以正式提名奥巴马为政党候选人。希拉里·克林顿刚从妇女集会的大型午餐会上赶过来，说道，"点名因我而推迟，对此表示感谢，我宣布奥巴马先生成为口头表决的政党提名人。"这一时刻造就了历史，人们正在呼唤着未来，当动议被通过时会场沸腾了，数百万人亲眼目睹了这一壮观场面。

正如希拉里·克林顿提名奥巴马一样，另一出戏剧在纽约代表团领导们的特别一幕中上演了。在数百万观众面前，另一位纽约州议员查尔斯·舒曼，纽约大会的发言人谢尔登·银以及纽约州长戴维·帕特森和黑人住宅区资深代表查尔斯·兰戈尔，都没有露头。此时对纽约州民主党机器的斗争正在全世界面前展开。奥巴马决定为了普选，会脱离许多州的政党机器。

提名演讲与候选人营销

奥巴马在丹佛提名演讲的场景和内容引起了会场周围人们的紧张和不安。作为一家营销企业，GMMB 表现突出并和奥巴马大选紧密合作。在奥巴马发表

主要演讲时，公关部搭起了巨大的台子。GMMB 的吉姆·马戈利斯研究了洛杉矶约翰·F.肯尼迪提名演讲的流程，并对舞台的搭建进行监督。至于支柱是建成林肯纪念馆的梁柱，还是建成巨型希腊寺庙的梁柱，对此媒体存在着分歧。

电视台搭建的外景棚，和那些人的狂热激情比起来就相形见绌了，因为人们想亲自参观景顺集团场地，即丹佛野马足球体育场。媒体报道了，奥巴马的提名演讲创造了拥有 84000 名观众的记录。据估计，另外 3800 万观众在美国 10 个频道同步收看这一节目。

估计能容纳 84000 名观众的体育场，大部分的入场券分给了预计到场的 3 万名代表、党派领导、记者等。其余的派发给通过网络、电话或者在大选办事处购票的那些人。西方的策略可以通过发票的工作体现出来。像南卡罗莱纳州的组织策略一样，这是另一个获取大选数据库信息的机制。逾半数的普通票发给了科罗拉多州的选民。其他票发给了临近各州的选民。

在这个历史时刻，奥巴马的演讲对外发布了。距小马丁·路德·金在华盛顿发表《我有一个梦想》的演讲整整过去了 45 年。这也恰好距埃米特·蒂尔在密西西比被杀 54 年。奥巴马并非没有意识到历史的重任，而是想让全体民众都能听到他的讲话。他不想掩盖未来的挑战，因此呼吁人们努力工作且具有奉献精神，并把社会对劳动阶级的关注作为中心。他还特别提到：

> 我们的政府应该为我们工作，而不是反对我们。它必须提供机会，不仅是为那些有权有钱的人服务，而是为了每一个希望得到工作的美国人服务。这是美国的承诺，这是为我们自己负责的主张，作为一个国家，既有繁荣也有衰落，我的基本的信仰是：我是我兄弟的守护神，我也是我姐妹的守护神。

结 论

奥巴马在 2008 年 8 月为未来作出了承诺，但就民主大会而言，过去和未来的担子很重。周四晚上奥巴马演讲后，大约有 10 万人拥到丹佛市中心，这一幕更像是众人在欢度狂欢节。体育场这边，成千上万人和另一个在公共场地收看演讲节目的成千上万人汇合到一起。人群很快就占据了整个街道，此时不同种族、阶层、性别和性别取向的人们混在一起，在共同争取城市的自由。这个星期以来，被边缘化的那些右翼新自由主义分子也在为反堕胎和反同性恋势力在大街上游行，但此时却被这一庆祝历史时刻的巨大人流所淹没。

1960年，在洛杉矶约翰·F.肯尼迪获提名的历史时刻，希欧多尔·H.怀特宣布，"美国政治大会成为一个把历史和决策直接地展现在公众面前的地方。"[25] 从非主流种族群体诞生的第一位候选人提名的坦率行为并没有输在任何评论上。许多人认为奥巴马是第一位被主流党派提名入主白宫的非裔美国人。

对于那些不能来到丹佛和亲历这一历史时刻的人来说，大选会在YouTube上滚动播出，节目是奥巴马大选所经历的"丹佛的四天"。

2008年的丹佛完全不同于1908年的丹佛。本章在开头就提到了美国多民族和多种族的未来。干部会议的突出议题就是新选举的构成，会议为努力实现这一目标奠定了坚实的基础。

在丹佛的有关商议和策划之后，奥巴马团队将会在11月份稳操胜券。它已经准备迎接2010年在德克萨斯州的挑战，这将是未来的信号。我们从米歇

大变革：量子社会与乌班图

尔·奥巴马和希尔达·索利斯的参与中看到，她们二人努力营造了党团会议之间的关系，尤其是妇女干部会议。米歇尔·奥巴马和希尔达·索利斯两人是未来黑人和拉美裔人联合起来的象征，但旧媒体依旧在叙述黑人和拉美裔人对抗的故事。民意调查人也就此对抗行为大做文章，联合两个被压迫民族的话题是关于呼吁他们要更加团结而不是搞分裂。

巴拉克·奥巴马和他的团队不知疲倦地努力工作，来保证大会不要成为未来历史上分裂和有争议的地方。议员爱德华·肯尼迪曾经从临终的床上爬起来为大会做演讲。因此这一讲话具有纪念和历史意义。

詹姆斯·卡维尔（前任克林顿大选经理）和在政治仕途上"螺旋式"上升的专家们，把开幕的当晚称作"虚度的夜晚"。卡维尔是照着政党机器的老剧本在演戏，他并未意识到社会能量的巨大释放会促使人民联合方式行动组织成为未来历史的注脚。民主党的重心已经从民主党领导委员会移开，转向了"年轻人面对老一代"和"青出于蓝而胜于蓝"的局面。媒体称这一代为"千禧一代"，还祝贺奥巴马成为这一代最佳的营销者。当这一年通用汽车走向破产以及银行业处在危机时，政治成为广告商第一大收入来源。奥巴马当选为"2008年度广

告时代最佳营销人。"[26] 对于麦迪逊大街上的这些势力，投票人就像是没有头脑的消费者。

约翰·康耶斯、芭芭拉·李、比尔·理查森、特德·肯尼迪和其他主要演讲人都一致呼吁团结。在大会上争得团结是以令人窒息的有关原则上的争论为代价的。奥巴马来到丹佛并没有强大的左翼支持。在团结势力的压力下，真正的探讨也进入了白热化，此时社会正需要新思想的涌现。这些远离摄像头的党团会议，开始了繁重的策划和策略制定工作。一股充满活力的干部会议力量以新的形象示人，促使主流的声音一致认为，"今天的民主党已不同于昔日失去两次总统大选机会的民主党了。它变得强大了、年轻了，而且看不到它与过去传统民主党利益群体之间的联系了。"[27]

虽然现在的政党要比传统的利益群体庞大，但不与这些群体斗争，他们是不会自动消亡的。打着落基山圆桌会议的幌子，一些人聚在一起来探讨改进新自由主义的解决方案，此时金融体系的崩溃要与金融寡头政治相决裂。保守党和汤姆·葛利沙诺以及T.布恩·皮肯斯这样的亿万富翁不想被这一历史时刻抛弃，所以他们动用百万资产来购买会议的看台席。对这些势力来说，变革是可以商议的。此时环保司法和修补那些救赎问题成为了中心议题。丹佛在模仿洛杉矶，但交通自动化的时代已经走到尽头。救赎和重建正义要展现所有的历史，社会只有这样才能痊愈。当拓荒者和三K党领导人的灵魂听到自己的名字被喊时，它们走进了会议中心。

会议一开始，《时代》杂志描述奥巴马时，把"治愈者"作为他的五大标签之一。丹佛可以被视做开始"治愈"的地方，因为当务之急是如何把目前的会议和摧毁美国土著居民结合在一起。针对中国修建铁路劳工的种族歧视和当代反对拉美裔工人的歧视呼之欲出。奥巴马并未准备谈论救赎，因为他的注意力放在赢得大选上，而且他不能提出匡扶正义的问题，因为这会疏远数百万曾拒绝承认过去种族灭绝的人们。民权运动组织之一——南方基督教领袖协会的约瑟夫·洛维利对指责伊拉克战争和对地球各民族人民犯下的罪行丝毫不感到脸红。洛维利发言时，波音公司负责招待早餐，并打算容忍他的参与，前提是军事工业中心能够继续维持下去。

下面是大企业的战略问题。如果企业正常经营的话，奥巴马就可以当上总统。打着寻求两党合作的大旗，社会必须对奥巴马的未来方向进行评估。但在他成为总统前，条件是必须赢得大选。举世瞩目的总统大选在丹佛全面铺开了，这是美国历史上前所未有的。我们下面要谈的就是，这一年来为大选胜利进行的第二次基层组织运作。

大变革：量子社会与乌班图

第七章 大选胜利的基层工作：挑战曾受伤害企业银行家的无情

银行体制对于我们这些主张自由的人来说，要比荷枪实弹的军队更可怕。
——托马斯·杰弗逊

这些罪犯拥有的政治权力，比他们在本国最高法律正常程序中所遇到的阻力还要大。
——西蒙·约翰逊

经济统治政治——由于这种统治，故而产生了不同形式的无情表现。
——谢尔登·沃林

著名政治战略家谢尔登在《民主集中制：被管制的民主和倒置集权主义的幽灵》一书中辩称，如果美国不用激进的方法来改变发展方向的话，它将会变成一个集权国家。由于美国社会的本质，沃林将其视为向着"倒置集权主义"发展的状态。最重要的是，这个分析说明了沃林把镇压非裔美国人置于朝着集权主义发展的中心位置。[1]

把美国社会变成畸形，这种固有的种族歧视问题一向是本书分析的重点。在乔治·W.布什政府统治的8年过程中，企业的无情在人们的面前展现得淋漓尽致。摆在社会面前的挑战是实施新政，以阻止轻率地向集权主义发展。因此，2008年的大选过程不仅是选票的问题，而且是关于无情是否会向更深入的程度发展这一更为严峻的问题。这是紧随金融危机之后的另一大挑战。目前的现状是，企业掌握着大量的权力，因此为争取大选胜利，基层运作的一些细节就体现了更为深远的意义。这尤其体现在南卡罗莱纳州银行家和保守派纷纷想建立沃林所描述的出自于本能的种族主义思想。

从各派反对势力的复杂原因看，他们都明白大选所处的危险，因此在2008年大选时，奥巴马阵营驱动的大量选民登记发挥了数百万选民和上千万新选民的作用。从长期的预选季来看,大选启动了美国总统大选以来最大规模的选民登记。丹佛会议上干部会议制定的组织工作计划在大选过程中被采纳了。数百万人走上前来,以至于专业人士和志愿者之间的界限被奥巴马支持者的热情淹没了。用《连线》杂志的话说,2008年奥巴马总统大选是"历史上所有总统选举中最复杂的组织设施"。[2]

许多创新力量都出现在国家的政治体系中。一队队信息畅通的志愿者和选民的参与证明了,轻率地采用无情的策略受到了极大的挑战。奥巴马团队鼓励志愿者把大选掌握在自己手中。[3] 奥巴马开创了让志愿者通过激励、尊重和信任独立完成工作的主张。从预选季到11月的普选,奥巴马阵营和训练课使尊重和信任的主张更加成熟。

这是一次用新策略和新战术来调动选民的大选,它凭借的是21世纪的社交网络工具。这些工具,如脱离现实,就不会成为今天的"转折点"和"关键时刻"。为大选而发动起来的基层组织对于改变政治大选本质的尝试非常关键。更为重要的是,基层运作采用了剥离技术,因此从选区到国家组织,一个州的大

大变革:量子社会与乌班图

选指挥和控制技术可以根据最适合当地的策略来进行调整。

大选中的基层运作是指,在他们的社区中调动基层和社区组织从事基层活动,如登记选民、统计选票并给选民在恢复真正的政治民主计划上打气。奥巴马大选把重点放在扩展选民范围上,这是打击现存权威动力的工作之一。大选谨记奥巴马的箴言,去除了红州和蓝州的区别对待。即使这一点很清晰,即纽约州、马萨诸塞州、加州和新泽西州都曾是民主党的州,但这些州的志愿者还是组成了他们自己的基层组织。像德克萨斯州、内布拉斯加州、乔治亚州和南方大部本应是共和党的地盘,在有目标的议会选区中,奥巴马基层运作却在变革大选上深谋远虑。为了在各地的基层中开展工作,需要一定程度的合作和组织,以前这从未在美国政治中出现过(除了军队的高级指令)。

在过去的40年中,政治顾问和广告商始终是大选的权威。专业广告公司用最新科技来加工信息,候选人经常是飞到一些地区,做一个活动演讲并给志愿者鼓劲。乔治·W.布什和卡尔·罗夫曾经把技巧性的广告融入了活动演讲,被调动的基层志愿者受到了这些制造分裂话题的感染,如堕胎、同性婚姻或者原教旨主义的信仰。这个策略要求选民必须无知透顶。

奥巴马一线组织的自愿付出需具备高度的政治和文化素养，并且不被种族主义和一些鼓励分裂的话题所感染。奥巴马深入分析了民众的情绪，鼓励这些运动不仅要调集数千万新选民登记入册，还要让他们参与投票。2008 年 11 月的投票是一次点燃希望的活动，正发生在金融体系内部崩溃的时候。奥巴马大军的一线人员都经过非常复杂的选民教育训练，并且在向选民传递信息，以帮助他们在选举发生问题时努力达到军事化的标准。

一线志愿者大军希望成为训练有素并在政治及经济社会现实中得到锻炼的人。组织者阅读地图的技能必须是一流的。在挨家挨户的联络，以及邻里之间的沟通和全国的专业网络中，满怀热情的市民之间构成了一个新的循环链接。例如，佛罗里达州有 15000 个由邻居组成的小组和 500 名付酬组织者一起工作。佛罗里达州这些组织者只是大选中 6000 名受雇人员的一小部分。引人关注的是，这些全职组织者中的 95%年龄在 30 岁以下。[4]

由年轻人监督和管理的邻里之间的网络融进了交叠的网络，对大选来说，这个网络充满了强烈的反战情绪。为了深入全国的小镇和小村庄，这些一线人员不仅有机会接触新选民，而且深入社区中——在饭馆里与居民一块用餐，在酒吧谈论一些话题，并对小镇的经济产生影响。通过这种方式，可以迅速对种族主义观点给予反驳。沙拉·佩林曾叫嚣奥巴马不是美国人，其背后的含义就是说他不是白人。佩林和共和党藐视奥巴马作为群体组织者的经历，但在 1992 年奥巴马利用计划投票数方案努力为新选民登记的那一刻，已逐渐成熟的多种族意识和民主本能终于结出硕果了。[5]

本章中使用的"一线运作/基层运作"结合了普通市民的向心性，尤其是作为大选志愿者的这些"被激发的年轻人"。在本书前面的章节，我强调了利用网页 2.0 科技可以使奥巴马预选变得与众不同。然后我把组织如何与古典音乐以及爵士乐结合在一起进行了比较。古典音乐指奥巴马运作时的自律、监督和系统的指挥结构。在这样的情境中，爵士乐是指奥巴马志愿者和支持者的即兴、自发和热情。

我还想强调的是，乌班图作为基层运作的中心作用，乌班图互动网络甚至调动了志愿者团队的科技悟性。拥有零选民的这些团队使用谷歌搜索引擎技术，目标是以个人好恶为广告定位。大选能够开发选民的个人资料，包括职业背景、信用卡使用情况、汽车车主、杂志订阅以及通过挖掘交易记录而储存的信息等。从这些数据中，奥巴马大选志愿者可以接到详细指令，如拜访谁，包括当地地图和行走的路线，以及每一个未来选民最关注的话题。这使得每个普通的奥巴马支持者的背景都非常复杂。

为了总结 21 世纪政治的主要教训，我们需要深入调查北卡罗莱纳州的大选情况。第一个教训是研究与政坛人士打交道的重要性。政治顾问和采用量化方法的社会学家试图把政治问题转化为对选票和选举行为的统计测量，而不涉及大多数人被剥夺选举权的基本问题。[6]

第二个教训，媒体已与政治权威在某些问题上达成了联盟。第三是政治家对种族歧视和种族主义的高度容忍。大选周期中，奥巴马在费城的演讲表明，将有一个候选人不回避社会中的种族歧视问题。

在旧联邦中，奥巴马的组织对县里许多市民前所未有的参与度开了绿灯。半个世纪前的体制就规定黑人无权参选，就更别提总统竞选了。北卡罗莱纳州、弗吉尼亚州、佛罗里达州以及南方的深部都开始厌恶本杰明·蒂尔曼和杰西·杰

大变革：量子社会与乌班图

克逊。民权革命现在开始进入了下一个阶段。民权运动的后代现在都长大成人了。新的网络也正在加强，大选也从女性、年轻人及和平运动积极分子网络中收获很多。

奥巴马大选拥有三个数据库，这是美国选举和社会前所未有的高智能时代。总统基层大选中的智能选举系统从根本上改变了政治的平衡（如果只是暂时的话）。面对选举中的变化，金融寡头政治试图扩展它的政治势力，财政部长亨利·保尔森成为"危急时刻国家真正的领导人"。[7]其他作家把这一历史事件的转折称为"政变"。

9 月份的一系列事件都发生在雷曼兄弟投资银行倒闭之后。西蒙·约翰逊，作为国际货币基金组织的前首席经济学家，将其称为"一个平静的政变"。[8]其他议会代表把银行家称为罪犯，要求降低他们的权限。民主势力和金融寡头政治之间的冲突成为 2008 年美国政治大选的突出特色。冲突的这一刻是"没有关联的、不同的起点似乎都汇聚在一起，来巩固相互的势力"。[9]

2008 年 9 月 15 日将被载入史册并成为美国政治、经济上的一个转折点或戏剧性变化的时刻。转折点是一个数学术语，已经进入我们的日常生活。它专

指改变我们思维和行动的事件。我们对革命时刻的分析,是想抓住政治和社会斗争的演进过程。它来自于华尔街寡头政治的权力掌控,此刻正面临着美国投资银行的内部崩溃和国际金融霸权的瓦解。安德鲁·罗斯·索尔金在《它太强大了,不可能崩溃》一书中,把这一时刻用一句话总结出来,称它是美国资本主义未来的关键时刻。但既不是索尔金也不是电影制作人麦克·摩尔在以下这两者之间建立了重要联系,即为了改变社会中优先权的未来,2008年国家精心策划的干预程度与让一个受教育的人群给予强有力干预的可能性。对一个已经失败了的经济模式予以支持的这种阴谋将会退出历史舞台,这是美国一个真正的转折点。

本章寻找的是2008年9月15日大选的转折点和美国高风险权力斗争之间的交叉点。围绕着整本书,我探讨了所面临的种族歧视、性别歧视和环境破坏的资本主义现实。当共和党在大选的游说过程中带有一种明显的种族主义,并声称奥巴马不是美国人时,金融贵族们纷纷随声应和。财政部长亨利·保尔森从不良资产救助计划中抽调万亿美元公共基金对银行实施紧急救助。奥巴马上任第一年末,投入23万亿美元来拯救银行家。9月份发生金融突变后,求助的资金超过了7000亿美元。一年前它向新闻媒体披露的消息,后来证实不良资产救助计划的文件是2008年4月签署的,当时保尔森正在等待金融巫师把人们吓跑那一刻的来临。[10]当保尔森和他的助手设计资助金融寡头政治时,保尔森的一个助手平淡地说,"你只有把人们的屎吓出来,才能奏效。"[11]

这是经过精心策划的恐吓,暴露了金融部门的无情和令人恐惧。证券市场创下了道琼斯工业股票单日最大跌幅。美国经济中老牌投资银行消失了。美林证券不再是一个独立实体。2008年初,5家大投资银行中有两家(贝尔斯登和雷曼)彻底消失了。剩余的3家中,一个被美国银行收购了,另外两家是高盛投资公司与摩根·大通银行,也变成了银行控股公司。

这些变化要求对21世纪经济的未来展开深入的探讨。然而社会的这种复原行为发展得如此迅猛,以至于"紧急救助"不可能成为大选过程中的首要问题。尽管西蒙·约翰逊使用了"政变"这个词,但他并不知道这次政变的主角是谁。亨利·保尔森是为银行家打头阵的。高盛投资公司首席执行官劳埃德·布兰克芬是9月份干预活动的直接受益人。他宣称是在做"上帝的工作"。亨利·保尔森，作为前高盛投资的首席执行官，他运作的环境使银行家的梦想超越了社会上的一切。[12] 大选后，使危机得以沉淀的一些势力又露头了。其实就是华尔街上的那些权贵们。劳伦斯·萨默斯和蒂莫西·盖特纳在奥巴马内阁的升职，本身就说明了无形金融贵族势力的强大。然而2008年当人们对财政进行监督和预测时，斗争的残酷性被不断激化。虽然争论主要集中在奖金上，然而早有预谋的新闻报道把它称为"金融衍生品"，这引起了死气沉沉的金融界新的兴趣。

当托马斯·杰弗逊写下"金融体制远比荷枪实弹的军队更可怕"这番言论时，美国银行系统在国际金融体系和国际洗钱中所陷入的一片混乱很久以后才发生。

罗纳德·里根执政以后，经济的金融化为经济活动的新框架奠定了基础。一个接一个泡沫，投机占据了生产、创新和改善人类生活的工作领域。当美国证券市场成为被称作"金融衍生品"这种新的外来产品交易平台时，金融服务业成了经济世界的统治力量。这对于高级赌博来说是一个富有想象力的名字。创造这些新"投资渠道"的电脑巫师们被称为"金融工程师"。投机商控制了"投

大变革：量子社会与乌班图

资"银行家领域。只有在军事和金融策略支持下，美国公司才能够拓展海外业务，因此美国的跨国企业会加入这个支持的新行列。风险是相伴而生的，然而军国主义者鼓励冒更大的风险。当美国金融帝国有广泛的军事基地做后盾时，银行和荷枪实弹的军队纷纷加入了进来。

当反对伊拉克人民的战争打响时，科技部门的资本家依旧保持沉默。控制微软和谷歌这些大公司的资本家也和军国主义沉瀣一气，社会此时还在为付给这些"管理层"的巨额报酬而唱颂歌。令人不解的是，什么样的工作能使一个人拿到每年1亿美元的薪水？这些势力在2008年大选时花费了3200亿美元来游说美国政府代表。银行家、房地产交易商、医疗保险管理层、制药企业、军备物资制造商和石油企业管理层在政治中是主力。2008年9月到12月，美国市民得到警示，要密切关注这一事实。他们别无选择。成百万人失业，又有数百万人无家可归。大选中探讨的这些问题将会不断变成资本主义的未来。

本章以9月那一幕为开篇，并探讨华尔街巨头的机器化过程。雷曼兄弟公司在奴隶制时代就已经存在了。雷曼兄弟的倒闭隐含着美国银行失败的循环过程，但在所有想亲眼目睹这一过程的人们面前，此规律造成的意想不到的结果

将会变得逐渐清晰起来。有关银行危机的报道在主流媒体视线之外。从"沉默的政变"的分析中，我们将转到北卡罗莱纳州基层运作的探讨上。

9月的时刻

民主党和共和党会议在2008年8月召开之后，大选被金融危机和致使数百万人失业的经济衰退蒙上了一层阴影。金融崩溃的细节渗透到了民众之中，这摧毁了数百万美国人生活的虚幻世界。在离大选日还不到8周的那一天，财政部向银行强行注资万亿美元，此时全国上下一片恐慌。为了击退大萧条以后最严重的金融危机，政府于一年后又继续对其实施干预，承诺注资多达13.2万亿美元。

2008年大选结束数月后，作为美国众议院资本服务小组委员会主席的众议员保罗·坎乔斯基，在有线电视公众事物网络上说，面临经济问题的，不仅是美国，而是全世界。这是"银行电子系统运行"的结果，因为它会导致"一两

另眼看世界·当代国际热点解读

个小时"内多达5500亿美元的蒸发。他还说，

> 财政部伸出了援手。他们向银行系统砸下了1050亿美元，而且迅速意识到此时别无选择。我们的银行现在是电子运行系统。他们可以决定关闭运行，关闭现金核算，宣布每个账户必须有25万美元保证金才能避免引起社会恐慌。这确实发生了。如果他们不做这笔预算的话，到那天下午的两点钟，将会有5.5万亿美元从美国现金市场被提走，那将会使美国整个经济崩溃，24小时内全世界经济也会遭遇灭顶之灾。

这是多么可怕的预测："这将是我们所了解的政治体系和金融体系的终结"。那么这为何没有成为大选的中心议题呢？在有关奥巴马大选及其胜利的不下20本书中，只对保尔森、盖特纳和金融巫师们有过蜻蜓点水般的描述。从悬崖边退回后的一年多里，同样是这些银行家和金融家们，又创造了新的外来产品和创新产品。政府内外的许多经济学家要求对银行实行严密的监管，甚至要求对其国有化。[13]国有化是一条可行之路，它可以驱散全球金融体系和全球毒品交易内在联系的阴云。根据联合国毒品和犯罪办公室报道，这些银行为国际毒品卡特尔洗钱多达5000亿美元。[14]20世纪90年代，储蓄和房贷丑闻发生

后，一些监管者把银行在毒品交易中所起的作用提到议事日程上来。从事毒品交易银行的私密性紧随数万亿美元衍生市场上银行的私密性。[15]但从那时开始，一直持续到现在，银行家的政治权利还是压倒了一切，以至于认真尽职的公务员从岗位上被开除，取而代之的是为金融机构服务的政府官员。[16]一名记者曾提到，作为其中的一家银行机构，高盛投资是"全球资本主义制造的最快的赚钱机器，有些人说，它的政治权力远大于政府"。[17]

9月时刻这一幕体现了银行家比政府的权力还要大。然而金融部门活动的规模和本质依旧因为媒体与欺骗的串谋而隐藏在社会背后。这是许多作家得出的结论。他们曾撰写过金融部门的政治权力如何像章鱼一样使社会窒息。记者麦特·泰比把高盛公司形容为"一个巨大的吸血鱿鱼环绕在人们周围，残忍地把它的吸血触角伸向任何带有铜臭味道的东西"。许多21世纪面临的挑战是要如何挣脱"吸血鱿鱼"的束缚。[18]

泰比在他的文章《美国巨大的泡沫机器内部》中陈述，银行是如何从网络泡沫、房屋泡沫和商品泡沫中获得收益的。这些作者目睹了证券交易委员会的

大变革:量子社会与乌班图

不称职行为，但并没有理解民主参与和民主行为的全部政治内涵。[19]

有关乔治·W.布什总统大选的一些书籍和文章写道，布什不明白事情究竟如何进行，并不断重复"经济的基本原理是非常强大的"。[20]他所指的基本原理是金融寡头政治的权力和对利益扩散论主张的信仰。在此箴言后面是这样的现实，经济由美国军事支持，而不是生产、交易、服务业之间的关系，如教育、良好的医疗保障、一个洁净的环境和住房的支持。政治是由有组织的利益群体控制的，简言之，就是掌控在金融资本家手中。

无情与鲁莽

虽然很多作家都对缺乏监管非常重视，但还是出现了监管规定的缺位。这不是偶然的，而是从政治和军事与金融部门、军事工业部门、国际贩毒和政体高层之间的内在联系中产生的结果。"联邦调查局特工在为银行加班工作，为套保基金提供咨询"，在衍生市场上运作的那些私人军火商和《财富》500强名单上的顶尖人物把军事和银行连在了一起。当埃蒙·贾维尔斯披露联邦调查局特

工为银行工作时，他把这些勾当视做作品的素材。[21]

自大、贪婪、鲁莽、篡改和卑鄙是操控欺诈行为政治的关键词，它与一些描述傲慢的金融部门和军事工业中心的书名有关。[22]

2008年美国国际集团倒闭之前，它已经成为华尔街权力错位的象征。在公布它的保险、转保和衍生业务之前，若用资产价值来衡量，则美国国际集团是世界上最大的保险公司。它在世界《财富》500强排名第9，2007年的收入是11亿美元。2008年9月，三A评级下降后，当它把信用违约互换销往世界各地银行时，连抵押品都拿不出，因此为了抢在倒闭之前，它被迫接受大量的联邦紧急救助一揽子计划。[23] 联邦紧急救助一揽子计划本身就是美国国际集团背后政治势力的佐证。

在有关美国国际集团诞生和演化的历史记录中，罗恩·谢尔普总结了创始人科尼利厄斯·斯塔尔开展的活动和二战时期的经济运行。[24] 现有的大量证据和文献表明，斯塔尔与政策服务办公室的比尔·多诺文有瓜葛。这些非机密性文件揭露了保险情报单位的巨大秘密。它是政策服务办公室的一个组成部分，

另眼看世界·当代国际热点解读

也是联邦调查局的前身。

2008年美国国际集团倒闭前，它是从斯塔尔建立的业务中成长起来的，在信用违约互换市场的连锁经营中成为了行家。从它在亚洲起家开始，美国国际集团已经从一家小保险公司成长为涉足金融服务、资产管理、人寿保险、退休服务和普通保险业务的国际大企业。它的国际业务随着美国跨国公司的扩展在不断升级，这个保险业巨头兼并了国际租赁金融公司。这次兼并发生以后，美国国际集团成为世界上最大的飞机出租人。它把飞机制造商和顶尖的高层、名人、军队和银行家联合在了一起。在主席和首席执行官莫里斯·格林伯格的领导下，美国国际集团的运作达130多个国家：

> 当公司发展时，它转让了这个由政治开发的高度发展组织。第一步，
> 无论可能与否，都要培养与政治领导之间的关系。第二步，通过孕育
> 与美国外交政策部门更强大的关系来加强它在国外的影响。其中表现
> 之一就是格林伯格在纽约对外关系委员会上的领导作用。[25]

从保险业来看，当伦敦分公司为"债务责任抵押"提供担保以后，美国国际集团已经陷入了金融商品业之中。在为衍生品担保的这个透明世界里，世界

经济把无情和鲁莽交织在了一起。[26]

2005年格林伯格在任美国国际集团首席执行官一职20年后,被迫下台,此时纽约司法部长启动了对他的调查,最终结果是美国国际集团接受了16亿美元的罚款(税后是11亿5千万美元),一些高管接受了刑事诉讼。2008年的金融危机中,美国国际集团不仅因为是倒闭中的最大企业,而且因为它的失败揭示了其与外交政策部门的紧密关系。《华盛顿邮报》和《纽约时报》成为直接批评美国国际集团鲁莽行为的报纸,但这些相同的新闻机构是自由主义知识和意识形态领域里的动力,尤其是当美国国际集团赞助出书和支持"解放服务贸易"这样的知识分子活动时,报纸对艾伦·格林斯潘极尽溢美之词。

衍生品、政治与无情的世界

在凯雷集团这样的实体中,从事华尔街"私募基金"业的军事工业家们现已在公司中安置下来,可以用"铁三角"这样充满想象力的名字来掩盖它们与

大变革:量子社会与乌班图

实际操作者之间的关系。[27]当奥巴马政府签约同意帮助政府"对贝尔斯登、美国国际集团和花旗集团繁琐的拯救计划进行管理"[28]时,市民很少能够意识到资产管理和金融服务部门黑石集团、投资管理公司贝莱德集团及军事工业中心之间的关系。

对于把信任寄托在金融体系的普通市民来说,他们并没有意识到危机的程度和其真正的影响,华尔街的巫师们想象出了新的"产品"。盈利并非来自于对生产企业的放贷,而是来自于国外产品的交易上,基本上说靠的是赌博业。2009年中期,在"金融体系崩溃"不到一年里,金融寡头政治又犯了他们自大的毛病,以至于在他们新的化身中,"投资银行"将旧的抵押证券进行了包装,把它们当做新产品出售。这个计划类似于2007—2008年倒闭时的主要原因,即复杂的投资一揽子计划。为了破坏工人阶级心目中社会的重要性和政治影响,一个以掠夺者形象出现的国家,在这个充满自由市场经济和竞争幻想的社会使这个神话合法化了。[29]

1989年,《骗子的戏法》的作者麦克·里维斯印证了,银行的孤注一掷是如何出自于"一块布料,却摇身一变为一百倍布匹"[30]这一魔法的。在前面的

章节有关预选季政治和经济之间关系的论述中,我们注意到了各式各样的名字,它们都贴上了跟债务责任担保和其他衍生产品操作有关的标签。

随着这20年由国家出面支持来承担风险的历练,人们了解到不存在任何资产来支持这种赌博方式。20世纪90年代所承担的风险已经达到了一个新的高度。这些衍生产品好似沃伦·巴菲特所说的"金融大规模杀伤性武器"工具。通过观察,对2008年这些银行之间内在关系发表评论的作家评论道:

缺乏监管的592万亿美元市场的场外交易,相当于美国经济总量的41倍,为银行交易提供了大约一半以上的收入,它们从未经历过华尔街大公司破产的境遇。[31]

衍生品市场说明这是一条通往经济统治政治的道路,表明了它是华尔街寡头政治的"隐藏势力"。[32]它是一个双赢局面,因为像美国国际集团这样的保险公司已经融进了这个衍生品市场。信用违约互换是保险类的合同,使消费者不要幻想对承担的债务责任欠着不还。2003年,巴菲特警示说,"一些衍生品合同像是由'疯子'设计出来的。"无论是否有人发疯,证券交易委员会和美国财

162 另眼看世界·当代国际热点解读

政部之间的共谋确保了"金融改革者能够创造新的产品和市场,然而没有任何人想到它会造成更恶劣的金融后果"。[33]

金融化和证券化使用更为复杂的金融工具,使其投入在金融服务业中,以至于确实伤害了投资者,而且破坏了数百万美国人的正常生活并殃及了全世界。从爱尔兰到拉脱维亚,从冰岛到希腊,来自于新自由主义的浪费和残杀行为激发了新的政治承诺。在冰岛,国家被强制实行国有化。当社会被迫实行犯罪调查、加强监管、重新提振经济信心并肃清寄生的银行家时,新的领导人出现了。

美国金融部门和政治权威们的寄生状态意味着,金融要人已经从经济中等阶层一跃成为政治体系中的重要人物。[34]经过记者的调查和勤奋的议会代表的监督,更加让人心明眼亮。2008年9月11日在几近破产的银行基础上竞选,是美国政治斗争更激烈的一部分,为的是巩固银行家和金融服务业的地位。

当人们了解到不良资产救助计划可以拯救银行家这样一个骗局时,这促使一些美国进步政治家呼吁,需要紧急救助的应该是工人,而不是银行。但在这一特别恐慌的时刻,紧急救助工人的呼声类似于旷野之声,无人响应。

"银行电子运作"开始半年前,投资银行贝尔斯登的破产就被亨利·保尔

森指挥的"救助"计划解决了。利用他所在部门的权力,即处在官僚高位的高盛公司众多男校友之一,保尔森安排联邦政府为贝尔斯登的不良资产担保了290亿美元,为的是把公司出让给摩根大通银行。一些金融作家称这是一个礼物。众所周知,贝尔斯登倒闭后,雷曼兄弟成为陷入麻烦的又一家投资银行。

雷曼兄弟和其他许多银行家一样,把大萧条之后一直实施的规定抛到了脑后,却为杠杆所起的作用而感到欣喜若狂。领退休金的人们和把储蓄从香港转到伦敦的储户中,它已经成为家喻户晓的名字。雷曼从棉花生意做起,到从南方奴隶制中渔利,它已经在资本主义垄断时期使自己的力量得到了扩充,并在二战后以一个庞大的军团崛起。雷曼是长期与奴隶制救赎作法律斗争的银行之一。[35] 当雷曼的高层因为在非裔美国人奴役中所起的作用而致歉时,引起了其他银行家的愤怒。在美元成为世界贸易货币后,这家公司引领着美国势力扩张的潮流,并在投资银行、普通股和固定收入销售、研究和交易、投资管理、私募基金和私人银行中从事业务活动。

大变革:量子社会与乌班图

类似于经济恐怖主义的金融化

当股票卖出者对雷曼公司的未来下赌注时,银行高层由于更多的借贷,承担着更大的风险。当抵押危机于2007年8月以后全面曝光时,银行的杠杆比率飙升到44比1。在股票下跌时,财政部召开了许多会议来拯救雷曼公司和其他处在危机中的实体。到8月末,这些会议也没有得出能够拯救体系的任何结果。这只有等待历史来说明是否银行的电子运作需要重新设计。因为许多作者强烈地认为,雷曼公司的失败是源于被设计成了另一个震惊整个体系的无情策略。[36]

8月期间,奥巴马大选拉动了创纪录的6600万美元资金的消费,约翰·麦凯恩借用名人帕丽斯·希尔顿来攻击奥巴马,因为当大多数市民注重节俭时,她却把钱挥霍一空。共和党必须寻找一些恐怖的手段来吓唬人们,因此把奥巴马称为"一个恐怖主义的热心者"。"由于白宫中一些人的失望,因此他们推测是否会有一次恐怖袭击来改变大选。"[37] 凯文·菲利普斯早在2002年就对恐怖主义所造成的混乱提出过警告,他写道:

一场新的美国反恐战争会进一步加强一种可能性,即美国政府对保护财产的关注会以牺牲民主进程为代价,它可能还会指责恐怖主义,而不是经济困难时期的缺陷。还有一种可能就是20世纪80年代和90年代——许多收入和债务都被证券化了,并依赖电子化,把证券市场升级为商业的核心——这就促成了以前大国从未面临过的一种新形式的经济恐怖主义和冲突。[38]

菲利浦在把美国的金融化比作"经济恐怖"时心知肚明。这个术语曾在20世纪80年代被左翼进步分子使用过,用来形容中美洲对贫民的战争。[39]爱德华·赫尔曼也用了"经济恐怖主义"来形容政府的新自由主义政策。[40]2008年大选期间,美国政府高层内部又恢复使用了"恐怖主义"这个名词。当马特·拉蒂莫听到白宫中关于"恐怖"袭击的谈话时,他低估了保尔森机器里面所描述的同样的恐吓手段。他此时还不明白"恐怖主义"是以针对贫民的经济战为基础的。

当抵押危机的细节在2007年的公开场合浮出水面之后,因为人们对监管的强烈要求,大投资集团的内部人员承担着更多的危险。对与次贷危机有关的外部工具而言,雷曼是顶尖革新者之一。这是一家从19世纪直接参与奴隶制到21世纪站在经济恐怖主义前沿的公司之一。在恐怖主义和恐怖主义分子的世界里,很难在牺牲者和侵略者之间划分界限,因此2008年轮到了雷曼公司变成了恐怖主义分子。它的股票渐渐地从2007年顶峰时的82美元一股下跌到2008年9月的16.13美元一股,10天之后又跌到3.65美元。9月14日,一个周日的下午,雷曼兄弟的股票只值3分钱。正是在这种环境下,保尔森拜访了重要的人物,提醒他们从这种经济传染病中解脱出来。这种传染病从贝尔斯登波及到雷曼,现在到高盛、摩根大通银行和美林证券。美国现在5家最大的投资银行都将成为历史。

安然公司的腐败和贪婪披露后不到10年,2008年9月的灾难就向美国民众展示了商业贵族是如何保护他们的财富并使用权力的。自从里根时代和银行家滥用权力以后,雷曼的首席执行官理查德·福尔德虽然对内部交易的历史非常了解,但他并没考虑到美国天性的凶狠和"合理的利益"与恶意的竞争二者之间危险的融合。对福尔德来说,财政部长出手"拯救"贝尔斯登后,按理说政府也应该出手拯救第 4 大投资银行。

众所周知，不可能掩盖银行系统的全面曝光。亨利·保尔森是财政部一位未通过选举的官员及高盛的前首席执行官，他把银行家召集在一起来拯救目前的困境。在利益争端白热化和危机最严重时，保尔森为了和高盛高管面对面地交谈而设计了"弃权"，有关这方面的信息现在逐渐地被披露。保尔森拼命地把雷曼推给巴克莱银行（一家英国银行），这是另外一家在非洲奴隶制时发展起来的银行。[41] 当保尔森给伦敦的伙伴英国财政大臣达林打电话时，达林告诉他不想把美国的毒瘤输入进来。[42] 处理这个毒瘤占据了财政部太多的时间，一直持续到 2009 年 1 月。历史现在表明，2008 年 9 月 11 日银行的电子运作只是银行家政治盔甲的一个"叮当"声而已。从英国到韩国，保尔森四处寻找目标国，为的是引诱其他政府卷进美国金融寡头政治的经济危机中。

亨利·保尔森与 9 月时刻的戏剧性场景

大变革：量子社会与乌班图

如果说政治喜剧的第一场第一幕是贝尔斯登倒闭和耶利米·怀特穿插表演的话，那么第二场第一幕就是由银行的电子运行引起的恐慌，以及美国已经走到了"我们所了解的政治体系及经济体系的尽头"这些私下议论给九月造成的恐慌。[43] 这一周戏剧的第二场第二幕是关于高层银行家在 9 月 11 日到 14 日周末的会面。我们现在了解到，世界上最有权威的 24 个银行家，是在 2008 年 9 月 13 日被财政部长亨利·保尔森和纽约联邦储备银行总裁蒂莫西·盖特纳召集到一起的，是为雷曼公司设计拯救计划，然而却忙得没时间去关注将会出现的更大威胁。[44] 到周六上午，其他投资银行也想寻求财政部和纽约联邦储备银行的庇护，因为它们共谋要给美林、摩根大通和高盛庇护。

保尔森非常焦急地要在 9 月 15 日，也就是周一上午亚洲证券市场开盘前去完成一笔交易，那是纽约的 9 月 14 日晚上。到周日晚，危机管理系统已经被关闭了。现在需要重新洗牌，就是美林公司被美国银行收购了。数月以后的 2009 年 2 月，美国银行的首席执行官肯尼斯·路易斯在司法部长面前证明，保尔森和联邦首席调查员本·伯南克"鼓励"（有些人说"共谋"）他"对美林银行深重的金融危机保持沉默"。[45] 2008 年 9 月 15 日上午，雷曼兄弟根据经济法第 11

条向政府申请了破产保护,这标志着美国历史上最严重的一次破产。报纸披露巴克莱银行的鲍勃钻石出资"收购了"公司盈利的部门。[46]

2008年9月15日以后,很明显旧时代已宣告结束。通过国际金融体系,雷曼破产和美林银行被收购所引起的反响产生了瀑布效应。

当雷曼公司的商务票据市场被冻结时,它的倒闭造成了意想不到的后果。媒体向公众披露,亨利·保尔森努力引诱巴克莱银行和美国银行上钩来收购雷曼兄弟。描写它倒闭原因的书籍五花八门。[47]有些作家说雷曼成为震慑金融体系的牺牲品,还有的说雷曼必须倒闭以此来拯救美国金融服务部门。据媒体公开的一些文章报道,雷曼公司与潜在买主的谈判一直持续到周末。雷曼倒闭一年后,清晰地表明了它崩溃的这一幕是精心策划的,是为了巩固银行家政治地位的策略。

政变的要素

约翰逊披露,借助于一种积累文化资本的信仰,金融服务业的胜利源于掌握政权这样的一个事实。9月初到9月末,这种即将展示的政治和文化力量会让市民落入亨利·保尔森的骗局:对华尔街有利的就对美国有利。

西蒙·约翰逊在他的作品《大西洋》中,并没有提到黑石公司和全球私募基金投资公司凯雷公司之间的关系,也没注意到与媒体的这种关系说服了美国民众,即大金融机构与自由流动的资本市场对美国在世界上的地位非常重要。

沉默与政治

第一个感到金融崩溃与"沉默政变"压力的候选人是约翰·麦凯恩。在大选期间,麦凯恩不断重复共和党阵线的标准,即政府应该对经济采取不干涉的态度。麦凯恩阐明,美国工人阶层每天关注的焦点是怎样地脱离现实,他甚至在竞选游说之行时说,都不知道究竟有多少个家乡了。在共和党大会和莎拉·佩林当选副总统竞选伙伴时,共和党似乎因佩林具有"基层和民间"的风采而充满了力量。民主党暂时给她冠以"飓风莎拉"的称号。然而雷曼破产和证券市场崩溃两天后，约翰·麦凯恩还是利用了布什阵线所谓的"我们的基本经济原理是攻不可破的"的口号，尽管他把其描绘成"我们金融市场和华尔街上最剧烈的动荡"。

雷曼倒闭及长期有关拯救破产银行的探讨之后，保尔森紧接着就在代表中制造恐慌，他提醒道，如果紧急救助法案不通过的话，那么只有动用武力才能解决了。

在国家的这一特殊时刻，当市民的不安所构成的威胁被用来强制国会议员就范时，很明显，保尔森和他的密友起着统帅的作用，因为那时的乔治·W.布什总统不知道政府究竟要做什么。在《沉默》中，拉蒂莫写道：

> 总统身边的一位成员非常焦虑地把我们几位拉到一边。他警告说，"总统误解了这一提议"。"他脑子出了问题。……不是因为总统不知道他的政府想要做什么。似乎是财政部长不知道，还是说改变了主意，抑或是误导总统，还是三者兼而有之。"[48]

当拉蒂莫写此书时，保守党勃然大怒，但我还是要在此强调一点，即大多

大变革：量子社会与乌班图

数政党不知道他们正在做什么。有一些代表反对直接通过这项法律。马尔西·卡普蒂尔（D区-俄亥俄州）是美国为数不多的把整个运行称为犯罪的众议院成员。她在众议院演讲时宣称，

> 我向美国人民传递的信息是不要让议会取消这个交易。高级金融犯罪会为此承担义务。
>
> 正常的立法程序被搁置了起来。只有几位局内人在做着这笔交易，对我来说像是在做内部交易。这些罪犯都拥有强大的政治权力，以至于关闭了这片国土上最高立法机构正常的立法程序。
>
> 为保护和捍卫这个共和国国家，我们要作出彻底的承诺，反对所有的敌人，无论国内还是国外。我的朋友，要警惕到处都有敌人。

虽然是后见之明，但趋于明朗的是，保尔森自己和银行家们也不知道结果会怎样。保尔森只知道动用权力来支持金融寡头政治。他们在操纵着总统、公众和议会。

戏剧的第三场是关于华尔街在商务票据冻结时所引起的骚乱。一周之内，美国政府开始叫停现金市场的基金提取，导致了价值1.6万亿美元工业的衰退。

这是 13.2 万亿美元中的一部分，这笔资金原本是用来兑现击败大萧条以来最严重金融危机的。金融政变的这三幕戏剧使大选走了回头路。上演剧目的那一周，正处在美国展开斗争的途中，麦凯恩和奥巴马的辩论第一次达到了白热化。9月这一刻到来之前，作为有经验的候选人和已被公认的领导人，麦凯恩充分展示了自己。奥巴马在危机时表现得非常淡定并"具有总统气质"，但同时被强迫捍卫资本主义的未来。在此期间，金融新闻充斥着有关资本主义未来的大量报道。奥巴马在这三轮辩论中不得不维护资本主义的利益，为的是减轻他在竞选之行中被说成社会主义者而引起的恐惧。当他就提升社会财富需求进行演说时，佩林称奥巴马是"一个社会主义者"，与恐怖主义分子是"好朋友"。另一位共和党代表称 2008 年选举为"社会主义的公民投票权"。[49]

奥巴马与总统大选

当共和党大选在"转折点"崩溃时，奥巴马的总统大选依旧需要向市民表明，民主公开的可能性依旧存在，市民可以参与新形式的大选。从奥巴马面对的军事管制和可能的恐怖袭击这些话题来说，9 月时刻是非常典型的。后面，我们将会从前州长汤姆·里奇那里得知，他被迫在 2004 年乔治·W. 布什再次竞选前夜对人们提出了安全警告。[50] 出于政治目的的安全信息管理和奥巴马大选的主张不谋而合。大选团队的信念是，奥巴马将会以坚定和总统的风范示人。这种坚定也是为了回应关于奥巴马同情恐怖主义和过去与"恐怖分子过从甚密"这种反对他的类似言论。在金融领域刚刚出现下滑的一次大选集会上，莎拉·佩林说，"我们的对手……把美国看作是不完美的，以至于与那些把自己国家当做目标的恐怖分子交好。"奥巴马团队迅速回应，一针见血地指出这一攻击是为了分散金融危机的注意力。[51]

再有，2008 年的选举正笼罩在选举欺骗与私人手里掌控着大选结果的阴霾之下。[52] 新选民能量的释放使布什-切尼在选举装备基础设施上的欺骗行为变得迟钝了。为了避免与 2000 年佛罗里达州类似的任何欺骗行为的可能性，奥巴马大选在选举过程中投入了大批的力量，最终，希望机器成功地回报了大选，在社会转折期取得了历史地位。为变革群体和革新自组织，新组织者出现在人们的视野中。[53] 这些新组织者都非常年轻、充满活力、反种族主义并且信息灵通。通过因特网和电子网络，年轻人成了奥巴马电子邮件名单上愈1300万民众的骨干力量。[54]

为了进一步了解奥巴马所处的立场，安德鲁·拉西耶证实了奥巴马大选在发展媒体网络上的策略。[55]

电子网络必须有真人作为基础，而且在年轻人与真实群体沟通时，必须建立电子民主界面，这成为基层运作的基础。基层运作是通过众多普通市民热情的参与得以加强的。这些市民仔细地聆听军事管制和恐怖袭击的有关话题，并决心对政治进程予以干预。2008年大选最永恒的画面就是，多达85000人的最终集会，并且为了支持巴拉克·奥巴马，在弗吉尼亚的暴雨中等待消息。基层组织对此充满了"希望"，在这次集会上，奥巴马宣布了他祖母去世的消息。他用祖母的经历来提醒基层组织，大萧条时普通民众是如何为了生存走到一起的。奥巴马呼唤新基层组织力量参与到2008年大选中。用大选经理人戴维·普罗菲的话说，

大变革：量子社会与乌班图

我们知道自己是谁，这是彻彻底底的基层大选。我们从基层组织的支持者开始，是他们让我们逐渐走向了胜利……奥巴马内心感觉，如果适当地给他们鼓励，一个负责任的基层大军会变成一股强大的力量。随着时间的推移，志愿者会成为掌控整个事业的中流砥柱。[56]

这股强大的力量面对的是更加强大的权威势力，他们在密谋如何取消、拖延甚至绑架大选。[57] 回到4月份，亨利·保尔森与他的助手内尔·卡什卡里局促不安地等着看奥巴马大选未来胜利结局的笑话，把奥巴马未来的胜出与罗纳德·里根当初在1981年1月解救人质一事相提并论。[58]

民主党丹佛大会前，奥巴马一直在奉行一种策略，就是建立充分动员的组织以应对预选和党团会议。他的普选计划，正像大选会议上制定的图表和策略一样，号召扩大选民数量来挑战从北卡罗莱纳州到密苏里州，然后到蒙大拿州这些支持约翰·麦凯恩的红州。奥巴马想在50个州长期的民主党提名斗争中建立统计选民结果的运行系统。大选的计划在预选季启动，包括登记50个州新选民的组织工作，为的是捍卫2004年曾被约翰·克里赢得的各州民主党的大多数，并在各州"战场上"获得竞争力。[59] 科技、繁琐的调查以及向基层组织传

递信息三者的结合,成为与拉票、电话库和挨门挨户走访的会议形式不同的特点。大选的两个方面——策略和信息——在所有媒体频道,以提供一致性的信息"我们赖以信任的变革"方式交织在一起。策略在不断地更新和完善来应对举棋不定的各州,在网络这个杠杆上发挥了作用,即在何地用何种方式传递信息。用策略协调信息的团队中,大选经理人戴维·普罗菲处于核心地位。[60] 有报道称,普罗菲了解国家的每一个区域,如奥巴马阵营所在地及在何地能取胜。

由于团队成员拥有选区的知识,大选可以做出一些计划,如按照地理上每一块区域把志愿者化整为零,并按照工作需要来配备人员。在获取市民信息上,数据的集中收集和管理给组织带来了强大的力量。幻灯片中展示了大选的进程,奥巴马大选主要工作人员拟定了大选策略,在此普罗菲强调,乔治亚州是 60 万未经登记的非裔美国人所在地,大选要为每个人登记和统计结果。"我们选民的数量将是惊人的。"在佛罗里达州,奥巴马大选启动了一个组织,并计划登记 63 万符合条件的西班牙裔选民,59.3 万非裔美国人和 23.6 万名 18 到 24 岁未在花名册上的选民。到 2008 年 9 月,奥巴马大选在佛罗里达州已经花费了将近

170
另眼看世界·当代国际热点解读

3900 万美元,在大约 50 家办事处里,拥有 500 名工作人员或者付酬人员,数十万志愿者以 1.9 万个邻里小组的形式组织起来。这些小组是当地群体的一部分,工作人员和全国 770 个办事处联系,比麦凯恩团队的数量大一倍。在这些基层运作中,两种分裂的形式很明显地体现在工作中:一个是瓜分,一个是循环。从邻里小组到选区,乌班图的思想在佛罗里达州的选民计划中扩展开来,有 2000 次选举为此作出了让步。一个叫保罗·泰维斯的爱荷华州党团会议基层运作组织的老兵说到,

> 志愿者吸引更多的志愿者,然后依次拉动其他志愿者,大选给了这些志愿者广泛的行动自由。……现在,佛罗里达州有 23 万志愿者参加大选,包括 1.9 万个"邻里小组"成员,多集中在全州 1400 个邻里小组中,经常覆盖四到五个选区。这些志愿者,许多都是在付酬的地区组织者领导下免费工作,并为另一个人负责,还要激励他们的团队把自己和规定区域邻居的选票统计出来。[61]

我曾经到北卡罗莱纳州旅行,看到了志愿者付出的努力,理解了基层组织是如何在拥有 50 家官方办事处和 2.3 万名志愿者的州里展开工作的。在普罗菲

《取胜的胆魄》一书中,为读者提供了相当多的资料来描述"普选重建",以便了解其他各州战场奥巴马大选紧张的基层活动。我们的任务不是重读所有各州的基层活动,而是选择其中的一个州——北卡罗莱纳州,借以强调发展的组织结构是如何把全国串联在一起的。普罗菲概括了大选如何把目标锁定在社区和像北卡罗莱纳这样以前被民主党忽略的州。在获得丹佛提名后,奥巴马从战略上开始了位于弗吉尼亚州西南大选的第一站,在那里他可以直接接触弗吉尼亚和北卡罗莱纳州的支持者。

由于在金融危机肆意泛滥时北卡罗莱纳州所起的作用,因此它对我们的分析尤为重要。如果纽约和华尔街是地震震中的话,那么辐射带上的北卡罗莱纳州,尤其是梅克伦堡县,将会是下一个体现金融危机和大选特殊关系的地方。这种关系不仅使竞选胜利和政治大选产生关联,而且也与市民打败北卡罗莱纳州"吸血鱿鱼"的欺诈和操控的强烈愿望有关。与"吸血鱿鱼"和欺诈这双重挑战作斗争,要依赖一个州在种族歧视和民族阵线上的合作程度。这个州曾经是由议员杰西·赫尔姆斯刻画的"黑人时代"传统思想的前沿阵地。

大变革:量子社会与乌班图

北卡罗莱纳州杰西·赫尔姆斯的遗产

在金融泡沫时期,作为美国新的金融中心,北卡罗莱纳州被用来招揽顾客。夏洛特成为仅次于纽约的银行中心。美国银行和美联银行所在的摩天大楼统领着这一片天空,此时银行泡沫刺激了梅克伦堡县附近的地区,即夏洛特的家乡以及郊外的商业房地产市场。当泡沫破碎时,夏洛特美国银行是公司最大的金融服务机构,无论是资产上,还是商业银行抵押贷款上,规模都是最大,而且是美国市场资本化的第二大银行。2008年9月15日当金融危机公之于众时,美国银行和美联银行处在买卖的极度混乱中,这体现了亨利·保尔森和蒂莫西·盖特纳拯救银行家所付出的努力。

美国银行接过美林银行那杯酒的早上,恰好雷曼公司倒闭了,后来才发现这酒的"毒性"有多么大。在接手美林银行那一刻,美国银行的首席执行官肯尼斯·路易斯向纽约的银行高管吹嘘,夏洛特将会在政治和经济影响方面超过华尔街。[62]当美林的真正损失开始暴露时,美国银行自身也得接受联邦政府1000

亿美元的施舍。因此路易斯被迫从美国银行卸职。2008年,作为一个独立实体,美联零售银行也消失了,因为在这同一星期发生了对不良资产救助计划的斗争,此时旧金山的威尔斯·法戈要插手收购它。当夏洛特在政治和经济方面变得非常重要时,梅克伦堡县区域的商业房地产价值也极度飙升。银行家对周围的环境非常满意,沉醉在旧联邦的文化中。议员杰西·赫尔姆斯(R区—北卡罗莱纳州)以他在议院中的资深经历来支持大资本家,并扶助保守派共和党在20世纪剩下的几年中维持这种状态。

作为三K党多样化的政治家大本营,一直到1968年,南方民主党的白人至上主义分子还控制着北卡罗莱纳州。当时的政治势力支持理查德·尼克松领导下的共和党南方策略。

杰西·赫尔姆斯,作为1973年到2003年北卡罗莱纳州的议员之一,标志着南方白人对种族融合和所有民众权利的强烈反应。赫尔姆斯是南美种族隔离制度的公开支持者,以此来对抗内尔森·曼德拉的讲话。他对1990年在国会两院作为美国极少数法律制定者之一的职位非常受用。

172

另眼看世界·当代国际热点解读

在南部保守派民主党中,奥巴马大选对其大量投资以革新选举制。奥巴马团队的这一决策源于他们对选举的研究和北卡罗莱纳州政治经济和人口变化的了解。1975年到2008年州的人口变化削弱了旧有的保守主义制度,而且新移民人数已达到了数百万。这些移民来自于下面四个区域:

- 迁到夏洛特银行中心的技术专业人士和罗利附近的信息科技公司。
- 新的西班牙移民。西班牙裔的人口从1970年的7万增加到2004年的60万。[63]
- 大量亚洲移民迁到北卡罗莱纳州。根据人口普查数据,亚洲人的数量从1990年到2002年增加了一倍。
- 从北方回到南方的非裔美国人移民。北卡罗莱纳州吸引第三大人口的黑人回到南方。

1990年到2007年,几乎有10.3万名新非裔美国人把夏洛特地区称为老家。同一时期,西班牙移民总数达到6万。1995年到2000年,夏洛特城市地区拥有国家第3大黑人移民总量,仅次于亚特兰大和达拉斯。结果造成夏洛特的黑人选民比例从1995年的26%涨到35%。[64]

由戴维·普罗菲和其他大选[65]局内人的文献表明了赢得拥有美国最多人口南方的策略。美国四个拥有最多人口的两个州，其中包括佛罗里达和得克萨斯州。书中明确地说明南方的策略不只是与2008年大选有关的短期策略，而是意在击败南方旧有的种族歧视分裂政策，并且让数百万市民参与到政治体制中来，以获得"进步党多数"的支持。[66]

奥巴马大选研究了这一人口变化趋势，在北卡罗莱纳州筹划总统大选时，从国家角度改变选举面貌的有关议论也获得了当地的回应。我曾经到过福赛斯县、梅克伦堡县和维克县，为的是获得基层运作的第一手资料。

尊重、授权——直接听从基层组织领导

我此次的行程安排在2008年10月2日到5日，此时正处在大选如火如荼的时候。在这前一周，也就是9月30日，州大选已经确定了目标，打算在周末造访10万个家庭。[67]

大变革：量子社会与乌班图

在准备行程时，我阅读了奥巴马大选一线的有关信息，虽然找到了办事处和一线人员的名字，但我还是要亲临现场来体验工作的真实感觉。我去的第一家办事处位于温斯顿·塞伦城的福赛斯县。办事处里有6名一线组织成员。我获准阅读墙上的标语，上面显示——

三次投票：

1. 总统；2. 州和当地选举；3. 法官（无党派人士）

志愿者进场的顺序也被随便地写在墙上：

1. 让人们登记投票；2. 在选票站组织交通工具；3. 确定选民人数；4. 劝说人们为奥巴马投票

读到这些时，我对正为一个走进来的志愿者提供帮助的罗伯说：我看到了"尊重、授权和包容"这些警示语，这不仅是简单的标语。组织者还必须对志愿者抱有耐心，以方便讨论和提问，促使工作效率最大化。很明显，在驾驭数字时代的差异以便让志愿者做和他们能力匹配的工作，是需要具备敏感的素质的。

与电话库里的人们交谈的内容包括：（1）如何接通电话——以选民资料的信息为基础，和（2）如何回答问题——驱散任何恐吓行为。

年轻的积极分子与"希望之墙"

办事处最具活力的地方就是希望之墙。希望之墙是高中学生议论未来竞选，以确定温斯顿哪所学校可以登记最多选民的一个园地。当我询问年轻选民，尤其是高中学生关注的焦点时，他们解释说，许多高中学生到11月份就接近了选举年龄，因此需要推动他们参加预选。高中学生的工作不仅为2008年大选培养了一线军团，还要为2012年投票储存年轻学生这一后备力量。

奥巴马在年轻人身上的投资超过了高中学生。在奥巴马大选中，全国最具活力的志愿者是高校学生，在北卡罗莱纳州也是如此。

容忍与网络

在温斯顿·塞伦10月的一个早晨，我得知大选的目标是在大选初期就把各县组织起来。确定这一目标是为了改变国家的政治局面并加强民主党力量。在追求这些目标的过程中，一线组织为了发挥网络的作用而投入了大量的时间和精力。在办事处可以进入支持奥巴马的妇女网、支持奥巴马的老兵网、支持奥巴马的独立人士网、积极支持奥巴马的军人及伴侣网、支持奥巴马的有信仰的人民网（有些人必须得登记他们祈祷的地方）、支持奥巴马的学生网、支持奥巴马的年轻专业人士网。在这些网络中，志愿者巩固了超越邻里关系的同伴联络。每一个网络都成了新政治的节点（参看图7.1）。

我让当地的一名工作人员用两个词来描述大选。他选了"激动"和"激励"两个词。我在调研的路上经常听到这两个词。他谈到了需要付出的工作和努力，以及处在大选核心的一线组织活动。

拉选票是赢得多数选民力量的一项工作。它是一项需要机智和容忍的劳动密集型工作。奥巴马大选汇聚了劳动密集型的群体组织与加工数百万志愿者信息的高科技信息系统。它要求对不同的团队进一步分工，如分成信仰团队、妇女团队、西班牙裔人团队、军队、黑人团队等。

有关大选的大部分文献集中在高科技工具的相关描述上，但它却掩盖了只有在一线才能看到的阶层和种族歧视。一线人员互动过程中最惊人的一面是，包容与尊重参与者。

北卡罗莱纳州是善于精心策划的州，如利用选民税收、居民要求、文化水平测试与祖父条款来剥夺非白人选民的权利。直到 2008 年选举，涌现了许多司法案件，甚至涉及高级法院审理的关于想行使投票权的非裔美国人受阻这一案件。福赛斯县是一个传统上由共和党统治的县。10 月份选民登记结束时，民主党登记了 10.3996 万位选民，相比之下共和党登记了 7.4879 万位选民。就北卡罗莱纳整个州来看，登记的区别在于民主党为 287.1589 万位，共和党是 2.5386 万位。[68] 选民差距达到了 86.6 万，这是联邦政府最重要的州，也是杰西·赫尔姆斯最大的选民区。奥巴马北卡罗莱纳州团队的运作是如此熟练，以至于北卡罗莱纳州选举委员会都统计不出来这些选民人数。北卡罗莱纳州选举委员会比民主党在登记计算上迟了 3 周。

大变革：量子社会与乌班图

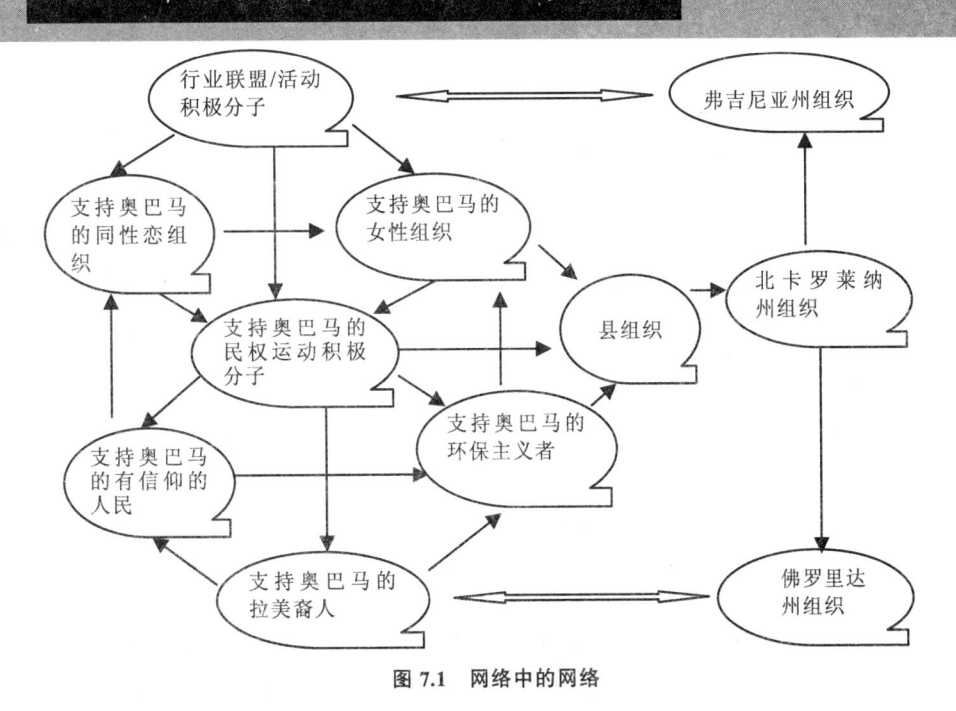

图 7.1　网络中的网络

在这每一个区域里都有三组人群：（1）发动者；（2）联系者；（3）核心组织者。

其他没有显示出来的力量：

支持奥巴马的律师在此保留，直到统计选票期间、登记以及选举日；

网络作为小组的组织工具；

找到网站，然后登录网站寻找你所在的组织；

分类/最近建立的小组；

最近升级的；

拥有大多数选民的；

有最新博客日志的。

这些搜索工具允许新自发性和自组织的加入。

罗文县与索尔兹伯里县

当我步入索尔兹伯里县办事处时，可以看到这是一个比温斯顿·塞伦小很多的活动组织。只有一个一线办事员，他是一个非常年轻的组织者，任务是在索尔兹伯里县建立奥巴马组织。他是当地人，他的工作是建立一个更加信息化的选举组织。他把因特网大选与基层人们之间的互动作了重要的区分。他说，"为了候选人，志愿者来到每个家庭；现在也可以为一线组织再回来。"

当这个年轻的组织者把在索尔兹伯里的付出与为选民澄清问题联系在一起时，他的自信心经受住了考验。在职议员伊丽莎白·都乐低估了奥巴马运作的力度，因此没有在大选中投入太多的资源。大量的选民登记和统计选票工作之后，都乐变得很失望，并且基于制造分裂的三个核心话题开展了大选活动。这三个话题分别是：宗教、堕胎和同性关系。她指责了凯·黑根"无神论"的挑战。在民权革命过程中，这种分裂的政党宣传在北卡罗莱纳州非常典型。2008年大选前，都乐并没有对种族歧视和宗教问题的分裂活动发出求助，但为了巴拉克·奥巴马，一个上了对手名单且位列榜首的黑人，她又回来寻求杰西·赫尔姆斯的战略和战术的帮助。然而，当她对旧有的宗教分裂派和统治者提出求助时，选举已经从共和党的身边溜走了。

　　国家大选最有意义的一幕是，旧的分裂话题在经济危机面前变得不那么重要了。索尔兹伯里办事处的志愿者联想到在莎拉·佩林被提名为共和党重要候选人后，众多的妇女是如何走进办事处为大选争当志愿者的。黑人和白人选民将参与进来，包括以前从未参加大选的一些人。

抵达梅克伦堡县并穿越南卡罗莱纳州

　　梅克伦堡是南卡罗莱纳州人口最为密集的县。阶层分化现象非常严重，银行高管的高薪加大了收入的不平等。阶层和种族分裂体现在许多方面，如住房、邻居和学校的质量。在奥巴马大选中，这些差别大多被掩盖了，因为黑人中产阶级同样渴望享受州里的资源。在意识形态上，许多迁到北卡罗莱纳州的黑人

大变革：量子社会与乌班图

专业人士都和金融大鳄们琴瑟和鸣。在奥巴马大选夏洛特办事处，我亲眼目睹了工作中密密麻麻的地图和科技的运作。一线组织和网络地图门户网站中心的汇聚给组织提供了联系所有邻居的可能性。然而通过自组织和自我调动，邻里地域和种族的构成可以确保黑人和拉美裔人群体助推奥巴马大选。

　　从没有丝毫奥巴马味道的夏洛特办事处和美国银行的所在地出发，我继续沿着南卡罗莱纳州的边界来探访其他的办事处。在南卡罗莱纳州的格林维尔县，我遇见了一些在大选中力图变革且名不见经传的男女主人公。南卡罗莱纳州的人们努力奋斗，寄希望于消除本杰明·蒂尔曼的灵魂和种族遗产的困扰。在格林伍德，奥巴马曾经激情澎湃，大选标语的口号"起来，准备出发"依旧回响着伊迪丝·蔡尔兹的声音，她象征着民权运动这一代和新革命运动之间的联系。

　　当我在格林维尔大选办事处时，报告说选民正在公寓大楼等着登记。据传，由于办事处登记速度快，从未参加过大选投票的数百选民现在成功登记上了。其中最感人的就是一位九旬高龄的老人第一次登记上了。

　　在经历了佩林或麦凯恩对竞选的花言巧语和保尔森的危言耸听之后，亲历志愿者（年轻的、年长的、黑人和白人）感觉像是吸到了一口清新的空气。蓝

色之犬民主党（负责金融和国家安全的温和保守民主党派）现在正和民权运动原来的自由骑手肩并肩地战斗。自从1865年到1877年重建时期起，工人们第一次有可能认清自身阶层的利益，而不是资本家阶层的利益。从格林伍德到格林维尔，我听说现已背弃共和党的白人工人已经登记注册。即使奥巴马大选在南卡罗莱纳州不像其他前14个州的阵地那么成熟，但我在格林维尔和洛克山还是看到了白人和黑人之间的合作和协同，如果超越大选对其进行解释的话，说明它蕴含了政治变革的划时代意义。

罗利的精神中心

奥巴马总统大选的北卡罗莱纳州办事处位于罗利，在此我亲眼看到了高科技运作和挨家挨户基层活动的高度融合。它结合了线上和线下活动，在北卡罗莱纳州多语种、多文化和多种族环境中开展工作。大选登记前我的造访已经进入最后一个阶段（10月10日关闭登记系统）。"通过挖掘现实"，奥巴马大选已经调动了所有的资源，把选民的资料汇集在一起，这是大选组织过程中从未发生过的。

它能够把筛选出来的每一个选民资料汇集起来，并对南部和西部的投票形式和人口构成进行仔细的研究。为了认识新的选民，一批批策略挖掘出了很多信息。信息从多种渠道采集，包括杂志订阅、人们驾驶的车型、购物地点以及他们的收入。同时还分析他们的交流方式。当地大选的投票胜利也纳入了考虑之中。对于那些网民来说，谷歌在奥巴马机器中所起的作用意味着，蓝州数码的科技奇人对选民了解得很多：他们关注的话题、他们的组织和捐款、谁属于他们的社交网络以及他们是否愿意成为志愿者等等。

芝加哥大选总部通过国家数据的研究和挑选工作，把信息传递到每个州的一线战场。姓名上都有条码，最终会出现在志愿者拿到的名单上。这保证了在挨家挨户进行活动时信息量很大，可以使拉票人与选民交流时拥有一些信息。通过挨家挨户交谈和电话交流，信息可以得到确认或被推翻，在此投票的意向是1（支持奥巴马）比5（支持麦凯恩）。

虽然大选承诺奥巴马可以使用科技手段来达到"一个透明度、义务和参与的新水平",但我并没有光顾绘图部,这里是把登记的信息上传到奥巴马网络世界的中心。这个网络世界就相当于一个现实世界,从福赛斯县和梅克伦堡县传来的信息经过筛选到达罗利,然后再到芝加哥和波士顿的蓝州数码。

当我造访罗利办事处时,他们正在筹建法律团队以维护投票的公平性。全国支持奥巴马的律师志愿者保证,不会再让 2000 年的选举欺骗重演。在卡尔·罗夫的监管下,布什政府对"黑人"时代的现代化操作进行了改进。在这 10 年中,布什政府日夜劳作,为的是把剥夺众多市民尤其是非裔美国人选举权的宝剑磨得更加锋利。2002 年,美国众议院为了简化选举程序,通过了帮助美国人的选举法案,但乔治·W. 布什政府的司法部却尽量给投票设障。许多州都颁布了新的选民身份法、大选过程中的限制条例以及更加严格的临时性选举规则。这些都是为了实现长期以来美国共和党(大佬党)的选举战术所采取的法律新手段:即要淡化民主党选民的地位。在乔治·W. 布什政府领导下,司法部长阿尔贝托·冈萨雷斯向司法部猛烈开火,因为他们没有进一步实施剥夺贫民选举权的计划。在捍卫投票权上,支持奥巴马的律师们站在前列。

大变革:量子社会与乌班图

被分割的军事力量

北卡罗莱纳州最核心的选区是军队这一部分。北卡罗莱纳州拥有八支活跃的后备役部队,在两个主要的一线阵地都凸显了强大的军事力量。在阵营中,对共和党战争的军事反抗愈趋激烈,以至于像沃尔特·琼斯这样的共和党议会代表都成了阿富汗和伊拉克战争的公开批评者。琼斯的指责主要在战争本身以及军队内部的分裂上。支持奥巴马的老兵在北卡罗莱纳州办事处占据着特殊的位置。米歇尔·奥巴马想出了一个在大选中与军属合作的合适职位。她在大选中充当沉默的武器,缄默不语就能为南方腹地的工作给予鼎力支持。在民主党大会的一次党团会议上,她对公众宣布,非常惊讶于巴拉克对一些问题的立场,尤其是有关战争与和平的话题。然而,她并没有说明,在她丈夫针对阿富汗的好战立场上是否持反对态度。

结 论

　　巴拉克·奥巴马在 2008 年 11 月 4 日赢得了大选，以 375 张压倒性多数选票战胜了约翰·麦凯恩的 163 票。继 1960 年约翰·F. 肯尼迪进入白宫以来，这是得票最高的总统选举结果。选举后 3 天，迈克·康乃尔死于飞机失事。康乃尔曾经陷在一起被称作"中东之人"电脑工程设置的事件中，这是有关过去从一个州到下个州大选回程分路的一个程序。康乃尔曾在布什-切尼选举欺诈的基层部门任过职，并且被司法部门调查过。有关 2000 年到 2008 年共和党选举欺诈究竟到何种程度，他这不合时宜的死亡留下了许多未解之谜。后来，和选举欺诈有关的迪堡公司也破产了。

　　乔治·W. 布什总统领导下的司法部已经被政治化了，以至于官员们对剥夺贫民和黑人选举权的热衷要比来自于金融大鳄的偷窃和欺诈更胜一筹。虽然奥巴马在 2008 年 11 月以压倒性多数获胜，但一名研究人员还是预测：

　　事实上，奥巴马获得的选票或许比我们预想的要多两倍。或许支持奥巴马这可观的 700 万张选票被选民压迫和欺诈抵消了，因为无论是从广度还是普遍性来看，你想象不到这些人员所处的地方。[69]

　　马克·克里斯宾·米勒是《失败者大获全胜：2000 年到 2008 年大选欺诈和民主党的颠覆》一书的作者，[70] 他是其中为数不多的认为布什政府是颠覆美国民主方式的学者和评论家。这种颠覆有社科领域的支持，他们试图用政治的统计方法和数学模型让民众产生迷惑。米勒提出的观点非常简单：社会能朝着新的方向发展吗？在这样一个社会中，选民被压迫、欺诈和剥夺公民投票权不再被掩盖和隐藏了吗？

　　本章的分析打算把重点放在下面的内容，即使民众这有限的民主表达权利，也被华尔街的政治和经济势力大亨吓回去了。我同意保尔森的这种行为是想吓唬民众，他的行为带有侵犯性和无情，表明了金融寡头政治对美国政治的高度统治。西蒙·约翰逊所说的"沉默的政变"，并没有把 2000 年佛罗里达大选的欺骗性与美国选民权的剥夺和超级富豪们的特别授权联系在一起。危机非常深重，因此应促使各部分力量谋求从"沉默的政变"变成更加公开的干涉。有关

2008年9月这一时刻的一些书籍纷纷出版。但基本上很少触及"资本主义未来"这样的基本问题,尤其是"美国资本主义未来"。然而这种讨论不能再被拖延下去了。

奥巴马美国总统大选带来了新的组织形式。我同意扎克斯的观点,即组织形式已被大选革命化了。是社会意识形态和智力发展上的欠缺阻碍了战斗力的全部体现。然而矛盾相当激烈,解决方案等不及社会变革理论慢悠悠地出台。调动选民会暂时地遏制一个存在严酷压迫的州向更残酷的方向发展,因为这个州会从一个"倒置的极权主义"变成一个成熟的法西斯主义。

竞选过程中,有消息称已存在公开以武力解决这种说法。在不断加强装备的过程中,保守党势力希望利用种族歧视和性别歧视的过去来调动反对社会公平的活动。然而对这些保守党势力来说,不幸的是,自1965年重建后,联邦政府第一次摆脱了保守党势力的完全掌控。分裂的军事力量面对着一个分裂的社会,在此市民呼吁的是书籍而不是炸弹,是学校而不是监狱。这些呼吁强烈地震撼了想控制整个社会的军工企业家们。

大变革:量子社会与乌班图

在危急时刻,工人阶级了解到,资本家阶层将会削弱民主党参与"前沿阵线"的力度并纵容残忍势力的行为。奥巴马大选是推迟资本主义权力掌控的一种持续性行为。

蒂莫西·泰森,作为《血迹溅在我的签名上》一书的作者,[71] 提到了北卡罗莱纳州奥巴马胜利的希望,而且还补充道,"它表明我们现在正好站在另一个新南方的土地上,这个具有前瞻意识的南方将会再度崛起,它依赖的是学校的教育,而不是军队的刺刀,是医疗健康,而不是一个由傻瓜组成的联邦"。[72]

社会的希望寄托在学校和身体健康而不是刺刀上,这不仅仅针对北卡罗莱纳州。美国现正处在一个新时代的边缘。推迟解除军国主义行动只是暂时的。考虑到美国目前所涉足的世界各地的战争,资本主义的危机同时也是帝国主义的危机。战争、金融危机、环境恶化和失业问题的汇集,会把社会带到一个新的转折点。

这种转折会朝着压迫、还是深化民主参与和表达的方向发展呢?我们此时的探讨和反思需转向网络,因为是它打破了种族主义和军国主义的传统。

第八章　超越弥赛亚：为 21 世纪和平与革新而创建的网络

> 不像其他普通政治家那样在同一架飞机上操作……他是创新时代的一位代理人，一位特别适合打开 21 世纪之门的角色。巴拉克·奥巴马是我们赋予的最纯粹希望、拥有最高视野和理解最深刻的集体象征。……他是无所不知的量子领域的智慧结晶。
>
> ——加利·哈特

引子

2008 年 11 月 5 日星期三的早上，当巴拉克·奥巴马成功当选美国总统时，全世界都沉浸在喜悦之中。此刻我想起了佛罗里达州对 2000 年大选的冷漠态度，然而在芝加哥格兰特公园举行的大选集会上，奥巴马大选却调集了大约 25 万多人来参加。在动用武力和未来可能"恐怖袭击"威胁的谣传之后，获胜候选人想表明对造成的伤害予以弥补，对此大家普遍予以支持。2009 年 1 月 20 日，当巴拉克·奥巴马宣誓就任美国第 44 任总统时，又发动了同样多的民众。大约 200 万人汇集到华盛顿国会大厅来亲眼目睹这一就职仪式，奥巴马宣称，将会有"一个新自由的诞生"。这是何种自由？是自由民主信条的自由，还是那些追随地铁"北极星"的自由？

在很多场合，奥巴马都用"北极星"的故事来喻指通过地铁来逃离奴役。但奥巴马使用的"北极星"只是一个比喻，因为他不想直接地道出超越传统制度上的种族主义、性别歧视、剥削和环境破坏的使命。这是一种避重就轻：他是否落入了自由主义的陷阱？有关奥巴马是否被困住或者被俘获的议论，要看他真正登上44届总统席位后的表现。

当奥巴马于2009年1月入主白宫后，他彻底被乔治·W.布什和理查德·切尼赋予他的总统极权主义传统束缚住了。是否能够逃离一个帝国过去的政治传统，要依赖他对美国帝国本质的理解，以及为了证明民众热情的新兴力量而发展起来的和平网络。把数万亿美元投到金融寡头政治里的传统，使理想化的系统对其进行了关键的评价，也就是说只有拯救大银行才能拯救整个体制。奥巴马想在美国政治上保持"中立"，但在这一革命时刻，领导者们必须作出抉择。无论是天气变化、经济温床，还是年轻人的不耐心等方面，革命力量不允许中立的存在。领导者必须引领、选择立场，否则就会被废除。

许多美国进步人士明白，想把他们的希望寄托在奥巴马大选身上，从根本上就是错误的。这些因素并没有必然的关联。实际上，老左派原本就是分裂的，在是否支持选举政治上产生了分歧。当进步人士犹豫不决时，主流媒体把社会使命和"弥赛亚"（犹太人所期待的救世主；救星，解放者——译者。）的传统

大变革：量子社会与乌班图

与巴拉克·奥巴马黑人耶稣的形象放在一起比较。社会陷入对宗教信仰的虔诚，正像是"挂在历史脖子上的信天翁"①。奥巴马陷入弥赛亚主义、总统职位、遗留下来的战争、新自由主义和阶层不平等这些传统中，其实这些是为了动摇民心而对宗教容忍度和仇恨的宣传。

纵观整个历史，美国人的虔诚和作为一个优质人种的意识在社会上非常普及。在19世纪的几十年里，"天定命运"与美国作为"人类最后的希望"不断地被夸大。从整个21世纪来看，美国扮演的是地球救世主的角色，即把人类从共产主义中拯救出来。这个救世主的学说是如此根深蒂固，甚至有一个标语说，"宁肯死也不变红"。无论是共和党还是民主党，每一个政客都成为这条标语的应声虫，还有一条标语说，美国像是"半山腰一座发光的城市，它的信标灯可以引领全世界热爱自由的人们向前。"2001年9月，乔治·W.布什把这一基督

---

① 信天翁是一种海鸟。19世纪英国诗人柯勒律治在他的诗歌作品《老水手之歌》中，描绘了一个老水手射杀信天翁之后，全船人遭受了一连串灾难的故事。老水手为此深感内疚，承受着沉重的精神压力。为赎罪，他把鸟尸挂在自己的脖子上。由此，"挂在历史脖子上的信天翁"表示"提醒默认不要再干错事的警物"。而"信天翁"一词则转义为沉重的负担。——译者

教使命发挥到了极致，当时他发动了"反恐"战争，说是在执行上帝赐予的道义使命。这种道义蕴含了美国对"邪恶轴心"开战这个主张。[1]

我们所面对的挑战是要了解美国对弥赛亚、自由主义和魅力型领导的界定。从更深远意义上来说，就是夸大技术决定论的主张、技术专家的无限能力、被强化的弥赛亚主义与美国是包含"优质人种"的社会这一切的一切。故而，逻辑中的自由主义带有一种由利益驱动的、超越人类关系的特权。资本积累的相同逻辑和地球的未来发生了冲突，但对个人积累的盲目崇拜引起了对技术决定论的幻想。这种决定论对美国的科学家和决策者造成了影响，他们甚至预测"科技可以拯救经济"。[2]

本章中，我们将探讨对科技进步的过度崇拜，这种科技进步给人类带来的结果是，整个星球都处在危险之中。在赢得奥巴马总统大选胜利方面，科技决定论和自由主义是意识形态的两个主要观点。自由主义意识形态的这种思维定势和传统中反恐战争的弥赛亚思想融合在了一起。

恰在此刻，和平和正义的力量被召集起来，用以唤醒人们对当地和国际上艰巨斗争的认识，与此同时，和平力量也在静静地等待奥巴马的回应。

保守党和种族主义分子却没有丝毫的犹豫。他们网罗了容忍、仇视和邪恶、种族歧视、性别歧视和恐同症等各派势力，为的是在探讨美国未来时能占上风。保守党和白人主义用网络武器占用了公共空间，并且在保守党媒体上给予了高度关注。右翼军事势力和白人至上分子这时突然跳出来，把其恶毒的主张散布到军队的各个角落。

大选时的歌曲和呼声深入挖掘了被欧洲中心论压制的社会文化财富。大选期间变革、希望与和平的信息，与企盼终结统一文化尤其是军备文化的那些人的想法产生了共鸣。数百万人在大选期间加入了网络，现在已经形成了一股强大的力量。这些力量想把他们的现实描绘成为逃离军事文化的一个新自我，但意欲重获新生的那些人必须要经历救赎和修复的过程。

寻求恢复环境和从被压抑的社会逃离开的那些人，渐渐地理解了21世纪的政治需要超越选举这种形式。为人类匡扶正义和对破坏地球这种冲动行为的弥补将会引发新的承诺。

凡·琼斯在"受苦难"之前，就通过《绿领经济》这本书提出了一些有关气候变化的大胆设想。然而，凡·琼斯的主张是以19世纪和20世纪雇佣和工作这些概念为基础的。他会因为自己在白宫中所处的精神独裁者位置而阻挡艾拉·贝克的部分主张吗？奥巴马和他的顾问们不断重复着恢复"充分就业"的愿望。这与想恢复新协议中公共事业振兴署的行业联盟运动分裂主张相同。但经济本质的变化需要在新形势下具有新思想，即公共建筑和道路建设与环境清洁，不能以压迫和极度剥削为前提的种族隔离制度为基础。

面对环境清洁和人们创造力的调动，需要21世纪经济学家具有不同的思维方式。一个朝着充分就业方向发展的国家应该如何重新思考经济和社会？它是否明白我们正处在失业社会边缘的现实呢？何种价值观能替代人类已经接受的这种有利可图的旧有雇佣方式？"中止工作"和充分就业时代要求对社会的现实目标树立新的思维观念。这个时代不仅是美国老左派对其的控诉，还有对"男性充当家庭顶梁柱"这一自由信条的批判。进步蕴含了"生产力发展"这一想象中的观点强化了老左派所设下的圈套。因为缺乏对人们生活质量的关注，因此对生产力的关注贬低了人的价值。

大变革：量子社会与乌班图

由于经济组织模式带来了全球的去人类化，美国政府的日常政策受到了数十亿人的监督。全球范围内的两极分化和贫穷在美国生活的各个领域都变得愈趋明显，有关救世主领导和资本主义可以为人类解决一切问题的信条，社会各部门都渐渐地从中猛省了。反资本主义斗争最突出的部门，是从事环境司法运动网络工作的那些人。认为全球变暖要比预想还要糟糕的气象学家们，没有参与到对弥赛亚翘首期待的队伍中。

对救世主的信仰与军国主义的束缚

在有关南卡罗莱纳州竞选的第五章中，我提到了体育场上的集会和奥普拉·温弗瑞关于奥巴马"就是那个人"的宣言。对奥巴马"就是那个人"的这种提法满足了众多观众的情感需求，尤其对电影三部曲《黑客帝国》中，被称作"那个人或解放者"的男主人公内奥进行模仿的那些世俗科技奇才和网络年轻人们来说尤其如此。排在第二位的观众、也是范围最广的那些观众是相信弥赛亚和救世主领导的基督教追随者。对这些人来说，美国是上帝之国。资本主义和追求利润都是在奉上帝的旨意。相信基督复临的这些观众还相信，新的救世主会来拯救美国社会。排在第三位的观众是为获得重生，寻找约翰·F.肯尼迪时代那充满活力的希望和乐观主义的美国社会部门。在大选期间的口号中，人们陶醉于采用一些预言，如"是的，我们会"和标语"我们就是人们企盼的救星"。因此，在奥巴马胜利的时刻，人们确信他会融解放者、救赎者和救世主三者为一体。

大选胜利后的愉悦和宣誓就职的庆祝活动过后，是该面对现实的时候了。这一现实就是二者的两极分化，即 1%的上层统治和不断增长的大多数市民的贫困化程度。工人阶层还要承受银行、军国主义分子和由危机引起的不安定因素所带来的压力。到奥巴马执政的第 1 年末，美国政府已经承诺拿出 11 万亿美元来拯救金融体系。

另眼看世界·当代国际热点解读

表 8.1　工具与承诺资助金融寡头政治纲要

工具	预估 2009 年 12 月份总额
不良资产救济计划	7000 亿美元
联邦储备救济计划	6.4 万亿美元
联邦刺激计划	1.2 万亿美元
美国国际集团	1820 亿美元
联邦存款保险公司银行收购	454 亿美元
其他金融行动方案	1.7 万亿美元
其他房屋行动方案	7450 亿美元
总额	11 万亿美元

当国会和媒体把重心放在 7000 亿美元的不良资产救济计划时，为把资金转移到银行家的手里，联邦储备又悄悄地开发了新的透明工具。[3] 有许多银行家向政府和社会披露信息：政府的不断干预会导致下一次金融衰退。2009 年 7 月，尼尔·巴洛斯基，作为不良资产救助计划的特别检察长在议会委员会面前证明，"联邦政府未来的资助总额将达到 23.7 万亿美元。"[4]

当反对银行的抗议声不断加剧时，高盛集团首席执行官反驳说，他只是按照"上帝的旨意"行事。高盛集团的高管充分利用了数代培养起来的原教旨主义者神圣使命的思维定势。这种相同的思维定势在国防工业中尤为突出，有一家公司把《圣经》印在阿富汗部队使用的步枪上。[5] 反恐斗争也被纳入了神圣使命的范畴。

思维定势和信仰体系被强行灌输到美国社会中，即美国是一个充满机会的国家，只要每个人努力工作就可以飞黄腾达。因此，位于上层社会的那些人有权狂敛其财，不计社会成本。银行家牟利和致富的权利是自由梦想的一部分。詹姆斯·卡罗尔说，宗教引起的暴力和"以自由为名的使命主义"是美国发展的基本动力。[6] 特殊使命的主张是由与"彻底自由主义"密切相关的一种美国意识形态发展而来的。[7]

奥巴马是在自由的传统中锤炼出来的，他相信美国是"半山腰上的那座城市"。正是这种原教旨主义才使人们对奥巴马的当选充满了希望，认为他是带有领导者特质的"那个被选中的人"。这个弥赛亚标签得到了极力赞扬奥巴马的政

大变革：量子社会与乌班图

治权威的不断吹捧，力图在奥巴马与给他投票的社会组织和社交网络之间加以区别对待。

对被推选出的领导能力的信任不只局限于美国社会。在非洲解放运动和拉丁美洲元首任命的传统中，这种认为领导者会以解放者形象示人的信仰也非常强烈。

美国存在一种制度，激励着领导主义、自由主义和对救世主的信仰，这意味着它要推翻和平运动基层组织，并且用一种名义上是反恐运动，实则是对战争给予支持的势力来取代它。在民权运动过程中，基层力量的自发性和组织性使反战运动得以持续下去。媒体抬高了从运动中成长起来的小马丁·路德·金的地位，并把重心放在了他华盛顿国家广场讲话的象征意义上，而没有在他所传递的信息上。金是在美国原教旨主义倡导的自由主义过程中成长起来的，但在反对种族歧视和为争取和平的斗争中，金超越了自由主义和原教旨主义。社会正义运动把他从基督教保守党的招牌下解救出来，并且使其向解放神学的传统靠近。

在年轻人的心目中，金"道德世界圆弧"的社会正义理念被抹去，他们经

常提到的只是他的魅力和领导技巧。保守党媒体和奥巴马的许多支持者情愿把奥巴马看作是一个完整的弥赛亚，而不是去质问如何加强正义的道德圆弧以使社会逃离精神死亡。

奥巴马非常清楚他这一代人的局限性和自身的阶层背景。他曾在多个场合上，把金和他的同胞比作为民权牺牲的"摩西"（希伯来民族史上的著名领袖，十诫法典的颁布人，以色列人出埃及的领导者——译者。）一代，就好似摩西带着以色列的孩子们冲破埃及的枷锁。收获"摩西一代"成果的那些人是前途光明的企业家和从未参战却正在崛起的黑人资产阶级。据《纽约人》描述，围绕在奥巴马周围的那些企业家是"约书亚（摩西死后，神选立约书亚为以色列民众的首领，继续摩西的工作，将百姓带进迦南地——译者。）一代——成功、有才能、拥有网络资源，并在很多情况下，从战争中获利，却从未有机会获得一手资料的理想主义的子孙们"。[8]

不像金那样，在如今的"约书亚一代"中，没有组织运动让奥巴马承担责任。政府和民主党机构中存在着金所反对的污染和腐败的价值观。来自于不同网络的基层联合体投了奥巴马一票，但在丹佛大会的走廊里，企业就已经策划如何赢得大选了，这使年轻人的热情一扫而空。大选后，奥巴马的画像占据了媒体的版面。这种媒体的闪电战创造了一种虚幻印象，即一夜之间发生了重大变化，并且为社会树立了解放者的形象。

选举发生后，局势慢慢地变得清晰起来，奥巴马既没有组织，也没有一个独立的政治咨询业，政治大选只是数十亿美元产业的一部分。大选经理人和政治咨询业所宣传的领袖级企业家，在为利用社交网络科技的新企业组织而沾沾自喜。当团队在转型期进行抉择时，保守党媒体评论家也在给政治咨询业补充弹药。这充分体现在反对琳达·达林·哈蒙德的活动中，因为她曾领导了教育部的转型团队。[9]

当奥巴马花了很多宝贵时间与打着两党制旗号的戴维·布鲁克斯和乔治·威尔交好时，明显是自欺欺人。这些保守党评论家们在企业媒体上都有自己的领地。与此同时，在教育和环境司法网络，像琳达·达林·哈蒙德和凡·琼斯这样的社会进步党积极分子们也有自己的领地。由哈佛法学院和芝加哥经济学家们构成的社会和知识界，当巴拉克·奥巴马投身其中时想当然地认为，这就是对社会和平与正义运动的忠诚。

奥巴马坚持认为，经济学中"利益扩散论"[①]的自由主张将会拯救体制，因此他选择了资产泡沫的监管者作为他的经济顾问团。从表 8.1 中可以看出，投入金融业逾 11 万亿美元。由此我们可以更加清晰地看到，盖特纳为何坚守在财政部，其目的是确保维持银行家的利益。奥巴马和调动起来的基层组织，并没有把大选标语从"我们可以相信的变革"演变成关于重建的清晰政策，反而遵从了银行家的意愿，保证接着为他们服务。因此盖特纳和萨默斯依旧留在财政部里。为维护银行家的终生利益，体制监管的任务先是交到了亨利·保尔森、蒂莫西·盖特纳、本·伯南克的手中，后来交到了劳伦斯·萨默斯、盖特纳和伯南克的手中。

为了重新提振危机后的自信心，奥巴马在财政部和国家经济委员会把一些局内人，如劳伦斯·萨默斯和蒂莫西·盖特纳安插在最高岗位。从更广泛社会意义上来说，保罗·沃尔克作为乔治·W. 布什手下的联邦储备领导人，起到了平衡奥巴马周围金融团队，即盖特纳和萨默斯的作用。美国老一代市民和世界

大变革：量子社会与乌班图

其他地方依旧铭记着里根时代沃尔克的严厉政策。当时，第三世界国家和贫民被美国利息率政策压得喘不过气来，一些学者甚至把他的政策称为沃尔克地震。[10]

通过任命劳伦斯·萨默斯为他的首席经济顾问，奥巴马与发明套保基金和衍生工具的这些权威做到了相安无事，因为这些人相信自己是在按照上帝的意旨办事。萨默斯一直是比尔·克林顿政府的财政部长，或许是最为狂妄自大和性别歧视的分子，他把这些理念都带到"变革"管理之中。在萨默斯成为比尔·克林顿政府财政部长之前，身为世界银行首席经济学家，他曾经在一个内部备忘录中强调把有毒的废弃物倒到穷困国家的有利方面："倾倒大量的有毒废弃物到最低收入国家，其背后的经济原因是无懈可击的，而且我们必须要面

[①] 称作涓滴效应或渗漏效应、滴漏效应、滴入论、垂滴说，也称作"涓滴理论"（又译作利益均沾论、渗漏理论、滴漏理论），指在经济发展过程中并不给与贫困阶层、弱势群体或贫困地区特别的优待，而是由优先发展起来的群体或地区通过消费、就业等方面惠及贫困阶层或地区，带动其发展和富裕，或认为政府财政津贴可经过大企业再陆续流入小企业和消费者之手，从而更好地促进经济增长的理论。——译者

对……我总是在想,非洲大部分非密集型人口国家都没有受到污染。"

萨默斯从克林顿政府的财政部长职位卸任后,当上了哈佛大学校长。在哈佛大学,萨默斯再一次表明他白人至上主义的观点,并对康奈尔·韦斯特在知识和哲学界的贡献予以攻击。哪里有种族歧视,哪里就有性别歧视。作为哈佛大学校长的萨默斯轻视妇女的态度昭然若揭。他认为:"男性和女性的本质区别,或许是妇女在科学和数学领域鲜有成就的原因之一。"

蒂姆·盖特纳曾在国际货币基金组织实习过,并在位于华尔街的美联储工作,后来自然地一步步晋升到财政部的位置上。

作为对真正变革作出承诺的新任美国总统,奥巴马绝不会意识不到,对华尔街-财政部-国际货币基金组织中心所处的困境所产生的巨大争议。他并未让这个新团队来反思变革,并为这些组织起来监督欺诈行为的力量指明方向,却屈服于这些自由党的顾问,因为他们相信银行的安全和生存是符合人类共同利益的。盖特纳和萨默斯(是银行家和政府局内人罗伯特·罗宾的门徒)的经济团队是为奥巴马设圈套的一干人等。军工业的大佬们对银行家予以支持,因此

另眼看世界·当代国际热点解读

当奥巴马进入白宫时,设圈套的金融一派加强了由拉姆·伊曼纽尔、詹纳罗尔·琼斯和罗伯特·盖茨负责的安全防卫工作。奥巴马明白,已经陷入了由金融寡头政治和军事工业中心设计的圈套。然而,当他在金融大鳄与伊利诺伊州参与政治的人民二者之间进行权衡时,他认为华盛顿也应该采取同样的制衡手段。此时风险逐渐加大,游戏规则的弦也绷得很紧。9月15日后,美国总统必须表态,对国内的银行家与国外的军事计划给予真正的支持。

自由主义、对救世主的信仰与长期的战争

当奥巴马作为华尔街信使深陷地狱时,社会上不存在任何一个强大和成熟的政党势力对社会朝此方向发展发起挑战。进步党势力也被边缘化了。博客已经取代了集体行动。既然没有一个强大的社会运动能够把"大胆的希望"变成勇敢地与自由主义和现实主义决裂的事实,那么奥巴马现在也就逃不脱口头上虽然强硬但道义上懦弱的命运。盖特纳此时召集了银行家们,并对其作出了未来的承诺。对银行家与军事工业中心准备打持久仗这一未来计划之间互相渗透

的关系，奥巴马也不明白其中的奥秘。为保证美国依旧在未来50年内的霸权地位，这个远景规划已经成为长期战争的一部分。[11]

由消费者引领的经济、投机、银行的风险以及领导者的军国主义全部交织在一起。对外实施军国主义，对内制造恐慌和压制，这满足了一小部分人想巩固权力阶层的需要。在全球化和自由市场经济这些字眼的后面，强化了军事工业中心对企业福利的馈赠，由此产生了更为残酷的新型全球性剥削，并且巩固了社会的阶层意识和种族分裂。恰在此时汤姆·弗莱德曼提到了：

> 美国不畏惧以一个强悍的超级大国形象行事，这就是——市场这只看不见的手。如果没有这只看不见的拳头也运作不起来，就像麦当劳如果没有F-15设计者麦克唐纳·道格拉斯也不会生意兴隆。利用硅谷科技维持世界和平的这只看不见的拳头就是美国陆军、海军和空军。[12]

就新保守党露骨的"美国新世纪计划"而言，弗莱德曼不像他们那么粗鲁和野蛮。这些人曾经发展了长期的军事策略，理由是没有美国的军国主义就没有全球体制的统一。军国主义分子的背景非常复杂，甚至渗透到两党内部，因

大变革：量子社会与乌班图

此当"美国新世纪计划"成为野蛮新保守派的左膀右臂时，新美国安全中心成了民主党军事上的左辅右弼。

中东人民的屈服和对伊拉克人民战争的借口，证实了自由主义持久战争这个命题。伊拉克战争和阿富汗战争不应被视为外交策略上的失误，而应被理解为美国霸权主义所面临的困境。现在只有军队可以使美元作为世界贸易货币的现状得以维持。由此产生了美国金融体系和军国主义之间的关系。[13]

奥巴马一直在为结束伊拉克战争而四处活动，但美国防部却组织周密的计划来建立军事基地网络，还在伊拉克保持和德国以及日本相同级别军事占领基地的人员数量。与此同时，当美国市民以排山倒海之势加入反对阿富汗军事行动的行列时，奥巴马却在2009年12月命令战争升级。这使整个巴基斯坦地区陷入混乱，因此巴基斯坦也把战争计划提到议事日程上来，并对全面的占领采取应急行动。因为巴基斯坦拥有核武器，因此安保部门需要采取军事应急行动和果断的行动计划。

隐蔽在白宫里的奥巴马，只有超越自由的陈词滥调并展现其领导力和胆识时，才能逃脱厄运。2009年10月份，当奥巴马重温他对阿富汗战争升级的选

择时,《滚石》杂志说,"当奥巴马重新思考对阿富汗战争的失败策略时,他面临着两种叛乱:塔利班和五角大楼。"14

约翰·F.肯尼迪没有幸免于当时所面临的安全机器内的叛乱。肯尼迪选择了领导力和长期的策略,但遭到了美国领导人以外势力的颠覆,因为军事工业中心当时处在政治经济的核心领域。奥巴马需要和平与正义的力量以摆脱帝国的束缚。和平与正义网络的再次出现,使奥巴马注定要为了和平而重担战争所赋予的使命。在使阿富汗战争升级变得理所当然时,他要采取同样的做法。奥巴马在自由传统中的领导力已经达到了极限。21世纪的政治需要跳出19世纪践行使命的圈子。

为和平而战

有关量子力学中的自旋、丑闻及"推销伊拉克战争"这些传言,并没有涉及到一部分和平运动已经被削弱的原因,以及试图消灭依旧在线的美国和平网络的现状。布什政府和他的智囊团研究了和平运动的策略,并同意上述看法,试图把和平运动积极分子妖魔化,并展开活动以此证明为了维护和平,美国必须为战争做好动员。乔治·W.布什把"正义的理由"与"正义的战争"和哲学联系在一起,并重申美国在过去国际政治中所起到的使命作用。对于统治阶级来说,奥巴马是一个天赐的礼物,因为他能以另一副温和的面孔来展示美帝国主义。因此,当青年网络为了真正的变革而支持奥巴马时,军国主义分子和华尔街上的财政中心也接纳了奥巴马,并用"莫尼汉式"(2004年,美银并购波士顿金融公司,莫尼汉是少数留任高管之一。资料显示,2004年,莫尼汉已拥有超过1100万美元年薪、分红和股票的身家。"莫尼汉式"民主党是指用金融手段操控民主党——译者。)民主党和其他美国新世纪计划的左膀右臂来熏染他。奥巴马落入了大选期间自己花言巧语的陷阱中,那时他辩称,阿富汗战争是"必要"的战争,但伊拉克战争可以选择。

宣布组建美国军队以打击阿富汗人民数周之后,奥巴马在接受诺贝尔和平奖时的发言与其所持的态度才在公开场合曝光。很有必要把军国主义与侵略者的地位,以及把真正采取军国主义行动转到实行种族灭绝的社会主张和心态这些话题联系在一起。主要观点认为，人们的思想状态并非一触即发，而是产生于大众文化以及教导市民了解优劣势的大众历史中，以及对促使人们产生分歧的工具理性的大加赞颂。优等民族的使命是把和平与民主带给劣势群体。许多人都了解阿尔伯特·爱因斯坦的格言，我们不能用当初产生问题的思维定势来解决问题。奥巴马现处在一系列圈套里，如军事主义和军事工业中心支持者、他自身自由主义的训练和索尔·阿林斯基有关必须在这个体系中展开工作的言论。只有在充满动荡的和平与正义运动的支持下，奥巴马政府才能脱身。人们不得不把和平运动提到议事日程上来，以使杜桑·卢维杜尔在海地的教训不再重演。这些教训又是什么呢？

奥巴马时代会像杜桑一样结束吗？

最惨痛的教训是，历经千难万险的一场革命却毁了它的孩子们。在海地革命这一特殊历史事件中，拥有一批基层革命和给反奴隶制带来巨大鼓舞的基层

大变革:量子社会与乌班图

领导。革命中的三位领导人是让·弗朗索瓦、比阿索和雅诺。杜桑是一位伟大的战略家，曾投身于革命并把自己视作为人民自由而战的军事战略家。带着对民众的承诺取得诸多胜利以后，杜桑已经走在通往海地革命和独立之路上。他对法国自由与平等主张的内化，并没有让他认清法国想让人们回到奴役状态这一现实。以经济现代化为名，杜桑想让原来的奴隶再回到庄园里。杜桑的沉浮有两大教训：第一，是受困于压迫势力主张的革命领导将会停滞不前。第二，更为深刻的教训是，随着革命和矛盾的深化，暴力和血腥也会使社会倒退数十年。

像杜桑一样，在寻找与被剥削力量谈判的机会时，奥巴马也举棋不定。当奥巴马犹豫不决时，为大选而调动起来的基层运动还是按兵不动，同时保守党势力想击败真正为前途感到担忧的愤怒市民。这一革命时刻最深刻的教训是，调动和平与正义的全部力量是非常必要的，因为它可以保证，奥巴马落入圈套以及金融危机时期产生的两极分化不至于恶化成国家通过暴力来席卷整个社会的结果。社会军事化所需的这种调动，是好战的非暴力民众反抗并打击寡头政治的群众斗争力量。奥巴马大选一年后，高级法院宣布了一个决定，即在选举

时，政府不该阻止候选人由企业出钱的政治投资。[15] 统治阶级的高效意味着，公司可以向政治上大量投资并控制选举过程。为颁布覆盖数百万人的医疗保健措施而进行的斗争中，医药公司和制药企业已经花费了数十亿美元，以此来阻止有利于普通民众的立法。

企业对大选的直接赞助将会巩固政体中保守党和军国主义分子的势力。尽管奥巴马事实上已经处在圈套中，倒置的集权主义势力还是不想冒险看到大选中民众的参与所掀起的另一次热潮。银行家明白，经济衰退需要政府更多地插手金融寡头政治。奥巴马将被迫作出比上一任头一年的抉择更艰难的选择。把奥巴马面临的选择和弗兰克林·德拉诺·罗斯福于1931年面临的挑战相比，比尔·弗莱彻，一个力主和平的积极分子，用下面的方式来总结和平力量所面临的挑战：

> 因此，问题在于奥巴马是否会感觉到罗斯福的竞争，抑或他是否将继续保持中立——或者更糟糕——对选民的愤怒做出回应。我想答案不依赖奥巴马的回答，而是我们的回答。我们会身处战事连绵的街道上

另眼看世界·当代国际热点解读

吗？我们会通过发电子邮件来表现绝望吗？失业者将会通过橡果国际公司、国家人民行动组织或者工会组织起来吗，或许他们只会成为讲话中提到的统计数据而已？尽管美国公司在他们面前设置了一个个障碍，工人们会行动起来吗，还是颤颤巍巍地等待下一个解雇通知书？这些问题都是进步党需要关注的问题，更为重要的是，需要据此采取行动。[16]

弗莱彻呼唤一种新组织形式和一种新意识水平的产生，以此来面对经济和政治危机。不错，答案不取决于奥巴马，而取决于进步力量，他召集进步力量提出新的问题并找寻新答案。伊曼姆·巴拉克也作了类似于希特勒崛起之前那段时期的相同论述。当时，社会民主党和激进主义分子互相之间斗嘴，随着资本主义危机的加深，法西斯主义者统治了工人阶级。自由主义不可能在危机中生存，因此新生力量必须打破"半山腰上那座城市"的使命主义和对救世主的信仰。

网络与团结

辛迪·希恩表达了对和平的深厚情感,这种情感在整个社会渐渐地蔓延开来。她是创立于 2005 年 1 月的"金星和平家庭"首创者之一。"金星和平家庭"的想法来自于战争中被屠杀和致残孩子的母亲们。每一位母亲都成为"金星"个人,她们的思想也传播到每个家庭成员。这是分形学中自相似性分裂形式在国家不同程度上的一种重复。它是当地自组织网络迅速崛起的一个招牌,藐视对党派的忠诚。母亲们利用家庭教育,每个人都学会了如何应对精神疾病的突发情况以及老兵战后的抑郁症。[17] 在和平网络活动中,这些家庭给国家带来了自下而上的运动,展示了自组织、自我调动和非暴力的优势和力量。

在缺乏理智的非正义伊拉克战争中,许多孩子遭到遗弃。当希恩决定加入这些母亲的行列时,预示了自组织和自我调动的未来。自组织是一个典型的过程,它是没有外部任何指令、操纵和控制的自发性系统组织。因此,虽然有许

大变革:量子社会与乌班图

多已经建立的和平组织,如联邦和平和正义组织、黑人和平组织、美国友好服务委员会和当地许多和平委员会,但数百万市民的自发行动组织还是认为伊拉克战争是非法的。这些来自于市民的自主行为是公开的,希望共同分享并具备国际眼光。这是对救世主道德观的一种叛逆,这种道德观是在阿富汗和伊拉克战争(对救世主的信仰和帝国主义)中发展起来的。

2007—2008 年的大选过程中,奥巴马支持者的网络模式源于对战争和社会、经济及环境危机所引发的公众担忧的强烈抗议。反恐战争激发了这股抗议思潮,并且引发了全球愈 130 多个国家民众的和平运动。

这种国际调动创建了一种新的意识,即需要对和平进行重新定义,为了与 20 世纪人类历史上最残酷的思想作斗争,这种方式赋予了一种精神和智慧的力量。有一位意欲寻求发展第二个超级大国这一主题的学者也提到了自组织和自我调动在巩固力量过程中的重要性:"21 世纪的超级大国依靠的是有修养和信息灵通的成员。在第二个超级大国群体里,我们每个人都应该为自己的感受负责。"[18]

2008 年大选中,这些有教养和信息灵通的成员表现非常积极。他们也同样

建立了把奥巴马送到权威宝座的社交网络。自组织意识、多渠道的力量和不同的社会组织生活使人们了解到,和平运动本身并不具备完全统一和先驱的性质。在全国所有群体中,这个运动的影响很深,并得到了有别于"美国例外主义"(又译为"美国卓异主义"、"美国优越主义",是亚历西斯·托克维里于1831年所杜撰之词。在历史上,此词意指美国因具独一无二之国家起源、文教背景、历史进展以及突出的政策与宗教体制,故世上其他发达国家皆无可比拟——译者。)和超级大国思想的激励。为反对伊拉克战争,发动群众所面对的一个挑战是,把和平创新的观念从和平的消极一面过渡到积极参与正义的话题中,以便发动社会真正的变革。奥巴马时代应拥有更多发言权,对此许多追随变革活动的人们都对这种和平力量寄予了很高的期望。退一步来说,至少要把希望寄托在从新保守派手里把政府资助的美国和平研究所这样的智囊团夺过来,因为新保守派利用"和平研究所"作为制造战争的一个平台。[19]

在和平运动中很少有人明白,美国势力的群众基础首先是对市民进行恐吓与征服。因此,当大量议员对伊拉克战争予以支持时,和平与民族自决运动将

另眼看世界·当代国际热点解读

其击退并取得胜利,然而他们并未对经济组织的知识和模式传播上造成足够影响。从军事文化中获利的各阶层重新组织起来,并且带着更加坚定的信念重新站出来,尤其是针对奥巴马总不露面,还有2009年12月宣布挑起阿富汗战争。和平组织网络必须重操其工具来作出决定,即如何用对内加强民主、对外加强和平的方式来抗议五角大楼的决策和武器的制造。

给奥巴马贴上"社会主义者"标签的茶党运动明显是"白人至上"和军国主义沆瀣一气所制造的混乱。当茶党运动成为切尼号召采取更猛烈军事行动的传话筒时,作为一个反革命和军国主义分子的莎拉·佩林被推到了前沿。通过宣称"美国已为下一次革命做好了准备",佩林借此来回应武装力量。美国的保守势力呼唤回到种族主义欺压、暴力镇压、种族隔离和帝国主义侵略的时代。革命与反革命在一争高下,和平运动也面临着社会变革与来自于种族主义和军国主义求新的挑战。从根本上来说,保守势力确认工人群体非常无知,因此茶党根深蒂固的种族主义思想会导致对贫民更深的压迫,并把视线从数百万人失业的经济危机中转移开。美国的自由主义和军国主义现正处在十字路口上,面对反革命势力不断崛起的种族主义分子,和平势力必须对非暴力革命进行深入

的理解。

在美国和平运动走向成熟的过程中,甘地和小马丁·路德·金提出的和平与非暴力概念被理解成和外部的多元文化有关。这并非在指责社会制度在结构和身体上实施的暴力,还有使人类等级制度合法化的构思系统。W.E.B.杜波伊斯早在一战时就召集美国和平积极分子,为的是了解酝酿战争的思维定势,而不仅是停留在军费开支的统计数据上。[20]

若想发扬民主思想,仅通过大选是远远不够的。作为美国总统的大选,奥巴马打开了超越"经济影响"和战争思维定势的一扇窗。此时需要修补和更新来与战争和毁坏作决裂,但为了向救赎正义的方向发展,全社会必须清楚种族灭绝是在犯罪。

和平、反法西斯主义者与革命进程中的救赎要点

从根本上来说,救赎运动已经成为美国革命时刻的里程碑。救赎与对过去

大变革:量子社会与乌班图

造成破坏的现实构成了一种迟缓的形式,即把社会从构成威胁的反革命茶党中拯救出来。"美国土著居民"和非洲后裔为救赎运动奠定了基础。由于它的革命势头威胁到关于"半山腰上那座闪亮的城市"的顶礼膜拜,故而引起了某些人的恐惧。救赎思想面临着种族主义、性别歧视、反犹太主义、恐同症和军国主义各种思想的挑战。在反抗布什-切尼政府过程中,存在着新的多国主义、多元文化和拥有雄厚基础的、有希望成为政治统治力量运动(用《纽约时报》的话说是"超级大国")的萌芽。甘地的报复思想会蒙蔽每一个人,在和平运动中不断地过滤和酝酿,但最终还是淹没在布什"你是支持我们还是反对我们的"呼声中。世贸中心被袭后,亟待人们寻求真理和救赎的路径。然而,这却激起了媒体对战争和侵略的疯狂追逐。

美国政坛领导人明白,世界局势已经在 2009 年 6 月 18 日星期四发生了变化,因为这一天美国参议院通过了一项决议,正式通过"根本上的不公平、残暴、野蛮、奴隶制的非人道和'黑人'时代法律",一直到 20 世纪 60 年代,无论美国各州和各地,种族隔离痕迹一直未消。"为他们对非裔美国人所犯下的罪行和他们曾经遭受奴役和'黑人'时代受到折磨的祖先",国会代表美国人民向

他们致歉。美国的主流和平运动在致歉时表示沉默,但这一举动却被美国国会黑人同盟和国际救赎力量捕捉到了。

下一个主要任务是要确保重写美国教科书,以展现美国参议院致歉这一幕。文化和知识界随后宣称,美国社会学教科书如今真实地反映了这一决定,因此急需对支持奴隶制思想和实践予以逆转的过程。

超越物质表象的救赎正义概念使许多人很迷惑,特别是对美国的自由势力而言。面对自由人士的恐惧,右翼发动了恶毒的、由保守党权威如格兰·贝克和戴维·霍洛维茨牵头的活动。贝克甚至宣称奥巴马(作为一名不晓得救赎运动的自由党)想通过医疗改革来实现救赎。[21]

为把需要医疗保健的贫民白人和洁净环境混淆在一起,右翼拼命发起进攻。通过广播、电视和印刷品,贝克和鲁什·林堡被大肆宣传,其实是为了说明奥巴马是一位种族主义分子,并且用林堡的话说,"奥巴马整个经济计划是以救赎为基础的"。救赎是白人(即使是进步党)一个非常谨慎的话题。喜剧中心的史蒂芬·科尔伯特调侃种族主义分子时,凯斯·欧伯曼和雷切尔·麦道却不愿领

会救赎和救赎正义的真正内涵。

出资数百万亿美元来拯救"达尔富尔联盟"的举动强化了澄清这一话题的紧迫性。这个联盟是以呼唤对苏丹实施军事干预的和平运动使者面貌出现的。我同意马哈茂德·马姆达尼得出的结论,为了消灭和平运动,并把2003年开始在伊拉克丧失的愈100万条生命的视线转移开,拯救"达尔富尔联盟"需要付出艰辛的努力。尽管在达尔富尔实施军事干预时,美国在广告和媒体上花费了数百万美元,但最终这次战役还是悄无声息地结束了,因为对于正在被操纵的年轻人来说,资本家衰退的现实变得越来越清晰了。尽管面临经济的衰退,美国最大的开支还是用在制造战争上。数百万人反对阿富汗战争的升级,但媒体却表示,战争可以让勇敢的美国士兵努力把阿富汗市民从邪恶的塔利班手里拯救出来。

当和平与正义联合会、黑人和平之声、粉色代码、金星和平家庭以及众多为和平而起誓的团体出现在大规模的示威和群体活动中时,奥巴马跳上了反对伊拉克战争的花车。明白战争和战利品之间内在关系的那些人逐渐接受了21世纪所需的国际救赎精神。像黑人和平之声这样的组织非常清楚,环保司法、

救赎、医疗保健的需要和从反自然的罪恶中解脱出来是交织在一起的。

在他们的创始人达姆·史密斯不合时宜地死去时，国家黑人环保立法网络和黑人和平之声用事实教育了更大规模的和平运动组织，即在路易斯安那州"癌症街道"犯下的环境罪行和历史上的奴隶制与"黑人"时代是分不开的。资本家对环境犯下了很多罪行，因此需要在美国掀起一场激烈的救赎运动。这些对环境犯下的罪行包括：有毒废物倾倒、滥砍滥伐、动物走私、生态盗窃、天燃气燃烧以及煤炭公司实行的山顶迁移。这就需要环保积极分子和网络在全世界共同分享这一信息。[22]

范达娜·席娃博总结了朝着新方向发展所面临的挑战：

> 全球化威胁到地球本身的生存——通过掠夺数百万人生存的权利，并创建一种政治环境，这为全球化的拥护者提供了生存的土壤。人权必须关注每个人种的生存、人类和平共处并营造和谐世界大家庭的氛围。经济全球化并没有创造全球市场。疯狂的行为必须被终止。只有拥有集体意识并勇于参与，我们才能对精神的不安全感进行治愈，并查出

大变革：量子社会与乌班图

它的病根。[23]

根除顽疾并非易事，但当社会徘徊在反对还是救赎，以及莎拉·佩林领导的革命还是小马丁·路德·金倡导的革命价值观之间时，救赎的火花一触即发。救赎将成为治愈全球不安定性的主要方法之一。

和平与工作的意义

和平运动有许多节点，但从社会进步角度来看，主要目标是要摆脱救世主的信仰并引入"救世主"道德观的使命主义。慢慢地，美国的工人和其他市民开始丢了饭碗，然而银行家和金融大亨却拿着巨大的红包。工人运动所处的战略地位是，支持和平并调动有组织和无组织的工人来抗议军国主义。然而，这个任务对行业联盟以及老左派来说是一个极大的挑战。当战争的现实摆在全国各地组织面前时，众多城市委员会表决通过了反对阿富汗和伊拉克战争的决议。然而一项国家重点工程还继续汇总花费在各个群体和社会上的成本总额。

对美国工人们来说，奥巴马上任的第一年，来自各方对阿富汗战争的抗议

就成为了一个转折点，因为他们脱离了二战之后孕育起来的老牌"爱国主义"。工人积极分子必须击败美国劳工总会与产业劳工组织的领导力，因为他们和中央情报局发生了密切的关系，并且支持20世纪50年代以来的冷战。冷战的结束和美国的去工业化引起了工人运动新的发展方向。然而其悲剧在于左翼还没有认清去工业化的全部内涵。谢尔登·沃林在极力反对"倒置的集权主义"时，批评了美国左翼的学术观点，他说：

> 美国左翼崩溃了。把自己出卖给了破产的民主党，它放弃了工人阶级且无力再组织起来。工会已成为一个精疲力竭的组织。大学是培养公司职员的工厂。媒体制造了娱乐信息和自负的权威。左翼不再可能平衡目前公司的现状。[24]

在左翼抵抗极端右翼的能力上，沃林持悲观态度。就职业、充分就业的旧有观念和劳动价值理论而言，他并没有探究大部分左翼无力超越欧洲中心主义思想的原因。机器人和克隆时代的英勇行为与19世纪的概念完全不同。更为重要的是，美国社会即使摧毁贫民和有色人种的教育体系，也不可能恢复元气。

200 另眼看世界·当代国际热点解读

当资本的有机构成创造了一个失业社会时，美国的行业联盟分子依旧维持充分就业的观点。

在2010年1月州联盟演讲中，奥巴马重复了寻求充分就业的言论。很明显，这又是一个自由主义的圈套。失业和非充分就业迫使社会产生有关工作和人类新的想法。妇女和平运动呼吁更多的关注而不是杀戮。她们进一步的要求就是家务劳动上的付酬。这是另一个有关工作的新观点，而不是资本家所认为的，工作就是为资本家创造产生利润的产品和劳务。可以调动数百万市民来创造和想象一个新的社会，但这个远景和非军事化与军事工业中心的转变有关。这是工作的一个新概念，它关系到人类的创造性、创新意识和快乐。

人们现在非常理解切·格瓦拉有关工作和快乐的观点。格瓦拉预想的社会是人们为了快乐而工作，因为劳动强度不是被压榨出来的。他的这种社会模式使人们从工厂的专制中解放出来。21世纪初期，美国社会就面临着许多难题，如重建城市、清理有毒垃圾、工业化污染系统长达200年的违法行为，以及重建社会以服务于健康的人们，而并非只满足一小部分资本家的需要。

2009年美国复苏及再投资法案（一揽子刺激计划）投入将近1万亿美元。

一年以后,有数百万市民失业了。这源于奥巴马政府通过了税收上的抵免和对提供就业机会的小企业税收上的减免。一些经济学家(如保罗·克鲁格曼和约瑟夫·斯蒂格利茨)都纷纷指责奥巴马政府,说他们的一揽子刺激计划范围太小,但他们的批评并没有涉及问题的实质,如经济的重组需要政府、金融和控制城市中心的房地产大企业应具备新的思维模式。奥巴马阅读了罗伯特·摩西的自传《权力经纪人》,[25]但政府对逆转公司所存在的现状也无能为力,因为美国希望通过美元在各个城市巩固种族主义的地位。有些运动是为了改变城市中心区生活现状的,如超过50%失业率的底特律。这些运动的成员称:

> 老工业经济已经一去不复返了。在责任感与创造新经济方面,我们面临很多挑战。实现这一目标的前提是,要珍惜有意义的工作并遵循与其他人以及地球的相处之道,这个能力不会来自于政府。新的生活方式需要我们自己创造。[26]

2010年由格莉丝·李·伯格斯发出的这一警告回应了詹姆斯·伯格斯40年前发出的呼吁。伯格斯提醒美国正朝着失业社会的方向发展,因此有必要拥

大变革:量子社会与乌班图

有关于革命的新观念。当伯格斯解释为何充分就业是反社会时,他说道:

> 当我们处在失业社会边缘时,谈论充分就业和让失业人员复工是反社会的,就像"顽固的个人主义者"在20世纪30年代所说的,一个人不工作的唯一原因是他没有出去找工作的动力。[27]

"失去工作"、男人不再是家庭顶梁柱以及美国例外主义的非法性是强加给社会的新观念。当陈规陋俗和沙文主义的自我价值学说面对21世纪现实时,新的生活方式产生了。过去对黑人与拉美裔工人、美国市民与移民群体之间的划分被认为是阻碍市民组织能力的分裂行为。大萧条发生之后,工人阶级和社会主义运动斗争寄希望于实现充分就业。充分就业被视为一种经济条件,在受雇时,每个人都希望根据工种来取酬。二战后,大多数西方国家政府纷纷采取措施来维持高就业率,把社会福利作为一种缓冲。到了里根和撒切尔时代,采用了一种更具剥削性的、被称为新自由主义的经济关系模式。由于这种模式降低了被雇方讨价还价的可能性,因此失业率大增。在这种新自由主义体制下,私有化和自由化把国家资源转化为私人部门所有。

面对2008年金融危机后不断飙升的失业率,为了刺激需求不得已向基础设

施投资，奥巴马政府开始采用凯恩斯政策。这些基础设施计划都承包给原有的建筑公司和过去拥有相当稳固经济关系的那些公司。与19世纪通货膨胀思想和"菲利普斯曲线"①作斗争的经济学家们，没有对21世纪群体变革的需要进行深思熟虑。

癌症流行造成的大量死亡、医疗保健的缺乏、许多公司监狱式的条件及私有和公有企业监狱式体系的真正延伸亟待超越选举政治的变革。经济危机的深化渐渐地渗透到了文化领域，挑战了工人们的"沉默"。拥有赞美优生学和种族灭绝这种根深蒂固思想的教育体系，不可能培养出具有批判性思维的人。在关押有色人种年轻人上的花费，美国的投入比教育还多，平均每户居民花费2.2万美元。美国在发达国家拥有最高服刑和在押人员的数量，2008年关押230.4115万名犯人。因为监狱体系代表了一种新的奴隶制，监狱犯人劳动私人契约签定使更多的人被关押起来。

2004年，一个消息震惊了世界，这就是美国问讯官和巴格达以外的阿布格莱布监狱看守出台的"系统和非法的对未判决犯人的虐待"，其中包括折磨和降

202

另眼看世界·当代国际热点解读

低待遇。这些都是美国虐待犯人的充分体现。

反对监狱工业复合体的新废除主义者运动成为反对国外军事工业中心和国内监狱工业复合体的主要和平力量。像军事工业中心一样，监狱工业复合体使私人企业和政府的利益交织在一起。这双重目的能够维持他们利润的最大化和城市中心对有色人种的压迫。但公众的理性依旧存在，因此他们继续对这种犯罪行为进行抵抗。然而，由银行家控制的欺诈行为的暴露使更多的市民明白，谁才是真正的罪犯。

在开启拯救人类灵魂的领域时，目前对反革命的斗争要彻底与"人定胜天"的顽固思想决裂。对这种顽固思想的斗争，需要深入思考人类的关系。在此要与军国主义、大男子主义和父权社会进行斗争，以在地球上实现创建一片健康

---

① 表明失业与通货膨胀存在一种交替关系的曲线，通货膨胀率高时，失业率低；通货膨胀率低时，失业率高。菲利普斯曲线是用来表示失业与通货膨胀之间交替关系的曲线，由新西兰经济学家W.菲利普斯于1958年在《1861－1957年英国失业和货币工资变动率之间的关系》一文中最先提出。此后，经济学家对此进行了大量的理论解释，尤其是萨缪尔森和索洛将原来表示失业率与货币工资率之间交替关系的菲利普斯曲线发展成为用来表示失业率与通货膨胀率之间交替关系的曲线。——译者

空间的愿望。

詹姆斯·伯格斯把这一需求贯穿到他的革命号召中。他说道:

这意味着新的一代、局外人、失业工人现在必须转变他们的思维,即不要试图用智慧战胜国家机器,而应该把目光转向社会重组并对社会上人与人之间的关系进行梳理。这场革命应该是这些人心灵上一次彻底的革命,不是朝着提高生产量,而是资源的管理和分配以及控制人们之间关系的方向发展,然而,迄今为止,这些任务还依旧掌握在精英的手中。[28]

伯格斯抒发了对解放的情感。1980年鲍伯·马雷用下面一番话回应说,"救赎之歌"和"从精神奴役中把自己解放出来;只有我们才能解放自己的灵魂。不要因为恐惧原子能而让时间停下脚步。"

革命与转折点

大变革:量子社会与乌班图

革命主张的一连串效果不如环保司法挑战提出的问题明显。科学家十年来开启的气候变化解决方案提醒了人类,全球变暖已不只是转折点的问题了。[29]

这些科学家提出了两种选择方案,一个是像以前一样企业不减少碳排放,另一个是通过改变我们的生活方式来减少二氧化碳排放。处在拯救地球这场战斗前沿的环保主义者网络渐渐地以联系人和信息专家的形象出现,他们加强了全世界环保司法积极分子之间的联系。环保司法网络是代际之间的,与不同种族以及社会群体都有广泛的联系。这些积极分子提醒人们说,地球要想生存,工业国家必须削减90%的碳排放量。这其中包括降低所有碳排放并彻底改变消费方式。

在此气候变化运动中,阿尔·戈尔成了一名积极分子,但由于他相信环保司法和资本主义的存在是兼容的,因此遇到了阻碍。戈尔像一些害怕接受救赎运动思想的和平积极分子一样,也想在不改变经济结构的前提下向政府呼吁减少碳排放。

美国议会和参议院纷纷来支持"特殊利益",并时不时地参与有关"绿色职业"和一个"绿色经济"的探讨,但这种转型预计不会从根本上改变消费和生产方式。对存在全球变暖现象持赞同态度的那些人来说，相信科学和技术变革会解决气候变化的问题。这种技术决定论的说法使美国在国际气候变化会议上迟迟不采取行动。当奥巴马继续采用自相矛盾的公式"使碳洁净"时，他自己也受困于知识和政治贫穷化的泥潭中。

此时美国的自由主义和权宜思想被加重了，因为人们相信，在不对经济方式进行彻底重组的情况下，技术革新可以解决气候变化问题。这种自负使社会上受压迫最为深重的人们还要承受来自于灾难性的废物填埋、癌症街道，以及铀和杀虫剂的滥用、污染和环境降级所带来的折磨。黑人、拉美裔人、白人贫民、美国土著人和上述提到的美国各群体的工人们是地球破坏行为的直接受害者。到2009年12月哥本哈根峰会失败时，许多环保司法积极分子为变革体制，都朝着超越"不方便的事实"的方向前进。

有一种观点认为，经济组织模式中的变革是对气候变化的真正响应。美国政治制度根深蒂固的保守主义通过另一次国际会议得以全面展示。

当资本主义和环保降级的矛盾全面爆发时，处在网络前沿的环保司法或许能够弥合各群体之间、不同种族之间和不同阶层之间的分歧。环保司法与和平运动积极分子、妇女组织和移民工人之间都有联系。为让社会了解一个共同分享的人类，这些组织汇成了一股洪流。然而，为了朝着变革社会的方向发展，积极分子们首先需要变革他们自己，并且摆脱腐蚀心灵的个人主义占有思想。因此现在亟需全面了解乌班图的政治观点。乔治·蒙博，一位国际环保司法的积极分子，把任务做出了如下概括：

> 我从哥本哈根气候会谈返回后，一直特别压抑，有几个原因，但最重要的是聆听完市民峰会上的谈话后，给我真正触动的是，我们根本不作为；现在成千上万人吵嚷着要采纳他们自己的观点。我们可以聚在一起偶尔集会和上街游行，但当我们开始探讨选择方案时，团结却被个人主义占有思想破坏了。消费主义改变了所有人。现在的挑战是要与我们已接受的体制作斗争。[30]

和平与黑人解放运动的衣钵

当 21 世纪的革命组织模式脱离所有形式的先驱主义和等级制度时，黑人解放斗争在历史上被赋予了特殊的地位。无论这些历史是以哈莉特·塔布曼的自组织原则为主要形式，还是以艾拉·贝克的基层民主参与为指导原则，或者小马丁·路德·金平等的梦想，抑或图派克·沙克对和平的呼唤，来自于美国进步阵营的文化和政治声音都起到了彻底反对法西斯主义的作用。由于黑人革命力量的组织和自发运动，倒置的极权主义根本找不到自己的位置。无论是杰里科运动、国家福利权益组织、黑人妇女运动、倡导和平的地下和革命说唱艺术家、解放神学力量、崛起的年轻黑人组织，[31] 还是激进的黑人想象力组织，[32] 他们在非裔美国人群体中都深得人心。安杰拉·戴维斯、阿布杰摩、阿萨塔·沙库尔、鲍勃·摩西、史蒂夫、旺达、贝尔·胡克斯、穆罕默德·阿里、弗朗西斯·比尔、伊曼姆·阿米利·巴拉克与成千上万名自由战士形成了一个链条，

大变革：量子社会与乌班图

并且成为和平与解放史上活生生的证据。像《斯托克利·卡米乔尔为革命作好了充分的准备》[33] 这样的书籍、黑豹党的历史以及马尔科姆·艾克斯和小马丁·路德·金这样的革命党人，确保了革命思想拥有坚实的基础。

从此意义上来看，对于宣布美国革命传统已经死亡的那些记者们的观点，我不敢苟同。我已经从格莉丝·伯格斯和詹姆斯·伯格斯的理论和政治观点中得出结论，从美国产业工会联合会时期到目前的去工业化时代，革命者一直参与底特律的斗争活动。格莉丝·伯格斯把历史上数次运动形式结合在一起，如从妇女运动到环保司法运动，一直到目前为组织生活新方式而作出的斗争。她曾是底特律老左派的一员，渐渐了解到历史解放运动的局限性，因为它只关注如何在生产过程中从剥削中解放出来。

我曾经提到过马克思的革命历史，其解放的概念包括从剥削中解放出来，并停止对工人们的异化。这就是工人阶级劳动力的异化。资本积累的核心是工人们剩余价值被剥削的过程。当金融资本以多种形式出现时，如新的金融产品，还有被压迫形式的多样化，也应对其采取多种斗争方式。我们必须在工人的异化上再加上种族的异化，因为它依旧根植于科学上的种族主义、以家庭为单位

的压迫、相同性取向的人受到压抑的同性主义、环境破坏、年龄歧视和性别歧视这些观点中。从与监狱工业复合体和种族主义状态作斗争的经验中得知，黑人解放运动是建立联盟的一座桥梁，它包括阿拉伯国家、南亚国家、拉丁美洲和伊斯兰群体，以此来反抗现存的种族主义状态，以及把普通市民当作恐怖主义分子的行为。

说唱文化革命把所有反对非正义的力量汇聚到了一起。像大多数变革时刻一样，说唱艺术结合了社会上的正反两方面现象。倡导和平的说唱成员向联合国展示了他们的和平宣言，力求有别于媒体和被压迫的文化机器所推行的、故意实施暴力和厌恶妇女的说唱势力。

在社会上，非裔美国市民要遭受身体和社会体制上的双重折磨，却还依旧是最坚定的革命力量。在揭露最复杂和多维的危机时，他们始终处在前沿，危机对各方面的影响关乎我们生活的每个方面——健康和生活、环境质量与我们的社会关系以及我们的经济、科技和政治。

布什政府领导下的军事压迫和家乡安全立法的通过把国内外的战争连在了一起。由于军队中黑人和拉美裔人的比例很高，国家不可能保证"市民暴乱"时，在城市中心区顺利执行长期军事活动计划。因此，美国政府把私人合同商作为雇佣目标，因为这些人在占领和压迫黑人群体时接受过训练。由于越战时黑人士兵抵抗的历史，在极端保守派军事主义分子的半雇佣军策略上，美国的军事战略家投入了数十亿美元。和平与变革要求终止为恐怖主义、种族主义、阶级剥削、恐同症和不安全创造条件。这种对和平与革命的理解激发了黑人群体内部的深刻思考，通过使用选举权来铲除布什-切尼政府以及反革命势力。在旧有的民权网络时代基础上，选举不可能带来变革。变革只能来自于市民有组织的行动。

进步的妇女力量与和平运动

如果把非裔美国人中的进步网络作为基层组织的中心和节点的话，那么进步的妇女力量就可以作为美国和平与正义斗争各方势力之间的桥梁。为发动妇女力量，非裔美国人和拉美裔妇女跳出了私人话题的圈子，并且为自由而战的大规模妇女运动建立了新的斗争阵地。这些女性有别于资本主义体制下要求平等的自由女权主义者。在美国每一个斗争区域里，都可以看到进步妇女的网络，包括健康服务、教育、儿童看护、环境、社区安全和社会上普遍存在的暴力和压迫。进步妇女必须拒绝在年轻人中树立男子充当武力角色的榜样。年轻人也应拒绝这种男子充当武力角色的榜样，以避免更多美国人的好斗行为及军队的加盟，即使这是为国家服务的唯一途径。家庭暴力作为战争的导火索，后来成为反恐"全面战争"的借口而波及到全世界。

在前面的叙述中，我曾提到了妇女自组织的技巧，如辛迪·希恩，对大型组织把她作为和平标志一事，采取蔑视的态度。她代表了去中心化和自治的思想，这是先驱主义旧有方式和力图变革自上而下组织的唯一出路。在各个领域，如医疗保健、乳腺癌幸存者、妇女反暴力和成百上千个组织中，女性活动都体现了美国社会组织的深刻影响。变革运动力度越大，反对妇女的宣传战就越激烈，因为这些宣传是重建资本主义思想的工具。美国的广告业始终处在反对妇女的前沿。然而，反妇女的斗争越多，它就变得越激烈。报纸的版面不允许有

大变革：量子社会与乌班图

更多关于战斗细节的描述，但还是有文章介绍，在这个革命时刻，哈丽特·塔布曼和艾拉·贝克的传统思想重新唤醒了新一代的积极分子。当和平运动把自己从弥赛亚复合体中解放出来时，新的组织出现了，在激进女权运动中它抛弃了个人问题。艾拉的女儿们建立了一个组织，后来它成长为汇聚各种人的国家网络，如积极分子、学者、艺术家和工人等，他们都是遵循艾拉·贝克的民主传统向正义之路进发，并且使各种不同的社会正义运动团结在一起。

建立一个新的民主

奥巴马大选之后加强了年轻人尤其是妇女的思想工作，表明了过去在政治中被剔除的年轻人组织是有潜力的。格莉丝·伯格斯曾经这样评价奥巴马的成功当选：

> 我对奥巴马的支持从不以他的政策和承诺为基础，但有几个例外，就是他和其他民主党人士也没太大区别。从一开始，我就把目光放在了

奥巴马阵营里的成员上,尤其是折服于他的外表和口才的年轻人,他们摆脱了从20世纪60年代起,尼克松、里根和布什政府向其慢慢灌输的恐惧思想,并带着新的希望,开始了以奥巴马为代表的组织活动。对我来说,不止是奥巴马的胜利,还有"我们人民"从恐惧到希望、从被动到主动、从看客到以市民的身份参与进来的这种转变,因此这一时期具有深刻的历史意义。[34]

在大选中,来自于各种族和各阶层的年轻人被发动起来。他们驾驭着社交网络科技,并且把奥巴马大选当作展示未来政治参与的平台。在选举中,另外一个显著的"家庭"转变就是,用科技来消遣和娱乐的上百万人,在业余时间用同样的工具来改变整个社会。未来将会告诉我们,这些工具和网络空间是如何把部分虚拟的民主变革演变成现实的。

在美国机器内部巩固企业权威地位的速度,可以被当作是给社会上进步革命力量上的生动一课。在这一年中,民主参与代表(尤其体现在奥巴马大选的斗争中)已经明显成为变革的主要力量,其实变革的核心就是地位的竞争。民主变革不仅涉及每4年投一次票。面对民主党撤销选举的局面,奥巴马开始采取一些不为人知的举动,为2010年的中期选举而重建基层组织。然而,具有前瞻性的人们非常理解C.L.R.詹姆斯的格言,他曾在法国革命时做了考察,认为"革命的各个阶段不取决于国会中的决定,它们只能凭借登记的人数来决定"。

在受压抑和富有成效的机器中,企业可能会经常低估目前体制中的投票人数。这部分地体现了新自由主义或"低密度民主"。这种民主就是当一个人被选上时,他可以不承担责任。C.L.R.詹姆斯针对新民主观点撰写过大量文章,称其为"连厨子都可以打理"的民主。

我们所处的时代提供了一个新的革命场所,当人们在新世纪发展自组织新策略时,公开的这种表达方式爆发了。革命时刻会渐渐地产生新的革命主张和组织形式,那就是要在茶党呼唤的那种革命与将要终止摧毁人民和环境的解放之间划清界限。与此同时,人们渐渐地意识到,自组织的优势摧毁了老左派的先驱主义和领导主义。

通过审视希腊革命的局限性,以及研究非洲村落群体的社会集体主义、拉美裔土著人的合作机制以及北美印第安人的民主观念,可以充实C.L.R.詹姆斯的观察。通过回顾这些民主参与的历史形式,来揭示这一革命时刻的奥秘。

新的社会运动优势来自于自治和自组织。在这一年中,奥巴马政府花了13万亿美元来拯救金融体系。然而金融体系依旧处在悬崖边上,因为原始的积累方式需要银行家来控制。正像前面所分析的那样,如果再发生一次金融服务部门的崩溃,那就不是时间的问题了。随着资本主义危机的深化,新网络将会汲取他们积累的经验来抗击军国主义。信息网络逐渐地把人们从救世主的道德观中解放了出来,这种解放得到了文化工作者创新能力的支持。目前,在革命时刻的大环境中,救赎网络、和平与正义运动正在为人民的自由而战,每个人也在努力营造一个崭新的社会,以此来体验更加理想的生活方式。

C.L.R.詹姆斯预想的"连厨子都会打理"的社会把我们带回到没有中间人或伟大领袖(即弥赛亚)的政治中。在推行"莱拉的关爱原则"(这个原则认为,教化和关爱的质量在于集体的分享并改善生活水平——译者。)时,以多种形式组织起来的、来自于各种族和阶层的妇女表现得非常坚定。这个原则弘扬母子之间的一种关爱与呵护,这意味着政府和市民之间的社会关系。对家务劳动

大变革:量子社会与乌班图

付酬的运动在全球打出了一条标语——"在关爱中投资,而不是杀戮。"这一时刻号召市民在社交场合(教堂、清真寺、工作单位、学校、社区等)与邻居组织集会。每个厨子都有能力打理或政治自发组织的深化要求每个人直接参与社会的变革,从他们最熟悉的生活空间,到以辩论和行动作为主要方式,把亟待解决的具体问题和产生它们的结构性原因联系在一起。

这个民主的新基础传达到了墨西哥的"萨帕塔主义者"[①]那里。这些人是作为美国新革命先驱加入古巴人民队伍的。这种革命的自组织不同于政治代表的自组织。人们的意识水平在此政治活动中得到了提升。与此同时,萨帕塔主义最有意义的是强化在历史中调动积极文化价值观的方法。信息灵通的观察家已经认识到,土生土长的概念和墨西哥革命计划的联系绝非偶然。另一个革命方式的重要性在于巩固群体力量,以便人们能够摆脱旧有国家机器的暴力和统

---

① 作为这支队伍的精神领袖和"副总司令"的马科斯誓言:要想除掉萨帕塔民族解放军,除非政府能从地球表面把恰帕斯这一小块土地抠出去,因为那里的男人、女人、孩子,甚至鸡和石头都是萨帕塔主义者。即使他们全部战死,他们的灵魂也将在这片土地上继续战斗!有人称他为"格瓦拉第二",有人称他为墨西哥的"佐罗"。他吹响的和平主义号角,使他更像"墨西哥的甘地"!——译者

治。在美国的每个社区中,为追求社会正义,当地斗争正在孕育新的政治形式。斗争积累起来的经验逐渐地把新的激进力量和妥协与"非营利"组织动员的那些人区分开,因为这些人主要是依赖私人企业的宣传资料动员起来的。

结　论

对这一年的美国来说,通过选举取得变革成果的局限性变得越来越清晰了。因此把奥巴马当作"弥赛亚"的人们非常失望。资本积累需求和重建人类生活之间的矛盾一触即发。社会上的使命主义精神及种族灭绝的历史面临着人类以及地球未来的挑战。气象学家(詹姆斯·汉森)和经济分析学家(努里尔·鲁比尼)想给社会10年的时间进行反思,以便急流勇退。受到全球变暖白热化冲击最大的是年轻人,这明显反映在环保积极分子的网络上。鲁比尼的警告是美元霸权地位的终结。如今,美国的军事力量充当着权威们的后盾。一些像中国这样的国家,放弃对美元的支持只是个时间问题,这给美国部署军力留下了可乘之机。

还有一些美国势力甚至起草了未来30年的长期军事计划。这个军事化的未来正在受到美国和平以及救赎运动的挑战。奥巴马的美国总统大选表明,民众非常渴望变革。然而,这次选举只是比政治组织和政治干预更为深刻的一课,因此为了预防彻底的法西斯主义抬头,有必要对其进行干预。右翼势力的"革命"号召挑战了自由主义分子对社会和经济危机深刻的理解。与此同时,我们从大萧条时期的德国汲取了很多教训。在德意志共和国国民议会发生大火以及希特勒崛起后,当右翼实现自治并对希特勒表示拥护时,左翼和共产主义分子之间也发生了矛盾。

2008年11月奥巴马的获胜,暂时把极端保守党势力从权力高层拉下来,但这些势力又迅速重整旗鼓。右翼退出了奥巴马所希望的中立立场和两党制。此时奥巴马陷入了自由主义的圈套,而且认为资本家的东山再起可以给社会带来变革。在这个陷阱中,奥巴马只能含糊其辞地把借阿富汗战争来争取和平和希望用"清洁煤炭"来创造一个"绿色经济"混在一起。

随着过去的日日夜夜,贫与富、战争与和平、种族歧视与反种族歧视、环境破坏与拯救以及学校与监狱之间的两极分化日趋严重。高级法院下令给企业更多的权力，这无形中进一步巩固了原来这些企业的实力，并赋予了它们生活就是一种发明的决定权。

　　奥巴马可以选择从圈套中解脱出来，或者被对这种彻底的压抑感到不耐烦的力量推到一边去。我们已从海地革命领导人杜桑·卢维杜尔的犹豫中汲取了很多教训。甚至在革命以后，杜桑还想继续保持前法国殖民主义者的经济体制。我们从小马丁·路德·金的经验中可以确保，吉恩·杰奎斯·德萨林不是在奥巴马摆脱圈套后出现的那个人。在这个时代，年轻人如何从"被动到主动"，依赖于同盟势力的加强，因为他们能从救赎、和平与正义中获得很多收获。进步党人士必须为前方的战斗作好准备。他们可以把在此之前历史上长期的斗争作为走向成功的基础。我在本书中强调的是，机会大于风险，为的是重新唤起2008年与布什-切尼政府决裂的那些组织的热情。

　　奥巴马用《醒来吧》作为大选时的主题歌。他会用小马丁·路德·金的话"没有比在革命时躺着睡大觉更令人悲哀的事情了"来警示年轻人吗？[35]

大变革：量子社会与乌班图

第九章　乌班图与21世纪革命

环境与挑战

本书是在受到历史上自由战士的启发与乐观主义意志及拯救人类灵魂的基础上写出来的。谢赫·安塔·迪奥普曾经描写过非洲人处在动荡时的乐观主义，以及和平与正义还有家庭生活中的妇女解放。[1] 妇女解放和男性人道主义的使命是建立另一个世界。贯穿全书始末的是，从文化工作者努力保持乌班图思想的活力来看，我们已经获得了很多启发。他们说，"我们就是世界，让我们像一个人一样团结在一起。"

"乌班图"这个术语来源于南非的班图语言，和祖鲁族的概念有关。umuntu ngumnutu ngabantu 意思是，一个人只有和其他人联系在一起才能成为真正的人。修纳人把它定义为"unbu"，斯瓦希里语是"utu"。这个概念在整个非洲都可以看到。图图大主教一直想成为南非的救世主，因此在有关乌班图的问题上撰写了大量文章。在《没有宽恕就没有未来》一书中，图图指出："乌班图很难被译成西方语言……这就是说，'我的人生被困住了，难以挣脱，实际上就是难以摆脱你们的枷锁。'"[2] 乌班图是一种伦理，并且是以人们的忠诚和人际关系为核心的人文哲学。重申这个伦理的必要性是为了把重心放在人们的忠诚和人际关系上。简言之，我们要分享一个共同的人类。

在2006年英国劳动党大会上，美国前总统比尔·克林顿告诉与会者代表，要想解决世界问题，我们亟需乌班图思想。克林顿宣布，"社会因为乌班图而变得重要"。[3] 令人奇怪的是，他并没有把这样的信息传递到美国。在以希拉里·克林顿为领导的美国政务院里，一些人员曾经介绍过"乌班图民主"这个概念，但帝国官员们对这个术语的借用与乔治·W. 布什力图用战争方式来展示和平如出一辙。

在美国最具创新能力的人群中，乌班图思想是最为风行的。即使不用"乌班图"这个词,拉美裔群体的进步学者还是介绍了"相连的命运"这种提法,来强调所有美洲人民的未来是紧密相连的。

"乌班图"这个名字也被以 Debain GNU/Linux 数据系统为基础的电脑操作系统所采用,意思是"免费传递和资源共享"的软件,所有软件都带有这种附加所有权。劳伦斯·莱斯格一直处在资源共享运动的前列,这是为信息自由和一种新的"读写能力"而斗争的一个重要节点。[4] 这种读写能力是革命公民的一个组成部分。

作为研究帝国掠夺和"通过剥夺来积累"本质的一位学者,戴维·哈维号召我们从爱与和平中汲取精神食粮。他写道,"为了打开长久以来闭塞的思想,我们需要通过乐观主义智慧的表达来完成重要的使命。"[5] 那么如何才能开启这个乐观主义智慧的表达呢?

对这一历史时刻革命未来的理解是与过去的反人类罪和反环境罪决裂的一种方法吗?美国的年轻人拒绝接受极端白人主义学说,并且展望美国 21 世纪的新未来正是本章的主题。本书的着眼点是在这一政治事态的分析上。本书充分

大变革:量子社会与乌班图

展示了由此产生的巨大矛盾,迫使旧有的自由民主方式难以为继。社会需要一个新型的大众民主,"在此每个厨子都能打理"。

在本书开篇,我把这一革命时刻更多地理解为"是机遇而非风险"。即使面对以极端保守和体制上种族歧视为特色的新右翼民粹主义,我还是要大力弘扬和平与爱,而不是恐惧与仇恨。我从反种族歧视和反资本主义网络的文化力量中了解了重建政治变革所需的条件。

美国大部分人都了解,在旧有的剥削方式下,经济不可能得到恢复。白人种族主义不可能对贫民和工人阶层的白人提供物质刺激。恢复需要新的领导体制、新的社会思想和新的社会结构,把人的利益放在利润之上。我曾经强调过政治与经济、金融与军事,以及在制度上制约教育体系的种族主义与发挥全社会潜能之间的关系。

我在全书中尽量避免对 21 世纪革命的真正本质进行预测,只强调了乌班图核心的道德观,即追求人类共享,每个人都可以在和平的环境中生活。

本书是以专心于和平与变革的积极分子的彻底想象力与精神上的极大热情为背景的。在呼唤全人类梦想一个未来和平与团结的人类的队伍中,约翰·列

侬（美国著名摇滚乐队"披头士"成员，反战者——译者）是其中的一员。格莉丝·伯格斯想象的新社会是把城市的权利和人民的需要融合在一起。辛迪·希恩想象的世界是儿童不再成为公司的牺牲品。

这些梦想要求我们超越人类的等级观念，幻想着一个如姐妹和兄弟般关系的新人类，及人类共同分享一个组织原则。无论是约翰·列侬还是小马丁·路德·金，他们都是20世纪的和平积极分子，他们意识到，未来要与竞争、贪婪和周密而利己的微积分理论所支持的旧有机械论、原子论和理性角色决定论范例相决裂。这场决裂是循环过程中重要的组成部分。

隆·艾葛拉西曾就分形几何学中循环理论的含义有过描述，[6]他还清楚地解释了政治中的亚里士多德概念与数学为何不能接受无极限的概念。希腊哲学家不能接受无极限的概念，是因为它与"混沌理论"①和不确定性的含义有关。非洲人对宇宙的无限之美崇拜得五体投地，并对生命、祖先与未来的关系非常敬畏。

那么，奥巴马大选如何与亚里士多德模式中"人类被分成两部分"这种过去的思维方式决裂呢？

对于旧民主制度中的"政企分离"以及"平等只针对白人"这些观念，21世纪的民主理论如何对其进行超越？

就核心因素中的循环概念而言，记忆对于革命时刻来说有很多重要的内涵。从这些回忆中，即美国革命的思想、组织和领导力以及世界其他地方的革命中，我总结出了21世纪斗争最深刻的教训。

新进步基层力量的政治领导力、思想和组织形式正处于与自上而下的政治和数百万美元的政治咨询业决裂的萌芽阶段。对此，詹姆斯·伯格斯是最有先见之明的：

> 有夺权意识的革命力量只是极少数。在一开始，革命力量不可能就让全国上下认可革命运动的目标。是来自于各方力量的意识形态和物质上的冲突，以及反革命势力的鞭策才使革命到达顶峰。有时革命需要

---

① 混沌理论是一种具质性思考与量化分析的方法，用以探讨动态系统（如人口移动、化学反应、气象变化等）中必须用整体、连续的数据才能加以解释及预测的行为。——译者

通过暴力得以实现，有时是非暴力的，但归根结底它是一场革命。参与革命的那些人有时会意识到他们行为的结果，有时意识不到，但他们最终还是采取了行动。[7]

正是透过这个混沌理论的视角，我们才看清，反革命中存在的革命矛盾与反革命力图歪曲革命创新二者之间的共存。伯格斯正确地指出，"我们不能预知谁会发动全面的革命，谁又会反对革命。革命基础的创建在于，某个国家的组织构成和条件能够引起公众的关注。"

在此，伯格斯对未来提出了警告，但同时也警示我们要看清社会组织构成所发生的根本变化。有些变革能够促使矛盾激化，以至于旧有的体制无生存余地。这些根本变化被称为统治阶级的"转折点"。这个转折点深刻地动摇了旧有的思想，其原因在于，呼唤革命和内战的新白人至上主义者背后的能量和动机，与美国历史上的种族灭绝发生了密切的关联。

但在本书中，我认为极端右翼必须对他们所倡导的思想采取谨慎的态度。美国不是1932年的德国，约翰·伯奇社的追随者和其他军国主义势力不可能理

大变革：量子社会与乌班图

解美国经济危机的深刻内涵。

迪克·切尼是以军事工业中心分部发言人的身份出现的，但凯雷集团和"私募基金"那些善于狡辩的成员都明白，从巴拉克·奥巴马较温和的态度中，美国企业在国际市场上渔利了。在意识形态上，鲁伯特·默多克和他的传媒帝国新闻公司与军国主义有着如此深厚的联系，以至于这家公司的编辑、作家和评论家都成为战争的热衷者。但新闻公司的股东都是机会主义资本家，因此当经济危机深化时，默多克与其帝国的子孙们也在同原教旨主义和恐同症（即对同性的担忧与憎恨，是一种性别偏见——译者）的公然支持者不断地斗争。在此情况下，这种尖酸刻薄的未来受到了质疑。

当媒体战争日趋白热化时，茶党这样的势力获得了更多媒体的关注，这远远超出了他们在政治上对美国真正的支持。在田纳西州那什维尔召开的茶党大会上，汤姆·谭奎多（他是通过反移民情绪来调动大家而建功立业的政治家）评论巴拉克·奥巴马说，他是因为"在人们参选前我们不设任何公民权或文化测试这样的门槛"的情况下而取胜的，这一说法并不是偶然的。在美国鼓动仇视和排外情绪的那些人，从未停止实施组织上的暴力和制度上的种族歧视，但

此刻却唤起了人们对非暴力革命的理解。

当一个人书写革命时，都把重心放在暴力、血腥和灾难上，但对于其他斗争形势都已智穷技竭这一时期来说，革命武装行动是最后唯一的选择。虽然大多数被压迫人们的自卫行动可以得到保证，但前提是推动法律、政治和意识形态上的斗争，以解除军事和强制性机器的作用，最终使人民的力量充分体现在国家之中。小马丁·路德·金和圣雄·甘地以及全国学生非暴力统筹委员会揭示了非暴力革命未来的潜力。艾拉·贝克用她自己的洞察力、基层参与领导制与民主参与丰富了对这一概念的理解。这种领导力完全不同于以伟大领导人、弥赛亚或解放者为中心的领导力。

本书一开始，我就试图展开各方势力都想消灭我们的这个时代里人类面临挑战的一些细节。前面已经提到乌班图的概念，并且认为"治愈"能为21世纪提供革命出路，使其远离强权意识形态，在社会中扮演正确和理性的男女角色。或许会有很多革命的出路，但我发现只有乌班图（宽恕、分享的意愿、和解、和平、正义与爱）能够为21世纪人类关系的发展带来巨大的潜力。切·格瓦拉

简洁地阐明了革命是由强烈的爱引导的。

本书的每一个章节，我都力图用一种当代的政治方法，即超越人类优生学、进步的线性理念和科技决定论来深化乌班图的革命思想。我认为，在循环的过程中，要想让人们摆脱主权和进步的概念，补救措施变得更加重要，因为这对于告别"历史上最恐怖的世纪"是非常关键的。[8]

在核时代，我们面临的挑战是深挖生活中能够拯救人类灵魂并散发变革新能量的哲学。这正是来自于乌班图的救赎正义和分形视野的思想源泉。未来救赎的话题要与视殖民主义为进步，并视种族灭绝为"现代化"这些令人遗憾的副产品的整个知识体系联系在一起。如果社会要与阻碍创造性革新的理想化优生学决裂，真正的革命就会成为教育的必修课。

许多持左右翼政见的欧洲人不能接受救赎所带来的分裂与决裂思想，因为这一决裂会消灭1776年以来国家意识形态立法的统治地位。有些相信美国是"半山腰那座闪亮的城市"的人不能正视过去的现实。正是在重写整个人类历史的过程中，过往的政治才成为形成长期新政治概念的中心议题。人民历史的重写有可能与货币补偿的成见决裂，并在整个社会秩序发生变化时把重心放在开

放性革命的未来上。

目前我们获得的经验深化了这样一个概念,即不能把革命理解成只是一个事件(如政党和选举的构成,一个政府的衰落),而是提升人们政治意识水平的过程。本质上来说,这是一个自我解放的过程。这种意识促成了美国4个政治革命阶段的连续性,它不像牛顿模式那样的线性"发展",而是从精神与拯救意义上来树立实现21世纪地球新文明所需的意识。

乌班图、量子政治与革命时刻

美国政治解放的历史并非一帆风顺:它的繁荣是需要条件的。因此革命时刻具有不确定性和连续性。我们从第二次革命(内战)和三K党崛起的后果,以及民权革命和里根反革命的后果中汲取了很多教训,即革命不是线性发展的。它会走许多弯路,遭遇许多挫折。量子政治有助于我们理解人民和社会现象的不可预测性和矛盾的本质。它警示我们,政治和经济哲学更适合21世纪的现实,

大变革:量子社会与乌班图

在此任何分割和划分是毫无意义的。[9]

在一个快速变化的社会里,拥有创新能力的年轻人会给量子政治带来许多可能性。由于全国学生非暴力统筹委员会的培训会议与奥巴马阵营会议这种自下而上和具有叛逆意识的代际联系,再不会无条件地接受权威的统治,因此在面对21世纪的诸多挑战时,旧有的机械范式也变得无能为力了。鼓动叛逆力量中群体意识的新现象是"不规则分形乐观主义"的中心内容。复杂和内在联系的思想强化了乌班图全方位的概念。关键是,我们必须树立人民社会意识、关心他们的生存条件、关心他们的圈子,并寻求一种新的政治形式来作为解放的依据。

2001年9月世贸中心被袭后,美国政府领导人利用这一事件来强调社会的军事体系,并在世界各地散播恐怖和不安全言论。尽管为战争所编造的欺骗谎言充斥着书籍、调查以及报告,军国主义分子还是非常乐于战争的参与,保持长期和永久的战争甚至成为了真理。[10]直到2008年大选,由恐惧鼓噪的复仇和盲目的政治似乎独占了全美国。然而,即使媒体持续不断地对恐怖主义狂轰乱炸,但当人们流离失所时,对资本主义的恐惧还是胜于"伊斯兰恐怖主义分子"

所制造的不安全感。

冷战时期，对共产主义的恐惧是战略策划者的一致声音。2001年9月11日以后，政府要求美国市民接受恐惧和帝国傲慢自大的现实。与此同时，政府一边迫使市民对"伊斯兰恐怖主义分子"抱有恐惧心理，一边支持美国石油公司与对阿拉伯领土的军事占领。由于被政府胁迫且生活在恐惧中，"爱国的"市民被召集起来为帝国主义者摇旗呐喊。[11]

从保守派智囊团的边缘走出来的学者劳里·麦尔罗伊[12]，创造了没有任何现实基础的同谋理论。作为哈佛的一名学生，劳里·麦尔罗伊只是简单地把从国际关系的现实理论家们身上学到的东西重塑了一下。然而主流政治学家却强调了"权利"、影响和权威的重要性。

塞缪尔·亨廷顿以他的专著《文明的冲突》[13]提供了有关"反恐"的一些素材，他重新解析了民主中有关优生学的概念，宣称民主的概念来源于盎格鲁·撒克逊基督新教文化，美国民主是盎格鲁·撒克逊白人基督新教价值观所取得的胜利。在他的《我们是谁——美国身份的挑战》一书中，亨廷顿用社会

另眼看世界·当代国际热点解读

达尔文主义来解读美国政治和文化，并呼吁美国身份认同应回归基督新教文化，因为国家可以重回世界的道德领导制中。[14]在他强烈反对移民，尤其是反对拉美裔人时，亨廷顿不排除多种族政治的可能性，但条件是非裔美国人必须接受个人主义、竞争和美国例外主义的这些价值观和思想。亨廷顿书中表达的观点对所有美国人曾作出贡献的、真正意义上的多民族、多语言和多文化的统一持反对意见。

不像鼓吹美国企业文化是21世纪救世主的帝国主义道歉者那样，其他一些学者如戴维·哈维、安吉拉·戴维斯、查尔莫斯·约翰逊、纨妲娜·希瓦和萨米尔·阿敏，共同揭露了美国公司的军事背景和永久战争的条件。查尔莫斯·约翰逊在《帝国的悲哀》一书中，揭露了美国是如何建立帝国基地的，实际上它是在政府一味维持世界军事优势的过程中创建起来的。[15]

巴拉克·奥巴马继承了永久性战争的军事设施，然而和平运动中的某些人却天真地相信，身为总统的奥巴马，能够在不动用基层组织力量的前提下改变国家的军事方向。在此意义上，我对下面的观点表示认同："在民主思想的控制下，革命要重拾五角大楼的风采。"[16]此运动需要把小马丁·路德·金关于"革

命价值观"的呼唤作为参考。这场革命将会回归到民权战争的那个时代，因为那时的美国军队是解放民众的军队，尽管那是暂时的。[17]

对军事力量造成分裂的恐惧会继续激发"反恐战争"的驱动力。在布什统治的岁月里，"反恐战争"是在社会控制、军事调动和选举优势方面一贯采用的手段。在不安定的这段岁月里，表现最为突出的是，数百万失业人员没有医疗保险并且失去了家园，因此需要呼唤和平分子放弃对恐怖主义的专注，并在面对民众呼唤和平时，挑战像林肯政府一样踟蹰不前的奥巴马政府。

美国对外战争和对内压迫的大规模重组引起了推行国家优先权计划的自由智囊团的关注，他们指出，政府在军费开支上每天多达20多亿美元，却有许多社会需求等待资金的扶持。这种军事化和压迫充分反映了军事主义国家的主要特色。

和平主义积极分子意识到了军国主义的根深蒂固，因此为非暴力与和平变革创造了空间，他们确信希望的力量需要走在前沿。从历史上来说，在奥巴马政府领导下，通过大额军事预算和对被称为国土安全的军国主义中介机构的追

大变革：量子社会与乌班图

加投资，会促使所有利益群体都听命于军国主义。在经济危机非常严重的情况下，军国主义确保所有其他部门的联邦预算都被大大削减，军事预算是唯一扩充开支的领域。

美国政府为扩大在国内外监管的范围，军事主义通过窃听、引渡、折磨和保密等为他们树立了榜样。来自于右翼保守派并抱怨政府强权的那些愤怒的民粹主义者们，也使种族仇恨和恐同症这些恶毒的主张扩展到了军队中。

军事的政治化加剧了等级的分裂。然而策划永久战争的这些前瞻者们并没有意识到等级的分裂。因此政治势力中的保守派推动了雇佣兵的参与，把他们组成所谓的"私人军事承包商"。[18]社会是否能够延续世界各地军事和战争的步伐，依赖于在扭转美国国内外军国主义思想时，和平与正义网络如何对其进行强行干预。

本书一开始，我就重述了詹姆斯·伯格斯的立场，即需要把美国革命同美洲革命联系在一起。我认同古巴革命是21世纪横扫美洲的革命先驱。当2010年1月地震摧毁海地时，这个记忆变得更加清晰。1.2万名护士请求派往海地实施援助；然而，华盛顿政府却调集了与美帝国军事人道主义融为一体的"私

人公司"前往救援。

在反对金融资本主义和军国主义时，由于奥巴马政府领导力所表现出的明显无能，美国和平运动需要不断地发展新的战术和战略以加强去军事化斗争并对军事工业中心予以解除。通过这种方式，各种运动力量将会走在官方演讲的前面，因为官方试图强加民主并以"解放"一词来美化军事占领行为。

在此，重拾联合国教科文组织的和平观点非常贴切：

当最基本的人权被侵犯或非正义的情况继续存在时，就不存在真正的和平；相反，当潜在的与公开的冲突非常普遍时，全人类的人权也不可能贯彻到底，并取得全面的发展……和平与营养不良、极度贫困和自我解放权利的否认是水火不相容的。不尊重个人权利、持续的国际经济结构不平衡与干涉别国内政……建立一个公平国际秩序这唯一永续的和平呼唤，将会保证人类的未来不再遭受战争的磨难。[19]

在第八章里，我提到了弥赛亚和救世主的精神力量使美国民众认为自己是优等民族的倾向。[20] 这源于许多和平运动人士都认同约翰·洛克的个人自由主张，还有安·兰德以及阿兰·格林斯潘的解放主义者思想。为了宣传军国主义，新自由政府又重新采用了这些主张。[21]

对政府多年的抨击使许多年轻人了解了非营利机构是以资本主义支持者的身份出现的。在这种和平力量中，人权与人道主义被大肆宣扬的博爱所贬低了。许多学者虽然对帝国主义进行了深刻的批判，却没有对非欧洲人的启蒙计划以及对他们生命价值的低估做出任何回应。乌班图和救赎正义挑战了线性思维和进步的所有神话。

詹姆斯·汉森呼吁社会要进行彻底的变革，以便使碳排放大幅减少至平均水平。新科技的产生使其几十年来缓慢的降幅发展到中世纪大幅度降低的水平。然而在2009年12月召开的气候变化峰会上，发达资本主义国家现存的政党口头承认了扭转全球变暖局面的明确态度。总的来说，这些国家和其领导人不想承认过去250年来工业化所犯下的反自然罪行。

战争，作为以男性为主的对"征服自然"概念的延伸，成为体现帝国"男子气概"和"强健"兄弟关系的基础。和平是征服自然的一副解药，因为它意味着与其他生物和环境要和谐共处。如果你不热爱全人类，并苛责其他人为"邪恶"之人，那么你就不仅摧毁了那些被误责的人，还包括他们的栖息地、森林和土地。当这个意图和军事工业中心的势力结合在一起时，我们就会预见到一场针对大自然和栖息地的战争，这将成为"反恐战争"的一部分。

环保司法，一个分形的未来与质的飞跃

通过对环境所面临挑战的分析，我把经济组织模式的改变仅需要意识到体制的变化放在了重要的位置。健康与和平的密切关联就像是环境拯救与和平密不可分一样。奥巴马政府不冷不热地介绍了医疗保健体系的"改革"，但这只是无用之功，因为健康问题不能脱离权威保险公司、健康维护组织以及价值数十亿的制药企业。享有优先权的私人教育公司与基因研发领域的制药公司之间的联姻，以及五角大楼在医药或生物战中的利益创造了一种新力量，这对一个不健康社会下不健康灵魂的本质进行了彻底的告白。

美国种族歧视和优生学的历史通过1932年到1972年塔斯基吉试验（一项

大变革:量子社会与乌班图

在美国塔斯基吉城所做的梅毒试验，带有种族歧视倾向——译者。）的方式生动地展现出来。当纳粹在纽伦堡死亡集中营为人们消毒时，美国政府也做着同样的试验。在生命科学领域，社会上没有任何保障措施来证明没有类似的试验正在进行中。和平积极分子和科学家，以及所有想摆脱"优等人种"思想的那些人都面临着某种程度的挑战。这就是政策制定部门和科学机构正参与到支持培育和保护优等人种的过程中来。

由于未来基因上的歧视在不断增长，因此在科学领域中，美国的种族定性被带到了一个全新的舞台上。奥巴马当选恰逢科技单一性大行其道时。数码时代的分裂、健康的分裂以及环境的分裂都有其内在联系，美国也逐渐明白，医疗保健脱离不开环保司法或者大公司实体的控制。

在哥本哈根峰会上，人们喊出了："是体制需要变革，而不是气候需要变革。"在人类"战胜自然"思想的背后，是积极分子和学者对理性主义思维的批判。这种生态崩溃给人们带来了警示，因为这是我们赖以生存的地方，并且亟待实现地球上的民主。[22]

约翰·贝拉米·福斯特认为资本主义体制是"一个失败的体制"。[23]

人类未来生存的挑战是如此巨大，它们甚至要与资本主义生产方式的主张和结构决裂。对社会和生活的分形思维方式，开启了理解人类、自然和广袤的宇宙之间内在联系的可能性。分形思想有利于我们理解为何掌握自然与生物圈内在关联的重要性。

环保司法网络渐渐地为人类关系展示了新的框架结构，号召我们像往常一样从商业中退出，因为它威胁到了地球的安全。分形思想和分形几何为我们理解"宇宙的各个部分是如何拼在一起的"提供了思维空间；简言之，是要理解"每件事情是如何与其他事情连在一起的"。[24] 作为地球上的短暂居民，我们开始承认了这一现实，即生物圈是地球的生物系统，融合了所有的生物和它们之间的关系，包括它们与合作系统（大气层、地圈和水圈）其他因素之间的互动。

鸟类和动物为生物圈的变化提供了新的警示。21世纪的"蝴蝶效应"[①]使我们明白了一个事实，即复杂和不可预测的结果可以并且将要在这个系统里发生，因为它们对最初的生存环境非常敏感。换言之，一个微小的事件可能会产生不可预测、有时甚至是严重的结果，因为它引发了一系列更为重要的事件。

另眼看世界·当代国际热点解读

混沌理论与机械原理中的确定性及简单性相背离，因为确定性与简单性把人类带到了危险的边缘。无论是科技还是历史上，决定论都是机械世界观的副产品，它对19和20世纪的西方社会学产生了深刻的影响。混沌理论和生物圈的新视角为理解宇宙开辟了新的革命道路。在本书中，我提出气候变化的转折点是革命时刻一个重要标志，这一说法并非突发奇想。

关于从革命的角度来理解混沌理论和气候变化，应以艾德·洛仑兹的文献为基础。他的同事说，一些科学家曾坚信，20世纪将会因为三大科技革命而载入史册——相对论、量子机械和混沌理论。[25]

在20世纪物理学的领域中，与笛卡儿宇宙观决裂的行动取得了一定的进展。这三大革命为新科技的突破开辟了光明的前景，这些创新与电视、计算机、扫描仪和激光以及无绳电话技术密切相关，这些发明与量子应用也都有联系。然而，当我们亲身体验这些科技革命时代的生活时，一些社会学家却想束缚我

---

① 指在一个互相关联的系统中，开端的条件下，任何一个微小的变化都可能带来整个系统长期的、宏大的连锁反应。——译者

们人类的潜力和政治能力,并让我们相信,与相同的笛卡儿世界有关的思想和实践会重新产生对人类等级制度的假想。

艾萨克·牛顿、弗朗西斯·培根、勒奈·笛卡儿和其他启蒙时代知识界的杰出人物,"几乎使17、18和19世纪每一位有影响的社会、政治和经济思想家"都卷入了对自然"扭曲的看法"或者"自然只能被征服和利用"的漩涡。[26]

地缘政治学中的女权主义者力图铸造一个更加包容的社会模式,他们通晓本地环境,因而能够接纳学术圈中各种不同的见解。[27] 这种女权主义思想区别于自由女权主义思想,后者虽然推行平等的理念,但它并没有对父权社会、男性化的军国主义以及帝国统治提出挑战。[28] 正是由于对女权主义的深入分析,才开启了有关国家和家庭模式之间关系的探讨。

国家和保守势力的局促不安,最突出地体现在"核心家庭"的生存问题上。这种核心和异性组成的家庭是国家意识形态立法的中心议题。社会上对男女同性恋以及相同性取向人们的恐惧远远超过对恐怖主义分子的"恐惧"。大约10年前,史蒂芬妮·昆兹级在《我们从未采用的方式:美国家庭和乡愁的羁绊》[29]

大变革:量子社会与乌班图

一书中帮我们摧毁了传统家庭观念的神话。美国存在许多家庭模式,在有关创建新型家庭模式权利上的争议代表了革命斗争的一个方面。关于同性婚姻的争执只是对过去非现实理想化、遗传的旧有观念和家庭关系更激烈的一个挑战。

对盎格鲁·撒克逊白人新教徒中产阶级闭塞的生活方式和核心家庭形式这一神话的颠覆,将是一个缓慢的过程。自从民权时代以来,反性别歧视和容忍的新形式渐渐发展了起来,许多人不能忍受社会上男女同性恋者所遭受的压抑。在反种族歧视和反"恐同症"(是对同性的担忧与憎恨,是一种性别偏见——译者。)运动中,就男女同性恋者是否有权在部队中服役这一点获得了奥巴马的支持。当和平积极分子呼吁解除军队时,另一个话题将是扭转"不要责问,不要谈政策"的局面,这会使军队中民主力量与原教旨主义者以及白人极端主义分子之间的分歧加深。

2008年美国大选期间,这股民主力量曾一度参与了选举过程,并且在与其他各方的关系中,努力击败了与机械论思想和人类等级制度有关的等级观念。把20世纪60年代的精神与现代时刻联系在一起的代际运动,带来了新的网络科技并充分扩大了美国的民主参与。巴拉克·奥巴马是这次代际运动和扩大民主参与的受益者。

此刻革命与反革命之间微妙的互动需要人类为创建民主社会设定目标并采取行动。年轻人发挥了他们对新社会看法的全部创造力，并超越了想象中人类之间生物分类的目标意识。这一年轻群体中，有些人加强了对抗性的文化，并继续创造一个被称作"第二次生命"的崭新虚拟世界。然而，他们与未来世界沟通的能力却依赖于这个星球的生存方式。无论革命处在第一次还是第二次生命运动时期，所有进步势力追求美好生活的核心在于激发革命力量。一旦我们朝着自我意识这条路走下去，就应该开始从对自然的统治这种理性概念中解脱出来。我们也尝试了解如何通过开发乌班图的分形乐观主义，连同自下而上、自组织原则所孕育的思想和精神力量，来产生政治上质的变化。

乌班图、自组织与自我调动

如果乌班图成为分形乐观主义未来的标杆，那么其他的标志将会引领人们走向自我实现和自信的未来。我追求的是充分挖掘社会上的这些理论和实践，因为它们可以加速和巩固社会的自我解放和革新的进程。我大量引用 2007—2008 年大选过程中被调动的网络素材，目的是把焦点放在美国社会的革命潜力和日益蓬勃的网络上，因为所有人都将投身于国际、当地、宗教和教育变革的这些网络中。在这个社会和经济处于压力的过程中，形成的网络数量越多，它们就发展越快，政治组织本身就越具备飞跃的可能性。

在分形乐观主义的第五章，我引用了网根族一代在选举过程中所采用的策略和知识。大批作家撰文书写年轻人的活力和社交网络科技对奥巴马的支持。分析中，通过观察我总结出了在社交网络时代，一些专业人士如何变成了网络爱好者。乌班图人类共享的观念与乌班图共享资源运动不谋而合。当调动数百万人来对变革抱有信心时，网络爱好者和志愿者变成了政治上的专业人士。正像一位评论家所说，"从每一个角度来说，这次大选的力度都要超过以往的任何一次。"[30] 从根本上说，这是美国民主化进程上的飞跃。这本书和《量子政治学》[31]作家所持的哲学观相同，它的作者认为"真正的民主就是自我解放的体制"。

在政治体制上，组织数额上的量变会产生质变。通过释放新的精神力量，"希望和变革"的全部概念感召了数百万人。精神力量、质变以及人类分享意识的结合为量子政治奠定了基础。奥巴马当选总统后，奠定这些基础的方式依赖于不受党派政治约束的和平与正义力量的组织能力。

在反对银行家与他们的保护者上，倡导新自由的专家们的去合法化，已经为创造性和幽默感开辟了更为广阔的空间。新媒体为新文化产品提供了施展的平台，如电影、歌曲和其他揭露银行家丑行的方式。从民粹主义思想的爆发到众多新法西斯主义者势力的勃然大怒，年轻人反种族主义的情绪对其起到了抑制的作用。幽默和新形象可以帮助美国社会发展到不再让这些银行家抑制它发展的程度。

然而，除幽默以外，还需要新的组织。新组织形式的萌芽已经存在于生活、正规教育、城市的权利、环保司法与和平的网络组织中。实际上，社交网络构成了向新的革命组织形式发展的核心新动力。这些网络为创造性开辟了空间，并超越了社会的种族界限。从数量上来说，这些网络越多，政治上飞跃的可能

大变革：量子社会与乌班图

性越大。当宇宙的道德圆弧向着正义迈进时，这个飞跃会重新产生新的循环过程。

本书探讨的主要内容是关于奥巴马认同世界和美国历史阶段中的这一革命时刻。奥巴马的美国总统大选开启了自组织和自我调动的新形式。他从倾听民声中受益匪浅，并通过综合运用这一方法把革命推向了一个新的高度。在这种新的关系中，大选激发了下一环节新的社交网络，老政治学派和学究对此不理解，但对于年轻人来说这已经习以为常了。因此我们逐渐认识到乌班图是这一时代的思想基础。第二个主要问题是革命组织形式。

亚伯拉罕·林肯与美国第二次革命

自我参考是循环的核心，循环是分形的驱动力。美国市民经常提及他们的革命历史，但它却被不平等的思想玷污了。奥巴马试图用关于自由的积极假设来谈论革命历史。巴拉克·奥巴马和亚伯拉罕·林肯之间有着许多相同的观点。奥巴马在2009年2月庆祝林肯诞辰时，承认他借用了林肯的一些观点。奥巴马

说，"这是一个令人感到羞愧的任务，即纪念我们的第16位总统的200年诞辰。尤其对我来说是一种羞愧，因为公平地说，是我们以多种方式庆祝的这位总统成就了我。"2007年2月，在林肯原来的家乡伊利诺伊州的斯普林菲尔德宣布奥巴马的候选资格时，他反复传递林肯的思想：

> 亚伯拉罕·林肯……也有他自己的疑虑。他经历过失败。也遭受过挫折。但他的意志和话语却感动了一个国家并且帮助人们获得了解放。
> 出于对他的尊重，数百万人集结在一起，我们这些人再也不要分离，无论南方还是北方，奴隶还是自由人。

由于许多像C.L.R.詹姆斯和杜布瓦这样的作家都认为林肯总统是美国第二次革命的结果，因此对林肯的追忆是十分必要的。在那一革命时刻有关解放全体奴隶的问题上，林肯表现出了犹豫不决。在全民解放的问题上，林肯和联邦的重要领导人都做出了让步，即不是"通过道义，而是要通过矛盾来解决问题"。[32]

林肯相信，和白人相比，非洲人来自于劣等模具，他曾经反复强调这一点。

另眼看世界·当代国际热点解读

当南方的种族主义分子和奴隶主挑起战争时，林肯却无计可施。从战争开始林肯就被强迫宣布废除奴隶制，然而他拒绝了。林肯对奴隶争取自由的能力抱有怀疑的态度，但在三次扭转联邦军队颓势的战役中，许多原先的奴隶都在终结奴隶制的战斗过程中有过突出的表现。他们有组织和自发的行动使美国军队成为一支解放队伍。用塞德里克·罗伯逊的话说，"是奴隶和战争的状态改变了林肯的想法，为了确保实现解放，他在国会中提出了废奴主义、军队以及各个忠诚的州政府之间的平衡。"[33]

为了阻止对联邦各州以黑人名义来保护财产的反抗，林肯和北方共和党大多数工业家试图限制战争的预期目标。黑人还拥有另一个目标，那就是自由，除了自由以外其他都是次要的，因此强迫林肯宣布奴隶解放宣言。到第二次就职演说时，林肯已经成熟起来并对奴隶制进行了谴责。

当林肯通过传统手段而并非革命手段夺取政权时，他发表了革命宣言。但此时他已经变得很成熟，因为他认识到个人的成长是由社会矛盾促成的，而且不会允许一个以白人民主为基础的联盟存在。

对好战的废奴主义者组织形式，以及他们与林肯总统的自主关系的研究是非常必要的。弗雷德里克·道格拉斯和哈丽特·塔布曼以及好战的废奴主义者团队明白,在两个主要党派中,亚伯拉罕·林肯是最有能力推行废奴主义运动计划的一位。道格拉斯与好战的废奴主义者采用各种方式来贯彻执行他们的工作。

当约翰·布朗在西弗吉尼亚州的哈泊斯渡口反叛之后,美国军队里明显存在两派,一派是支持奴隶制的,另一派是反对奴隶制的。好战的废奴主义者在部队中做了长期的宣传和教育工作。正是他们对奴隶制的反对才削弱了军队中的等级划分。军队的一部分人想为维护奴隶制而战,另一部分人则持相反意见。废奴主义将军和军官与大多数从解放中入伍的奴隶并肩作战。作为美国总统的亚伯拉罕·林肯,首先想到的是保护联邦(虽然代价是把黑人从美国驱逐出境),但由于那一历史时刻道格拉斯和塔布曼分子组织了起来,因此注定要进行政治变革。因为黑人不能摧毁自己的独立组织,因此他们在内战中起着决定性的作用。

我们会从哈丽特·塔布曼和地铁的历史中获得有关组织上什么样的教训?

大变革:量子社会与乌班图

有关奴隶制和内战这些详尽的阐述将会使我们更加深刻地认清内战时期,然而它超出了本结论的内容。密切相关的话题是激发好战的废奴主义者的思想和组织,以及独立团队实施的详细计划。这些独立和自治团队的历史任务引出了下面的观点,我把它称为哈丽特·塔布曼革命组织原则:

- 自组织——相信各层面政治组织和调动的必要性:个人的、社区的和国家的。
- 相信从被压迫中获得自由——摆脱精神和身体奴隶制的自由。
- 渴望追求自由的知识——为了完成使命,废奴主义者要研究地理、历史、法律和天文学。
- 发展网络与和平及自由的空间。
- 深化人类的精神层面。
- 充分地相信妇女的权利。
- 不要畏惧强大的军事力量、奴隶主和其他压迫者。
- 时刻准备维护自身和支持者的利益。

● 对胜利充满信心并激励其他人为自由而战。
● 在全社会建立网络和联盟以推进自由的进程。

为了详述自组织和先驱主义之间的区别,我已经概括了这些原则。塔布曼所依赖的另一个主要原则是适当地关心老年人和退休人员。

为保证年轻人不被过去种族灭绝的怀乡情绪所感染,此时的革命主义分子必须建立他们的组织。针对想终结阿富汗和伊拉克帝国战争的那些人与想继续把战争扩大到伊朗的那些人,我们将要在他们之间展开更广泛的讨论,其目的是为了教育将军们从而发动另一场相同的战役吗?是否在进步势力阶层中还能看到奥巴马"成长"的未来?

我们耳闻了对由亚伯拉罕·林肯造就的奥巴马的批评之声。温德尔·菲利普曾为林肯打过仗,把林肯描述为"障碍、停滞、搪塞、优柔软弱和糊涂"的代名词。两年之后,当战争的条件变得恶劣,损失也在不断加剧时,林肯从一位普通的领导者一跃成为革命的领导人。弗雷德里克·道格拉斯和哈丽特·塔布曼都支持林肯,但他们并没有清除自己的组织。有一个观察报告认为,在众

另眼看世界·当代国际热点解读

多关键点中,奥巴马把关注的焦点放在了人民的危机意识上,因为在没有理解那场危机真正本质的前提下,想象不到它会引起革命的爆发。

由于目前没有林肯所面对的各种运动的压力,因此奥巴马和他的团队没有履行义务的能力。更为关键的是,此刻矛盾将会激化。作为一名自由主义者,奥巴马想拯救现存的体制,因此话题将会围绕着需要付出什么样的代价。

此刻,美国众多独立政治组织形式可以得到充实。在此有必要澄清一个事实,就是为了生存,新的组织必须发展以基层组织为根基的独立和自治的领导力。这是来自于全国学生非暴力统筹委员会的又一个教训。艾拉·贝克鼓励年轻人建立组织时不依靠先辈,她还对女性的授权问题产生了影响。

在以那些没有任何阻碍的变革为特色的历史时刻,革命组织使变革的势头更加迅猛。这些时刻有时发生在一次主要事件中,但这一时刻却汲取了那些社会力量的精神和创新能力,这大多是从政治变革中获得的。革命本身需要一个过程,虽然有时只是一个事件,但这个事件却浓缩了发生在那一时刻很久以前的整个过程,在革命发生很久之后,这些过程会产生变革的新方向。

乌班图、自组织与新领导力

奥巴马大选期间，自我授权的标语为"是的，我们能"，这是来自于年轻人、工人、环保主义者、退休人员、和平积极分子、学生、文艺工作者、妇女、主张民权的工人和男女同性恋积极分子的回应。起初，只是家庭聚会形式的对等网络在美国逐渐发展起来。当社交网络以新的平台如 Facebook、My Space 和 Twitter 成长起来时，年轻人与妇女把乌班图背后的一些内涵挖掘了出来。

这是新的领导力出现的地方。2004 年，当"网根族"（简称"网根"（netroots），由"互联网"（internet）和"草根"（grass roots）结合而成，它强调技术革新，尤其是博客、维基等对传统政治参与的一种革命性冲击——译者。）首次出现在霍华德·迪恩大选时，他们引入了新的领导风格。到 2007 年，这些网根族已经成长为非常强大的力量，人们甚至都认为已经拥有自己的革命组织了。随着政治、经济、文化和科技变革的迅猛发展，2008 年的革命组织方式在

大变革：量子社会与乌班图

不断地充实，此时的年轻人也正在寻求理解金融危机的方式，并寻找从精神奴役中解脱出来的出路。由蓝州数码于 2008 年开发的许多科技创新，已经被无线通信的新科技创新所取代。

在以往的美国政治学中，由于美国政府受到压力的主张对于自由民主理论的主流理论家来说是如此陌生，因此从未预想到大批的普通民众能够参与到政治进程中来。正是出于这个原因，美国传统政治学教师迄今为止不能理解此刻存在的巨大矛盾。对许多人来说，经济危机只是"企业自由体系"的又一次周期性危机。

男性和女性遇到的挑战，是要对开放资源运动以及被调动和被束缚的工具如何构成对政治与政治参与新理解的追问。这个运动是如何在摆脱由商业企业主导的政治组织中发展起来的？白宫的奥巴马抛弃了调动起来的网络，并被困在总统的位置上。革命力量必须发展自己的规划，要摆脱选举政治与大石油公司、大煤炭公司及军事工业中心的游说。

社会的新领导力与乐观主义

通过奥巴马大选胜利时刻的分析，我想引出解放统一的一种途径：即从机械、竞争和启蒙哲学的个人束缚中把人类解放出来，并重新整合人类之间的关系、人与地球之间的关系以及与精神世界的关系。紧随其后的是当前关于分形乐观主义的热烈探讨。这种干预呼唤革命范式的革新，然而阻止对地球破坏的人类知识以及干预能力是与生俱来的。

上任的头一年里，奥巴马和他的政治团队明显地表现出不能带来和平与正义所需要的变革。新自由主义经历了它的发展历程，紧随其后的是混沌和毁灭，这促使了世界各族人民对真正意义上变革的呼吁。大选后最醒目的标语是"让变革成为现实"。我们可以更清楚地理解阿尔伯特·爱因斯坦的言论，即我们不能用起初产生问题的思维定势来解决问题。在第八章中，我阐明奥巴马不是一位弥赛亚，并特别指出了他被自由主义主张所困的事实。我想赋予奥巴马一种代理权，并了解他不能识破议会游戏规则背后的动因。然而，交织在一起的矛盾是如此错综复杂，甚至等不到奥巴马再一次接受教育。

动量、分形理论和爱因斯坦洞察力的相互关联，为美国政治进程的变革创造了前所未有的机会。在此需要强调的是，我们必须搞清楚牛顿的动量与变革有关的动量之间的区别，即意识、思想、性别关系、家庭结构和基层领导方面的变革。我引用乌班图作为变革的一个新领域。我把这个领域结合到一个特殊的历史时刻，有些人把它称为转折点。我不想用以旧换新的线性视角来理解这一时刻，而是从变革的复杂进程入手，因为摆脱恐惧和压迫的自由是由建设一个美好未来和拯救地球的大胆设想中获得灵感的。

在面对经济危机的情况下，是否能恢复自组织和动员呢？蒂姆·盖特纳与奥巴马的经济团队称他们的政策避开了经济危机，并拯救了金融体制。然而，作家西蒙·约翰逊和尼尔·巴洛斯基却警告人们说，另一场灾难将要来临。鲁比尼预测了未来10年的颓势。我想说的是，当务之急是要找人来取代盖特纳和劳伦斯·萨默斯，然而只让他们卸职是远远不够的，应该让社会理解玛丽·卡普图尔代表在美国议会上的发言：

这些犯罪分子有非常雄厚的政治实力,甚而至于关闭国家最高立法机构的正常立法程序。我们发誓要彻底地保护和捍卫这个共和体,以反对国内外所有的敌人。我们既有朋友,也有敌人。倡导这一协议的人就是那些应该为华尔街经济内部崩溃负责的人。他们再一次上演了当初欺上瞒下的闹剧。[34]

除了马尔西·卡普图尔以外,还有一些经济学家呼唤重回银行为公众服务的岁月。威廉·布莱克和伊丽莎白·沃伦两位经济学家却主张用民主来控制银行家。

奥巴马依旧保持着自由思想的正确性,这要得益于他早年曾接受过的锻炼。他不是一位革命者,但却卷入了世界历史的革命时刻之中。经过一年的时间,选举计划的局限性逐渐变得明朗。重建美国社会的任务是一项宏伟的工程,不可能一蹴而就。奥巴马也并非一剂良药,但在与控制启蒙思想的双重旧有观念决裂时,他的当选还是起到了一定的积极作用。正是这不可预测的结果才把他们从决裂中解放出来,并且可以让人们朝着和平的生活环境方向发展。

大变革:量子社会与乌班图

当奥巴马在奥斯陆接受诺贝尔和平奖时,他提到了"北极星"这一概念。这是指引哈丽特·塔布曼的星星。这说明奥巴马非常清楚还有未竟的事业需要完成。作为美国总统,他不得已而用隐语发表讲话。我们的任务是,推动社会发展到领导人可以大谈和平、毫不畏惧情报部门和詹姆斯·耶稣·安格勒顿后裔报复的那个水平。[35]

2008年大选胜利的预测开创了新的未来。此时年轻人开始从恐惧、不安全感和憎恶中摆脱出来,这些都是媒体与军事、工业、文化中心形象缔造者对他们思想大量灌输的结果。在心灵控制大厦里已经有一隅破裂了。这次破裂是否会引发美国新文化机器的诞生呢?不仅有这种可能,而且还在缓慢发展,因为我们看到了电影和音乐中的力作。当对于种族灭绝的历史嘘声一片时,詹姆斯·卡梅隆执导的电影《阿凡达》昭示了好莱坞未来的出路。

本书意在呼唤和平,为的是使人们把乌班图理解为21世纪包容政治的核心理论。我将加入这个召唤的行列,"不要阻止运动。需要保持奋起的状态来发展一条通向和平、正义和人类健康的途径。新的道德观正等待着市民从帝国过去的阴影中摆脱出来。"

政治行为中的乐观主义

在结尾的章节，我引用了谢赫·安塔·迪奥普充满朝气的非洲乐观主义。我对戴维·哈维的话进行了补充，就是渴望21世纪的革命能够创造希望的空间。我还建议，这些新空间的新循环过程将会逐渐挑战旧势力并最终与其决裂，使其得到拯救。这并非出自预测，而是出自对事态的观察。这一事态就是在新媒体和新网络中，会重建新的力量。其中有一家网络说得对，乐观主义可以成为革命的前提：

> 相对而言，乐观主义，尤其是睿智、活泼的乐观主义可以成为革命的前提。然而人们对美好的未来失去了信心，因此绝望是一个合理的选择，绝望的人们几乎不可能改变眼前的一切。无人相信还有更好的解决办法，从问题的延续中获益的那些人是稳定的。如果无人相信行动的可能性，冷漠就会成为改革不可逾越的障碍。但你可以通过理智的讲解来让人们相信行动是可能的，且有更好的解决办法，可以创建一个美好的未来，人们的能量也可以得到释放，用他们的最高原则来实施行动。对共享美好未来的信念是最强大的粘合剂：它为我们创建了相互友爱的机会，而友爱是政治中的爆发力。[36]

我引用了甘地（1869—1948，印度民族主义运动和国大党领袖——译者）和格瓦拉所主张的友爱，以及对共享美好未来信念的基本思想。本书认为，奥巴马的选举为来自于许多社交网络中的乐观主义开启了闸门。我引用了大量的作家和艺术家的文献，他们都试图弘扬这一乐观主义精神并呼唤革命与快乐。

作为一位激进的女权主义者，爱丽丝·沃克发出了一个信号。在奥巴马当选总统前她向其传递了信息：

> 我劝你不要忘记制造世界灾难的人不是你，光凭你自己不可能承担使世界重归平衡的重任。你主要的任务是培养你生活中的乐趣。[37]

本书赞同爱丽丝·沃克呼唤社会从恐惧中摆脱出来的说法。约翰·里维斯，作为一名退伍的自由战士，身上带着美国民权运动革命时留下的伤疤，他称奥巴马大选胜利为"一场和平的革命"。在大选胜利后第一天早晨的电视讲话中，里维斯（在1963年大规模民权运动示威时，和小马丁·路德·金同在一个讲台上发言）重申了金的观点，他提到：

> 革命的价值观，革命的思想。我曾经反复强调——民主社会拥有的最不具暴力性的工具是选票。美国人使用选票……使奥巴马成为了美国下一任总统。

我赞同采用非暴力的工具，但对社会中关注大选依旧持谨慎的态度。在现实社会里，实际上只存在一个政党，但有两个党派。在描述胜利时在"胜利"前面加上"革命"二字的，并非只有约翰·里维斯一个人。主流政党博客的一位作家称大选为"奥巴马革命"。这位作家评论说，"如果超越了巴拉克·奥巴马胜利的象征主义，华盛顿政府的现状要比我们亲眼所见的变化大得多。2008年11月4日，是美国政治把重心转向轴心国的日子。"[37]

为了在给大选贴标签时无人能敌，来自于哈佛的H.奥兰多·帕特森把奥巴马胜利称为永久性革命的一部分。在没有揭露C.L.R.詹姆斯的前提下，帕特森提到了美国民主的历史，并把此次胜利称为是由于黑人、妇女和年轻人的参与

233

大变革：量子社会与乌班图

而取得的胜利。对美国制宪者的独具慧眼一番赞扬过后，帕特森言道：

> 特别有三组人从这个过程中被排除在外：黑人、女性和年轻人。如果这三组人群的斗争都被这个过程囊括进去了，我们就可以更好地解读美国民主的历史进程。2008年大选，这三组人群团结起来，在最终和全部地认识创建者的矛盾心理上，他们表现得非常突出。[38]

在把美国创建先驱的观点称为"矛盾"时，帕特森不光表现出了仁慈的态度。这个术语意味着，在对奴隶制的现实、对美国土著居民的种族灭绝、对墨西哥人民国土的侵略和掠夺以及把工人中的贫民从政治进程中残酷地排除出去上保持中立的态度。在革命以及对奥巴马胜利内涵的评价上，说明在这两个历史性的划分上帕特森脚踩两只船。

被列入死刑犯名单的木米亚·贾马尔做评论时，丝毫没有表现出两面讨好的态度。木米亚恰当地总结了胜利的历史意义。木米亚呼吁继续组织起来以对奥巴马施压。他完全不同于把奥巴马胜利称为具有象征意义的那些学者。木米亚称，"超越象征的是物质存在，实际上，一些学者已经定义了奥巴马有别于他前任的那些总统。"在谈到奥巴马总统席位的实质内涵后，木米亚继续说，"然

而，象征具有强大的功能。它们有时甚至富有生命。它们的意味可能会超越当初的预想。历史已经铸就。我们将会准确地看到它会是一个什么样的历史。"[39]

不像对革命时刻简单下定义的那些人，木米亚指出了，不可预见情形产生的规律所引发的历史可能性。我认为，在经济危机时代，从新的政治生活中产生的质变将会从根本上撼动种族灭绝的历史。历史将会诞生于自我解放和自组织的过程中，它们首次出现在和平运动和环保司法力量中，现在已经在危机过程中变得愈加成熟。我将再一次坚称，"不能光靠奥巴马，要靠我们自己。"

革命时刻赋予和平的目标，代表着摆脱现在资本家的欺人之谈而向前迈出的一大步，然而为进一步加强对民众的镇压，这些资本家试图操控和平思想。美国民众（实际上是全世界人民）目前面对的主要问题是，为了实现人类尊严所需的人类组织形式。为实现重塑人类种族的观念，同时清除过去具有破坏性的生产和消费方式，与人类组织形式密切相关的这些全部问题都可以通过充分利用地球上的资源而得以解决。这将打破过去的理想主义，即和平可以在种族歧视、性别歧视和资本主义社会的环境中实现。然而，在取得这个目标之前，为了唤醒全人类认清实现另一个世界的可能性，要让目前军国主义投资所造成的全部恐慌大白于天下。

注　释

序言

1. Saul Relative, "Large Hadron Collider, breaks records in search of 'God' particle", associatedcontent.com <http://www.associatedcontent.com/article/2841650/large_hadron_supercollider_breaks_records.html> (accessed May 19, 2010).

第一章　革命时刻与分裂的来临

1. Simon Johnson (2009) "The Quiet Coup," *Atlantic*, May, <http://www.theatlantic.com/doc/200905/imf-advice> (accessed November 15, 2009).
2. Andrew Ross Sorkin (2009) *Too Big to Fail: The Inside Story of how Wall Street and Washington Fought to Save the Financial System – and Themselves*, Viking Books, New York.
3. Charles Gasparino (2009) *The Sellout: How Three Decades of Wall Street Greed and Government Mismanagement Destroyed the Global Financial System*, Harper Collins, New York.
4. Harriet Washington (2006) *Medical Apartheid: The Dark History of Medical Experimentation on Black Americans from Colonial times to the Present*, Anchor Books, New York.
5. James Boggs (1963) *The American Revolution: Pages from a Negro Worker's Notebook*, Monthly Review Press, New York.
6. The analysis of the Civil War as a revolutionary moment in the United States was made by W. E. B. Dubois (1998) in *Black Reconstruction in America 1860–1880*, Free Press, New York and C. L. R. James (1943) "Negroes in the Civil War Their Role in the Second American Revolution," *New International*, December.
7. Mmatshilo Motsei (2007) *The Kanga and the Kangaroo Court: Reflections on the Rape Trial of Jacob Zuma*, Jacana Media, Johannesburg.
8. Michael Battle (2007) *Reconciliation: The Ubuntu Theology of Desmond Tutu*, Pilgrim Press, Cleveland, Ohio.
9. David Stannard (1992) *American Holocaust: The Conquest of the New World*, Oxford University Press, New York.
10. Quoted in Kevin Phillips (2002) *Wealth and Democracy: A Political History of the American Rich*, Broadway Books, New York.
11. Samir Amin (2009) "Emerging from the crisis of capitalism," *Pambazuka News*, September 20. For an elaboration of the argument

see also Samir Amin (2004) *The Liberal Virus: Permanent War and the Americanization of the World*, Monthly Review Press, New York.
12 Matt Latimer (2009) *Speech-less: Tales of a White House Survivor*, Crown Books, New York.
13 Nouriel Roubini (2009) "The Almighty Renminbi?" *New York Times*, May 13.
14 R. Paul Stimers (2004) "President signs major nanotechnology bill," January 1 <http://www.metrocorpcounsel.com/current.php?artType=view&artMonth=September&artYear=2009&EntryNo=1003> (accessed May 13, 2009).
15 Quoted in Natasha Lomas (2008) "Nanotech to solve global warming by 2028" Silicon.com, November 20 <http://www.silicon.com/management/cio-insights/2008/11/20/nanotech-to-solve-global-warming-by-2028-39345604/> (accessed April 20, 2010).
16 Fritz Althoff, Patrick Lin, James Moor, and John Weckert (2007) *Nanoethics: The Ethical and Social Implications of Nanotechnology*, John Wiley, New York.
17 Vandana Shiva (2005) *Earth Democracy: Justice, Sustainability and Peace*, South End Press, Boston, Mass.
18 Vladimir. I. Lenin (1929) *What is to be Done?*, International Publishers, New York.
19 Eugene Debs cited by Todd Chretien (2007) "Lenin's Theory of the Party," *International Socialist Review*, Issue 56 (November/December).
20 Martin Luther King (1967 "Beyond Vietnam – A Time to Break Silence." Speech at the Riverside Church in New York, available in audio and text online at <http://www.americanrhetoric.com/speeches/mlkatimetobreaksilence.htm> (accessed on January 18, 2009).
21 Walter Rodney (1980) *Sign of the Times*, Last speech, June 6.
22 Barbara Ransby (2003) *Ella Baker and the Black Freedom Movement: A Radical Democratic Vision*, University of North Carolina Press, Chapel Hill, North Carolina.
23 Boggs (1963).
24 Gene Koo (2008) "A network analysis of the Obama 08 campaign" <http://blogs.law.harvard.edu/anderkoo/2008/10/14/a-network-analysis-of-t...> (accessed January 24, 2009).
25 David Plouffe (2009) *The Audacity to Win: The Inside Story and Lessons of Barack Obama's Historic Victory*, Viking Books, New York.
26 Zack Exley (2010) "The New Organizers, What's really behind Obama's ground game," Huffington Post, March 10 <http://www.huffingtonpost.com/zack-exley/the-new-organizers-part-1_b_132782.html> (accessed November 12, 2009).
27 Boggs (1963).
28 Exley (2010).
29 Cornell West (2004) *Democracy Matters: Winning the Fight Against Imperialism*, Penguin Books, New York.

30 C. L. R. James (1963) *The Black Jacobins: A Study of Toussaint L'Ouverture and the San Domingo Revolution,* Vintage Books, New York.

第二章 巴拉克·奥巴马的政治修养

1 Shiva (2005), p. 112.
2 *Los Angeles Times* (2001) "The Politics of Cloning," June 2 <http://www.newamerica.net/publications/articles/2001/the_politics_of_cloning> (accessed March 3, 2009).
3 Janny Scott (2008) "A Free-Spirited Wanderer Who Set Obama's Path," *New York Times,* March 14 <http://www.nytimes.com/2008/03/14/us/politics/14obama.html?pagewanted=all> (accessed March 16, 2008).
4 Samir Amin (1977) *Imperialism and Unequal Development,* Harvester Press, Sussex.
5 Jonathan Kozol (1992) *Savage Inequalities: Children in America's Schools,* Harper, New York.
6 Michael Parenti (1991) *Make Believe Media: The Politics of Entertainment,* Wadsworth, Belmont, Calif. See also Noam Chomsky and Edward Herman (2002) *Manufacturing Consent: The Political Economy of the Mass Media,* Pantheon, New York.
7 The direct link between Obama and the organizing legend of Chicago, Saul Alinsky, was manifest in his relationship to Jeremy Kellman and Marshall Ganz. For an overview of Alinsky's life, see "Empowering People, not Elites," <http://www.progress.org/2003/alinsky2.htm> (accessed February 3, 2010).
8 Inferiorization is the conscious, deliberate and systematic process utilized specifically by a racist social system to brainwash "functional inferiors." See Barry D. Adam (1979) "The Survival of Domination: Inferiorization and Everyday Life," *Contemporary Sociology,* 8(3), (May), p. 465 and William Oliver (1989) "Black Males and Social Problems: Prevention through Afrocentric Socialization," *Journal of Black Studies,* 20(1), (Sept), pp. 5–39.
9 Barack Obama (2004) *Dreams from my Father: A Story of Race and Inheritance.* New York, Three Rivers Press, p. 24.
10 David Stannard (1993) *The American Holocaust: The Conquest of the New World,* Oxford University Press, New York.
11 Claudia Card (2003) "Genocide and Social Death," *Hypathia,* 18(1) (Winter), pp. 63–79.
12 Obama (2004), p. 23.
13 Ron Takaki (1983) *Pau Hana: Plantation Life and Labor in Hawaii, 1835–1920,* University of Hawaii Press, Honolulu, Hawaii.
14 Obama (2004), p. 12.
15 Obama (2004), p. 70.
16 Malcolm Caldwell (1975) (ed.) *Ten Years' Military Terror in Indonesia,* Spokesman, Nottingham, England; and Peter Dale Scott (1985) "The

United States and the Overthrow of Sukarno, 1965–1967," *Pacific Affairs*, 58, (Summer), pp. 239–64.
17 Obama (2004), p. 48.
18 Tim Jones (2007) "Barack Obama: Mother, not just a girl from Kansas, Stanley Ann Dunham Shaped a future Senator," *Chicago Tribune*, March 27, <http://www.chicagotribune.com/news/politics/obama/chi-0703270151mar27-archive,0,5853572,full.story> (accessed April 24, 2009).
19 Scott (2008).
20 Ron Eglash (1999) *African Fractals: Modern Computing and Indigenous Design*, Rutgers University Press; New Jersey. For an elaboration of the implications for theories of peace see Bertha Amisi (2008) "Indigenous Ideas of the Social and Conceptualising Peace," *African Peace and Conflict Journal*, 1(1), (December).
21 "A more perfect union," speech delivered by Barack Obama in Philadelphia, March 18, 2008 <http://www.youtube.com/watch?v=zrp-v2tHaDo> (accessed March 22, 2008).
22 Obama (2004), p. 20.
23 Obama (2004), pp. 85–7.
24 Obama (2004), p. 89. The Frank referred to in the text is Frank Marshall Davis.
25 Obama (2004), p. 97.
26 Obama (2004), p. 115.
27 Obama (2004), p. 133.
28 Kenneth Walsh (2007) "On the Streets of Chicago, a Candidate Comes of Age," *US News and World Report*, August, 26 <http://www.usnews.com/usnews/news/articles/070826/3obama.htm> (accessed May 12, 2009).
29 See Andrew Sabl (2002) "Community Organizing as Tocquevillean Politics: The Art, Practices, and Ethos of Association," *American Journal of Political Science*, 46(1), (January), pp. 1–19.
30 Robert Pruger and Harry Specht (1969) "Assessing Theoretical Models of Community Organization Practice: Alinsky as a Case in Point," *Social Service Review*, 43(2), (June), pp. 123–35.
31 Alexis de Tocqueville (1945) *Democracy in America*, Vintage Books, New York, pp. 412–13.
32 By this, I mean the crack cocaine epidemic and the allegations of Gary Webb (1999) in *Dark Alliance*, Seven Stories Press, New York.
33 May Day is a commemoration of the Haymarket Massacre in Chicago in 1886, when Chicago police fired on workers during a general strike, killing a dozen demonstrators. See Louis Rucharnes (1964) "John Brown, Jr. and the Haymarket Martyrs," *Massachusetts Review*, 5(40) (Summer), pp. 765–8.
34 Reginald Horsman (1981) *Race and Manifest Destiny: The Origins of American Racial Anglo-Saxonism*, Harvard University Press, Cambridge, Mass..

35 David Roediger (2007) *The Wages of Whiteness: Race and the Making of the American Working Class*, Verso Books, New York. See also Matthew Frye Jacobson (1998) *Whiteness of a Different Color: European Immigrants and the Alchemy of Race,* Harvard University Press, Cambridge, Mass.
36 *Playboy* interview with Saul Alinsky in 1972. Se Part four of the interview as reproduced on http://www.progress.org/2003/alinsky5.htm (accessed May 21, 2010).
37 Cf. Sanford D. Horwitt (1989) *Let Them Call Me Rebel: Saul Alinsky, His Life and Legacy,* Knopf, New York.
38 Obama (2004), p. 165.
39 David Moberg (2007) "Obama's Community Roots," *Nation* April 16 <http://www.thenation.com/doc/20070416/moberg> (accessed February 22, 2009).
40 Bob Secter and John McCormick (2007) "Obama: Portrait of a Pragmatist," *Chicago Tribune*, March 30.
41 Obama (2004), p. 202.
42 For an analysis of how neoliberals used NGOs to create a "social cushion," see James Petras (1997) "Alternatives to Neo-Liberalism in Latin America," *Latin American Perspectives*, 24(1).
43 Nelson Blackstock (1976) *The FBI's War on Political Freedom,* Vintage, New York, and James Kirkpatrick Davis (1997) *Assault on the Left: The FBI and the Sixties Anti-War Movement,* Praeger, Westport, Conn.
44 Jean Stefaniac and Richard Delgado (1996) *No Mercy: How Conservative Think Tanks and Foundations Changed America's Social Agenda*, Temple University Press, Philadelphia, Pa.
45 Matthew Bishop and Michael Green (2008) *Philanthro-Capitalism: How the Rich Can Save the World*, Bloomsbury, New York.
46 Davis (1997).
47 In the United States, this is the 501(c)3 sector.
48 Malidoma Patrice Some (1999) *The Healing Wisdom of Africa: Finding Life Purpose through Nature, Ritual and Community*, Putman, New York, p. 22.
49 Tom Shachtman (2009) *Airlift to America: How Barack Obama.Sr, John F. Kennedy, Tom Mboya and 800 East African Students Changed their World and Ours,* St. Martins Press, New York.
50 Barack H. Obama (1965) "Problems Facing our Socialism," *East African Journal*, July.
51 Obama (2004), pp. 214–15.
52 Obama (2004), pp. 429–30.
53 Jodi Kantor (2007) "Obama Found Political Voice in Law School," *New York Times*, January 28.
54 Lawrence Graham (1999) *Our Kind of People: Inside America's Black Upper Class*, Harper Collins, New York.
55 After the election in November 2008, the media identified Valerie

Jarrett, Martin Nesbitt and Dr. Eric Whitaker as close advisers of Barack Obama. Bob Johnson, the billionaire owner of BET, represented one wing of the black establishment that opposed Obama.
56 For the history of corruption and kickbacks in the state, see Thomas J. Gradel. Dick Simpson, and Andris Zimelis (2009), "Curing Corruption in Illinois," *Anti-Corruption Report, No.1*, Department of Political Science, University of Illinois at Chicago, February.
57 Ron Takaki (2006) "A Different Mirror: Studying the Past for the Sake of the Future," Commencement Address for Whitman College, Sunday, May 21.
58 "Statement on Race, American Anthropological Society," in Evelynn M. Hammonds and Rebecca M Herzig (eds.), *The Nature of Difference: Sciences of Race in the United States from Jefferson to Genomics*, MIT Press, Cambridge, Mass., p. 324,

第三章 面对美国政治中的种族歧视与性别歧视

1 Abraham Lincoln, "Gettysburg Address," Gettysburg, Pa., November, 19, 1863.
2 Frantz Fanon (1956) "Racism and Culture," speech delivered before the First Congress of Negro Writers and Artists in Paris in September 1956 and published in the Special Issue of *Presence Africaine,* (June–November).
3 Daniel Kevles (1985) *In the Name of Eugenics,* Harvard University Press, Cambridge, Mass. See Edwin Black (2003), *War Against the Weak: Eugenics and America's Campaign to Create a Master Race*, Four Walls Eight Windows, New York.
4 Jeremy Rifkin (1998) *The Biotech Century, Harnessing the Gene and Remaking the World*, Putman, New York (see in particular Chapter 4, "A Eugenic Civilization").
5 Ward Churchill (1992) *Indians Are Us? Culture and Genocide in Native North America*, Monroe, ME: Common Courage.
6 Gary Oldfield (1993) "The Growth of Segregation in American Schools: Changing the Patterns of Segregation and Poverty since 1968," *Harvard Project on School Desegregation*, (December).
7 Jonathan Kozol (2005) *The Shame of the Nation: The Return of Apartheid Schooling in America*, Random House, New York.
8 Ronald Walters (2003) *White Nationalism, Black Interests: Conservative Public Policy and the Black Community*, Wayne State University Press, Detroit, Mich.
9 The Obama Birther movement claims that Barack Obama was born in Kenya, and is not a US citizen. See Ben Cohen (2009) "Why the Birthers matter," Huffington Post, July 23 <http://www.huffingtonpost.com/ben-cohen/why-the-birthers-matter_b_243647.html> (accessed July 28, 2009).
10 "Finding of the Human Genome Project," <http://www.ornl.gov/sci/

techresources/Human_Genome/elsi/minorities.shtml> (accessed July 30, 2009).
11. Fanon (1956).
12. Speech by Barack Obama in Selma, Alabama March 4, 2007 also speech to the 100th anniversary of the NAACP in New York City, July 16, 2009.
13. David R. Roediger (2007) *The Wages of Whiteness: Race and the Meaning of the American Working Class*, Verso, New York.
14. Sheldon Wolin (2008) *Democracy Incorporated: Managed Democracy and Inverted Totalitarianism*, Princeton University Press, Princeton, N.J., p. 58.
15. *New York Times* (2008) Editorial, "Abolish Electoral College," November 20.
16. Greg Palast (2003) *The Best Democracy Money Can Buy: The Truth About Corporate Cons, Globalization and High-Finance Fraudsters*, Plume, New York; and Bev. Harris (2004) *Black Box Voting: Ballot Tampering in the 21st Century*, Talion, Renton, Wa.
17. Scott McClellan (2008) *What Happened: Inside the Bush White House and Washington's Culture of Deception*, Public Affairs, New York.
18. The conservatism of the mainstream political science in the United States came out in the ways in which it did not condemn the stolen elections. See Stephen P. Nicholson and Robert M. Howard (2003) "Framing Support for the Supreme Court in the Aftermath of "Bush v. Gore," *Journal of Politics*, 65(3) (August); James L. Gibson, Gregory A. Caldeira, and Lester Kenyatta Spence (2003) "The Supreme Court and the US Presidential Election of 2000: Wounds, Self-Inflicted or Otherwise? *British Journal of Political Science*, 33(4), (October).
19. Ronald Walters (2005) *Freedom is Not Enough: Black Voters, Black Candidates and American Presidential Elections*, Rowman & Littlefield, Lanham, Md. (see especially Chapter 4, "Diluting Black voting power: the Supreme Court in the 1990s and the 2000 presidential elections in Florida").
20. "People for the American Way, The Long Shadow of Jim Crow: Voter Suppression in America (2004)" <http://site.pfaw.org/site/PageServer?pagename=report_the_long_shadow_of_jim_crow> (accessed June 13, 2009).
21. Akhil Amar and Vikram Amar, "The Electoral College Votes Against Equality" Yale Law School <http://articles.latimes.com/2004/sep/08/opinion/oe-amar8> (accessed January 12, 2009).
22. It was written into Article 1, Section two of the American Constitution.
23. Cheryl Harris, "Whiteness as Property," *Harvard Law Review*, 106(8), p. 1707.
24. Roediger (2007) *The Wages of Whiteness: Race and the Making of the American Working Class*, Verso, New York.
25. For a critique of the Hobbesian concept of enlightened self interest see Mary Midgley (2009) "Hobbes *Leviathian*, Part 1: Strange Selves,

Guardian, UK, April 6 <http://www.guardian.co.uk/commentisfree/belief/2009/apr/03/religion-philosophy-hobbes-midgley> (accessed May 10, 2009).
26 Dorothy Roberts (1997) *Killing the Black Body: Race, Reproduction and the Meaning of Liberty*, Pantheon, New York, p. 9.
27 Amin (2004).
28 Dubois (1998).
29 See one of Lincoln's famous letters at <http://showcase.netins.net/web/creative/lincoln/speeches/greeley.htm> (accessed February 12, 2010).
30 Cedric Robinson (1977) *Black Movements in America*, Routledge, New York.
31 Nell Irvin Painter (2006) *Creating Black Americans*, Oxford University Press, Oxford, p. 117.
32 Darlene Clark Hine (1989) "Rape and the Inner Lives of Black Women in the Middle West: Preliminary Thoughts on the Culture of Dissemblance," *Signs*, 14 (Summer). See also Lisa Cardyn (2002) "Sexualized Racism/Gendered Violence: Outraging the Body Politic in the Reconstruction South," *Michigan Law Review*, 100(4) (February).
33 The testimony of Harriet Jacobs fully revealed the day to day outrages against black women: see Nellie Y. McKay (1991) "The Girls Who Became the Women: Childhood Memories in the Autobiographies of Harriet Jacobs, Mary Church Terrell, and Anne Moody," in Florence Howe. (ed.), *Tradition and the Talents of Women*, University of Illinois Press, Urbana, Ill., pp. 105–24.
34 Thomas Jefferson was one of the founding fathers of the US Republic. He fathered five children with Sally Hemings, who was an enslaved woman. This history is even more controversial insofar as Hemings was supposed to have borne the first child when she was still a minor.
 See Annette Gordon-Reed (1997) *Thomas Jefferson and Sally Hemings: An American Controversy*, University of Virginia Press, Charlottesville, Va. Since the development of DNA technology it has been proven conclusively that Jefferson was the father of her children.
35 Dubois (1998) p. 670.
36 Noel Ignatiev (2008) *How the Irish Became White*, Routledge, New York.
37 Arica Coleman (2008) "Hillary Clinton and the Possessive Investment in Whiteness," *History News Network*, May 19 <http://hnn.us/articles/50540.html> (accessed May 20, 2008).
38 Cardyn (2002); Laura Edwards (1991) "Sexual Violence, Gender, Reconstruction, and the Extension of Patriarchy in Granville County, North Carolina," *North Carolina Historical Review*, 68; Stephen Kantrowitz (2000) *Ben Tillman and The Reconstruction of White Supremacy*, University of North Carolina Press, Chapel Hill, N.C.; and Diane Miller Sommerville (1995) "The Rape Myth in the Old South Reconsidered," *Journal of Southern History*, 61(3) (August) .
39 Quoted in Cardyn (2002) p. 726.
40 Roberts (1997).

41 Cardyn (2002) p. 678.
42 Kathleen M. Blee (1991) *Women of the Klan: Racism and Gender in the 1920s*, University of California Press, Berkeley, Calif., p. 16.
43 Kantrowitz (2000) p. 255.
44 Kantrowitz (2000) pp. 255–6.
45 Kantrowitz (2000) p. 259.
46 Kantrowitz (2000) pp. 284–6.
47 David Blight (2001) *Race and Reunion: The Civil War in American Memory*, Belknap Press, Cambridge, Mass.
48 David Brion Davis (2001) "The Enduring Legacy of the South's Civil War Victory," *New York Times*, August 26.
49 Ethel Tobach and , Betty Rosoff (eds.) (1994) *Challenging Racism and Sexism: Alternatives to Genetic Determinism*, Feminist Press at CUNY, New York (see especially the chapter by George Allen, "The Genetic Fix: The Social Origins of Genetic Determinism").
50 Edwin Black, "American corporate complicity created undeniable Nazi nexus" <http://jta.org/news/article/2009/03/12/1003678/op-ed-american-corporate-complicity-created-undeniable-nazi-nexus> (accessed March 14, 2009).
51 See Edwin Black (2009) *The Nazi Nexus: America's Corporate Connections to Hitler's Holocaust*, Dialog Press, New York. In his analysis of the role of US corporations, Black argued that Hitler had indispensable help that virtually shaped the size and scope of the Holocaust itself.
52 Arthur R. Jensen (1968) "How Much Can We Boost IQ and Scholastic Achievement?" *Harvard Educational Review*, 39, pp. 1–123.
53 Rifkin (1998) p. 117. Foundations financed by Carnegie, Rockefeller and Ford were associated with not only the financing of race science in the United States but also establishing the idea that society would be better off to weed out undesirable humans.
54 Rifkin (1998).
55 Michael J. Sandel (2007) *The Case against Perfection: Ethics in the Age of Genetic Engineering*, Harvard University Press, Cambridge, Mass.
56 Roberts (1997).
57 Bob Herbert (2009) "The Howls of a Fading Species," *New York Times*, June 1.
58 Michelle Alexander (2010) *The New Jim Crow: Mass Incarceration in the Age of Colorblindness*, New Press, New York.
59 Chris Hedges (2007) *American Fascists: The Christian Right and the War on America*, Free Press, New York.
60 Raymond Kurzweil (2005) *The Singularity is Near*, Viking, New York; see also Raymond Kurzweil (1987) *The Age of Intelligent Machines*, MIT Press, Cambridge, Mass.
61 "Ray Kurzneil on How Technology Will Transform Us." Ted Talks <http://www.ted.com/talks/ray_kurzweil_on_how_technology_will_transform_us.html> (accessed January 22, 2009).

62 Sidney Wilhelm (1971) *Who Needs the Negro?* Schenkman, Cambridge, Mass.
63 Bill Joy (2000) "Why the Future Doesn't Need Us," *Wired Magazine.*
64 Martin Luther King Jr, "Beyond Vietnam: A Time to Break the Silence," speech delivered at the Riverside Church, April 4, 1967.
65 Mary Midgley (1985) "Persons and Non-Persons," in Peter Singer (ed.), *In Defense of Animals,* Blackwell, New York:
66 Midgley (1985).
67 Karl Marx (1967) *Capital,* Vol. 1, International Publishers, New York, p. 345.
68 C. L. R. James (1963) *The Black Jacobins: A Study of Toussaint L'Ouverture and the San Domingo Revolution,* Dial Press, New York, p. 283.
69 Cathy Cohen (1999) *The Boundaries of Blackness: AIDS and the Breakdown of Black Politics,* University of Chicago Press, Chicago, Ill.
70 Harriet Washington (2006) *Medical Apartheid: The Dark History of Medical Experimentation on Black Americans from Colonial times to the Present,* Anchor, New York.
71 Plouffe (2009).
72 Roediger (2007), p. 6.
73 Martin Luther King, Jr. (2001) *The Measure of Man,* Fortress, Augsburg, p. 43.

第四章 基层组织与国家机器相遇

1 Boggs (1963).
2 Kevin Philips (2002) *Wealth and Democracy: A Political History of the American Rich,* Random House, New York, p. xiii.
3 Charles M. Payne (1995) *I've Got the Light of Freedom: The Organizing Tradition and the Mississippi Freedom Struggle,* University of California Press, Berkeley, Calif.
4 William Pepper (2008) *An Act of State: The Execution of Martin Luther King,* Verso, New York; see also Ward Churchill and Jim Van Der Wall (2001) *The COINTELPRO Papers: Documents from the FBI's Secret Wars Against Dissent in the United States,* South End Press Boston, Mass.; see also Paul Wolf's detailed website on the COINTELPRO activities, <http://www.icdc.com/~paulwolf/cointelpro/cointel.htm> (accessed October 2, 2009).
5 Peniel E. Joseph (2007) *Waiting 'till the Midnight Hour: A Narrative History of Black Power in the United States,* New York: Owl Books.
6 F. Capra (1982) *The Turning Point: Science, Society and the Rising Culture,* Bantam, New York, p. 41.
7 Marshall Ganz (2000) *Five Smooth Stones: Strategic Capacity in the Unionization of California Agriculture,* unpublished Harvard PhD thesis.

8 Boggs (1963).
9 James W. Douglass (2008) *JFK and the Unspeakable: Why he Died and Why it Matters*, Orbis, New York.
10 Stokely Carmichael (2005) *Ready for Revolution: The Life and Struggles of Stokely Carmichael (Kwame Ture)*, Scribner, New York.
11 William G. Martin and Michael West (2009) *From Toussaint to Tupac: The Black International in the Age of Revolution*, University of North Carolina Press, Chapel Hill, N.C.
12 Ransby (2003).
13 Lecture by Marshall Ganz on "Distributed Leadership and the Obama Campaign," on You Tube <http://mitworld.mit.edu/video/662> (accessed November 12, 2009).
14 Robert Moses (2001) *Radical Equations: Civil Rights from Mississippi to the Algebra Project*, Beacon Press, Boston, Mass., p. 81; see also Charles Payne (1997) *I've Got the Light of Freedom: The Organizing Tradition and the Mississippi Freedom Struggle*, University of California Press, Berkeley, Calif.
15 Jeffrey H. Birnbaum (2000) *The Money Men: The Real Story of Political Power in the USA*, Crown Books, New York.
16 Phillips (2000). For a comprehensive account of political corruption in the United States see Mark Grossman (2003) *Political Corruption in America: An Encyclopedia of Scandals, Power, and Greed*, ABC-Clio, Santa Barbara, Calif.
17 G. William Domhoff (1972) *Fatcats and Democrats: The Role of the Big Rich in the Party of the Common Man*, Prentice-Hall, Englewood Cliffs, N.J.
18 Vladimir I. Lenin (1972) *What is to be Done?* Progress, Moscow.
19 Domhoff (1972).
20 Donald T. Critchlow (2005) *Phyllis Schlafly and Grassroots Conservatism*, Princeton University Press, Princeton, N.J.; Robert Brent Toplin (2006) *Radical Conservatism: The Right's Political Religion*, University Press of Kansas, Lawrence, Ks; Joseph Crespino (2007) *In Search of Another Country: Mississippi and the Conservative Counterrevolution,* Princeton University Press, Princeton, N.J.; and Philip Jenkins (2006) *Decade of Nightmares: The End of the Sixties and the Making of the Eighties America*, Oxford University Press, New York.
21 Eric Shragge (2003) *Activism and Social Change: Lessons for Social and Community Organizing*, University of Toronto Press, Toronto; and (2009) *Incite, Women of Color against Violence. The Revolution Will not be Funded: Beyond the Non-Profit Industrial Complex*, South End Press Boston, Mass.
22 Philips (2000), p. xvi.
23 Lucius J. Barker and Ronald W. Walters (1989) "Jesse Jackson's 1984 Presidential Campaign," in *Challenge and Change in American Politics*, University of Illinois Press, Champaign, Ill.

24 Judith A. Center (1974) "1972 Democratic Convention Report and Party Democracy," *Political Science Quarterly*, 89(2).
25 Paul Rockwell (2008) "Never Mind the Voters, Here's the Super Delegates," <http://www.inmotionmagazine.com/opin/pr_super.html> (accessed August 12, 2008).
26 "Money Wins Presidency and 9 of 10 Congressional Races in Priciest U.S. Election Ever" < https://opensecrets.org/news/2008/11/money-wins-white-house-and.html> (accessed November 10, 2008).
27 Richard Wolff (2007) "Twenty Years of Growing Inequality," *Monthly Review*, November 1.
28 Paul Krugman (2006) "The Great Wealth Transfer," *Rolling Stone*, November 30 <http://www.rollingstone.com/politics/story/12699486/paul_krugman_on_the_great_wealth_transfer/print> (accessed November 12, 2009).
29 Emmanuel Saez, "Striking it Richer: The Evolution of Income Inequalities in the United States," accessed through <http://elsa.berkeley.edu/~saez/> accessed February 16, 2020).
30 James Boggs (1976) "Towards A New Concept of Citizenship," <www.boggscenter.org/new_concept_citizenship_jboggs_1976.html> (accessed March 28, 2010).
31 Jo Freeman (1986) "The Political Culture of the Democratic and Republican Parties," *Political Science Quarterly*, 101(3), p. 320.
32 Harold Gosnell (1933) "The Political Party versus the Political Machine," *Annals of the American Academy of Political and Social Science*, Vol. 169, *The Crisis of Democracy* (September), pp. 21–8.
33 Warren Moscow (1971) *The Last of the Big-Time Bosses, The Life and Times of Carmine De Sapio and the Rise and Fall of Tammany Hall*, Stein and Day, New York.
34 Ronald Walters (2007) *Freedom is Not Enough: Black Voters, Black Candidates, and American Presidential Politics*, Rowman & Littlefield, Lanham, Md.
35 Speech of Senator Trent Lott as reported in the *Washington Post*; Thomas Edsall (2002) "Lott Decried for Part of Salute to Thurmond," December 7.
36 Crespino (2007).
37 Walters (2007).
38 Raymond E. Wolfinger (1972) "Why Political Machines Have Not Withered Away and Other Revisionist Thoughts," *Journal of Politics*, 34(2) (May).
39 Jerome Krase and Charles LaCerra (1992) *Ethnicity and Machine Politics*, University Press of America, Lanham, Md.
40 Nathan Glazer and Daniel Patrick Moynihan (1970) *Beyond the Melting Pot: The Negroes, Puerto Ricans, Jews, Italians and Irish of New York*, MIT Press, Boston, Mass.; see also Noel Ignatiev (2004) *How the Irish Became White*, Routledge, New York.
41 David R. Colburn and George E. Pozzetta (1976) "Bosses and

Machines: Changing Interpretations in American History," *The History Teacher*, 9(3), (May), p. 458.

42 Mike Royko (1971) *Boss: Richard J. Daley of Chicago*, Dutton, New York.
43 Jonathan Kandell (2004) "Carmine De Sapio: Political Kingmaker and last Tammany Hall Boss," *New York Times*, July 29.
44 For a mainstream analysis of the system of bribery and corruption in the party under the banner of patronage see, James Q. Wilson (1961) "The Economy of Patronage," *Journal of Political Economy*.
45 Robert A. Caro (1975) *The Power Broker: Robert Moses and the Fall of New York*, Vintage, New York, p. 18.
46 David Harvey (2008) "The Right to the City," *New Left Review*, 53 (September–October).
47 Dennis W. Johnson (2007) *No Place for Amateurs: How Political Consultants are Reshaping American Democracy*, Routledge, New York.
48 The breakdown was as follows: US$5 billion spent by the financial institutions, US$1.6 billion by pharmaceuticals, US$850 million private insurance companies and drug companies, US$447 million defense contractors, US$830 million big oil etc. See Bernie Sanders (2009) "Who Owns Congress?" September 25 <http://www.huffingtonpost.com/rep-bernie-sanders/who-owns-congress_b_300104.html> (accessed January 10, 2010).
49 Jeff Taylor (2006) *Where did the Party Go? William Jennings Bryan, Hubert Humphrey and the Jeffersonian Legacy*, University of Wisconsin Press, Madison, Wisc.
50 John Feffer (ed.) (2002) *Power Trip: US Unilateralism and Global Strategy after 9/11*, Seven Stories Press, New York.
51 Jacob Heilbrunn (2008) *They Knew They Were Right: The Rise of the Neocons*, Doubleday, New York.
52 Joshua Green (2008) "The Frontrunners Fall," *Atlantic Monthly* (September).
53 Terry McAuliffe (2007) *What a Party: My Life Among Democrats: Presidents, Candidates, Donors, Activists, Alligators and other Wild Animals*, New York: St. Martin's Press.
54 Michael Barnett (2003) *Eyewitness to Genocide: The United Nations and Rwanda*, Cornell University Press, Ithaca, N.Y.
55 Hillary Clinton (2004) *Living History*, Simon & Schuster, New York.
56 Robin D. G. Kelly (2002) *Freedom Dreams: The Radical Black Imagination*, Beacon Press, Boston, Mass.

第五章 2008年预选中的分形智慧与乐观主义

1 Barack Obama (2006) *The Audacity of Hope: Thoughts on Reclaiming the American Dream*, Crown, New York.
2 The importance of leverage politics was discussed extensively in Ronald

W. Walters (1998) *Black Presidential Politics: A Strategic Approach*, State University of New York Press, Albany, N.Y.; see also the discussion of leverage in Walters (2005). This issue of leverage politics is also discussed by Clarence Lusane (1994) *African Americans at the Crossroads: The Restructuring of Black Leadership and the 1992 Elections*, South End Press, Boston, Mass.

3 Zillah Eisenstein (2007) *Sexual Decoys: Gender, Race and War in Imperial Democracy*, Zed, London.
4 Clarence Lusane (1994) *African Americans at the Crossroads: The Restructuring of Black Leadership and the 1992 Elections*, South End Press, Boston, Mass. The Bradley effect describes the inaccuracy of pre-election polls in which white respondents refused to give their true feelings about a black candidate. This name came after the election of Tom Bradley who campaigned to be the governor of California in 1982. He lost the elections although the polls had shown that he was ahead. The pollsters claimed that whites did not communicate their true feelings about black candidates to pollsters. It was this idea that suggested that whites would not vote for Barack Obama, despite his impressive poll numbers.
5 Joshua Green (2008) "The Hillary Clinton Memos," *Atlantic Monthly*, August 11 <http://www.theatlantic.com/doc/200808u/clinton-memos> (accessed October 3, 2008).
6 Phillips (2002), p. xvi.
7 Bruce H. Lipton (2005) *The Biology of Belief: Unleashing the Power of Consciousness, Matter and Miracles*, Hay House, Carlsbad, Calif.
8 Tim Dickinson (2008) "Obama's Brain Trust," *Rolling Stone*, July 10 <http://www.rollingstone.com/politics/story/21470304/obamas_brain_trust/print> (accessed August 3, 2008).
9 Joshua Green (2008b) "The Front-Runner's Fall," *Atlantic Monthly*, September, <http://www.theatlantic.com/doc/200809/hillary-clinton-campaign> (accessed December 15, 2009).
10 Lawrence Lessig (2005) "The People Own Ideas," *Technology Review*, June.
11 Jerome Armstrong (2006) *Markos Moulitsas, Crashing the Gate: Netroots, Grassroots, and the Rise of People-Powered Politics*, White River Junction, Vt.: Chelsea Books,
12 Marshall Ganz, "Distributed Leadership in the Obama Campaign," lecture at MIT leadership Center, April 2009 <http://mitworld.mit.edu/video/662> (accessed November 12, 2009).
13 *Time* (2008) Special Issue, August 21, "A Leader of Obama's Grassroots Army."
14 "A Conversation with Jeremy Bird," YouTube, December 13, 2008, <http://www.youtube.com/watch?v=1-3h77Xyb18> (accessed December 15, 2008).
15 Conversation with Jeremy Bird (2008).
16 For two differing accounts of the work of Goodstein as part of the

Machines: Changing Interpretations in American History," *The History Teacher*, 9(3), (May), p. 458.
42 Mike Royko (1971) *Boss: Richard J. Daley of Chicago*, Dutton, New York.
43 Jonathan Kandell (2004) "Carmine De Sapio: Political Kingmaker and last Tammany Hall Boss," *New York Times*, July 29.
44 For a mainstream analysis of the system of bribery and corruption in the party under the banner of patronage see, James Q. Wilson (1961) "The Economy of Patronage," *Journal of Political Economy*.
45 Robert A. Caro (1975) *The Power Broker: Robert Moses and the Fall of New York*, Vintage, New York, p. 18.
46 David Harvey (2008) "The Right to the City," *New Left Review*, 53 (September–October).
47 Dennis W. Johnson (2007) *No Place for Amateurs: How Political Consultants are Reshaping American Democracy*, Routledge, New York.
48 The breakdown was as follows: US$5 billion spent by the financial institutions, US$1.6 billion by pharmaceuticals, US$850 million private insurance companies and drug companies, US$447 million defense contractors, US$830 million big oil etc. See Bernie Sanders (2009) "Who Owns Congress?" September 25 <http://www.huffingtonpost.com/rep-bernie-sanders/who-owns-congress_b_300104.html> (accessed January 10, 2010).
49 Jeff Taylor (2006) *Where did the Party Go? William Jennings Bryan, Hubert Humphrey and the Jeffersonian Legacy*, University of Wisconsin Press, Madison, Wisc.
50 John Feffer (ed.) (2002) *Power Trip: US Unilateralism and Global Strategy after 9/11*, Seven Stories Press, New York.
51 Jacob Heilbrunn (2008) *They Knew They Were Right: The Rise of the Neocons*, Doubleday, New York.
52 Joshua Green (2008) "The Frontrunners Fall," *Atlantic Monthly* (September).
53 Terry McAuliffe (2007) *What a Party: My Life Among Democrats: Presidents, Candidates, Donors, Activists, Alligators and other Wild Animals*, New York: St. Martin's Press.
54 Michael Barnett (2003) *Eyewitness to Genocide: The United Nations and Rwanda*, Cornell University Press, Ithaca, N.Y.
55 Hillary Clinton (2004) *Living History*, Simon & Schuster, New York.
56 Robin D. G. Kelly (2002) *Freedom Dreams: The Radical Black Imagination*, Beacon Press, Boston, Mass.

第五章 2008年预选中的分形智慧与乐观主义

1 Barack Obama (2006) *The Audacity of Hope: Thoughts on Reclaiming the American Dream*, Crown, New York.
2 The importance of leverage politics was discussed extensively in Ronald

W. Walters (1998) *Black Presidential Politics: A Strategic Approach*, State University of New York Press, Albany, N.Y.; see also the discussion of leverage in Walters (2005). This issue of leverage politics is also discussed by Clarence Lusane (1994) *African Americans at the Crossroads: The Restructuring of Black Leadership and the 1992 Elections*, South End Press, Boston, Mass.

3 Zillah Eisenstein (2007) *Sexual Decoys: Gender, Race and War in Imperial Democracy*, Zed, London.

4 Clarence Lusane (1994) *African Americans at the Crossroads: The Restructuring of Black Leadership and the 1992 Elections*, South End Press, Boston, Mass. The Bradley effect describes the inaccuracy of pre-election polls in which white respondents refused to give their true feelings about a black candidate. This name came after the election of Tom Bradley who campaigned to be the governor of California in 1982. He lost the elections although the polls had shown that he was ahead. The pollsters claimed that whites did not communicate their true feelings about black candidates to pollsters. It was this idea that suggested that whites would not vote for Barack Obama, despite his impressive poll numbers.

5 Joshua Green (2008) "The Hillary Clinton Memos," *Atlantic Monthly*, August 11 <http://www.theatlantic.com/doc/200808u/clinton-memos> (accessed October 3, 2008).

6 Phillips (2002), p. xvi.

7 Bruce H. Lipton (2005) *The Biology of Belief: Unleashing the Power of Consciousness, Matter and Miracles*, Hay House, Carlsbad, Calif.

8 Tim Dickinson (2008) "Obama's Brain Trust," *Rolling Stone*, July 10 <http://www.rollingstone.com/politics/story/21470304/obamas_brain_trust/print> (accessed August 3, 2008).

9 Joshua Green (2008b) "The Front-Runner's Fall," *Atlantic Monthly*, September, <http://www.theatlantic.com/doc/200809/hillary-clinton-campaign> (accessed December 15, 2009).

10 Lawrence Lessig (2005) "The People Own Ideas," *Technology Review*, June.

11 Jerome Armstrong (2006) *Markos Moulitsas, Crashing the Gate: Netroots, Grassroots, and the Rise of People-Powered Politics*, White River Junction, Vt.: Chelsea Books,

12 Marshall Ganz, "Distributed Leadership in the Obama Campaign," lecture at MIT leadership Center, April 2009 <http://mitworld.mit.edu/video/662> (accessed November 12, 2009).

13 *Time* (2008) Special Issue, August 21, "A Leader of Obama's Grassroots Army."

14 "A Conversation with Jeremy Bird," YouTube, December 13, 2008, <http://www.youtube.com/watch?v=1-3h77Xyb18> (accessed December 15, 2008).

15 Conversation with Jeremy Bird (2008).

16 For two differing accounts of the work of Goodstein as part of the

triple O team, see Jose Antonio Vargas (2008) "Obama's Wide Web: From YouTube to Text Messaging, Candidate's Team Connects to Voters," *Washington Post*, August 20; "How Obama Used Social Networking Tools to Win," *Insead Knowledge*, <http://knowledge.insead.edu/contents/HowObamausedsocialnetworkingtowin090709.cfm> (accessed July 25, 2009).

17 <http://www.barackobama.com/mobile/>.
18 See Jon Goss (1995) "We Know Who You Are and We Know Where You Live: The Instrumental Rationality of Geodemographic Systems," *Economic Geography*, 7(2), (April). For another critique of the potential misuse of this technology see Patrick Novotny (1997) "Geographical Information Systems and the New Landscape of Political Technologies," *Social Science Computer Review*, 15(3).
19 Kate Green (2008) "Reality Mining," *Technology Review* (March–April). For another analysis of the collection of personal information for the campaign see David Talbott (2009) "Personalized Campaigning," *Technology Review*, March/April.
20 Vargas (2008).
21 Martin Kilson (2008) "Dynamic of the Obama Campaign's Historic Achievement," *Black Commentator*, May, <http://blackcommentator.com/279/279_obama_campaign_dynamics_kilson_ed_bd.html> (accessed January 22, 2009).
22 Nouriel Roubini (2008) "The rising risk of a systemic financial meltdown: the twelve steps to financial disaster," February 5, <http://www.rgemonitor.com/blog/roubini/242290> (accessed January 22, 2009).
23 Paul Krugman (2008) *The Return of Depression Economics and the Crisis of 2008*, W. W. Norton, New York; and Nouriel Roubini (2008) "The Demise of the Shadow Banking System and of the Broker Dealers," RGE Monitor, September 15 <http://www.rgemonitor.com/roubini-monitor/253598/the_demise_of_the_shadow_banking_system_and_of_the_broker_dealers_some_media_appearances> (accessed November 12, 2008).
24 Cf. Robin Blackburn (2008) "The Sub-Prime Crisis," *New Left Review* (March–April).
25 Interestingly, it was Lawrence Lessig – the champion of the Creative Commons – who was also at the forefront in claiming the need to clean up the political system, See Lawrence Lessig (2008) *Remix: Making Art and Commerce Thrive in the Hybrid Economy*, Penguin, Harmondsworth, UK.
26 Blog by Andrew Sullivan (2008) on the web page of the *Atlantic Monthly*, "Clinton's Advance Spin," January 26, <http://andrewsullivan.theatlantic.com/the_daily_dish/2008/week4/index.html> (accessed February 22, 2009).
27 Analysis of the American National Election Study, quoted in Lucius J. Barker and Ronald W. Walters (1989) *Jesse Jackson's Presidential*

Campaign: Challenge and Change in American Politics, University of Illinois Press, Champaign, Ill., p. 210.
28 Barack Obama, "A more perfect union," Speech delivered in Philadelphia, March 18, 2008.
29 G. William Domhoff (1972) Fatcats and Democrats: The Role of the Big Rich in the Party of the Common Man, Prentice-Hall, Englewood Cliffs, NJ.
30 Phillips (2002).
31 Joseph Lash (1972) Eleanor: The Years Alone, W.W. Norton, New York, pp. 274–6.
32 David Talbott (2008) "How Obama Really Did It," Technology Review (September/October).

第六章 过去与未来：民主党全国代表大会

1 The Governor Clarence Morley Collection in the Colorado State Archives contains a respectable file with a list of information on the Ku Klux Klan and its activities in Colorado. See also Robert Alan Goldberg (1981) Hooded Empire: The Ku Klux Klan in Colorado, University of Illinois Press, Urbana, Ill.; and Shawn Lay (ed.) (1992) The Invisible Empire in the West: Toward a New Appraisal of the Ku Klux Klan of the 1920s, University of Illinois Press, Urbana, Ill.
2 Democratic Party Platform of 1908 <http://www.presidency.ucsb.edu/ws/index.php?pid=29589> (accessed February 12, 2010).
3 See US Census Bureau news, August 2008 <http://www.census.gov/Press-Release/www/releases/archives/population/012496.html> (accessed January 13, 2009).
4 US Census Bureau News (2008) press release, August 14.
5 See the paper by the same title presented by Elaine Rodriquez at the conference on Latinos at Brown University, October 2009. See her book (2008) The National Voter Registration Act: Impact and Implications for Latino and Non-Latino Communities, University Press of America, Md.
6 Theodore H. White (1961) The Making of the President, 1960, Atheneum, New York.
7 Bradford C. Snell, "American Ground Transportation: A Proposal for Restructuring the Automobile, Truck, Bus & Rail Industries," Senate Judiciary Committee Subcommittee on Antitrust and Monopoly, February 1974. See also Jonathan Kwitny (1981) "The Great Transportation Conspiracy," Harper's (February), and Jane Holtz Kay (1988) Asphalt Nation: How the Automobile Took Over America and How We Can Take it Back, University of California Press, Berkeley, Calif.
8 Van Jones (2010) The Green Collar Economy: How One Solution Can Fix Our Two Biggest Problems, HarperCollins, New York.
9 T. Boone Pickens (2008) The First Billion is the Hardest: Reflections on a Life of Comebacks and America's Energy Future, Crown, New York.

10 "T. Boone Pickens taps into forgiveness" <http://www.denverpost.com/dnc/ci_10340061> (accessed November 6, 2008).
11 Mark Svenvold (2008) "Wind Power Politics," *New York Times Magazine*, September 12.
12 Gabriel Kolko (1976) *Railroads and Regulations 1877–1916*, Greenwood Press, Westport, Conn.
13 Howard Zinn (1980) *A Peoples History of the United States*, Harper & Row, New York, p. 345.
14 Zinn (1980), p. 345.
15 Center for Responsive Politics (2008) "Struggling Companies and Industries Still Found Funds to Sponsor Political Conventions," December 10, <http://www.opensecrets.org/news/2008/12/struggling-companies-industrie.html> (accessed October 3, 2009).
16 Joseph Stiglitz and Linda Bilmes (2008) *The Three Trillion Dollar War: The True Cost of the Iraq Conflict.*, W. W. Norton, New York.
17 Justin A. Nelson (2000) "Drafting Lyndon Johnson: The President's Secret Role in the 1968 Democratic Convention," *Presidential Studies Quarterly*, Center for the Study of the Presidency and Congress.
18 Meghan Daum (2008) "A Few PUMAs on the Loose," *Los Angeles Times*, August 30.
19 On August 26, 1920 this Amendment was incorporated into the Constitution. The Amendment proclaimed, "The right of citizens of the United States to vote shall not be denied or abridged by the United States or by any State on account of sex." It ended more than 70 years of struggle by the suffragist movement.
20 *New York Times* (2009) "Pace of Change Under Obama Frustrates Unions," September 6.
21 Adam Nagourney (2008) "Appeals Evoking American Dream Rally Democrats," *New York Times*, August 26.
22 Avis Thomas-Lester (2009) "He Dresses Michelle's Tresses," *Washington Post*, March 26.
23 Mark Hugo Lopez (2008) "The Hispanic Vote in the 2008 Elections," *Pew Hispanic Center*, November 7. See also <http://pewhispanic.org/reports/report.php?ReportID=108> (accessed May 2, 2009).
24 "DNC: Courting the Latino Vote," *New America Media*, August 29, <http://news.newamericamedia.org/news/view_article.html?article_id=d7cde9b4c0c6e930bef9a0472dab248b> (accessed October 20, 2009).
25 White (1961), p. 166.
26 *Advertising Age*, "Marketer of the Year," <http://adage.com/moy2008/article?article_id=131810> (accessed January 10, 2010).
27 *New York Times* (2008) Editorial, August 29.

第七章 大选胜利的基层工作：挑战曾受伤害企业银行家的无情

1 Sheldon Wolin (2008) *Democracy Incorporated: Managed Democracy*

and Inverted Totalitarianism, Princeton University Press, Princeton, N.J., p. 58.
2. Quoted on Net Routes: On the Media, National Public Radio, November 7 2008, <http://www.onthemedia.org/transcripts/2008/11/07/04> (accessed November 8, 2008).
3. Plouffe (2009), p. 92.
4. Plouffe (2009), p. 320.
5. Christopher Hayes (2008) "Obama's Voter Registration Operation," *The Nation,* August 13.
6. Patricia Cohen (2009) "Field Study: How Relevant is Political Science?" *New York Times,* October 19.
7. Sorkin (2009), p. 470.
8. Simon Johnson (2009) "The Quiet Coup," *Atlantic* (May). Sorkin (2009) noted that the original name of the plan was "Break the Glass" and it was written in April 2008.
9. Sheldon Wolin (2008) *Democracy Incorporated: Managed Democracy and the Specter of Inverted Totalitarianism,* Princeton University Press, Princeton, N.J., p. 46.
10. For details see Sorkin (2009), p. 83.
11. Sorkin (2009), p. 441.
12. Henry Paulson (2010) *On the Brink: Inside the Race to Stop the Collapse of the Global Financial System,* Business Plus, New York.
13. Paul Krugman (2009) "Wall Street Voodoo," *New York Times,* January 18.
14. Francisco E. Thoumi, (2005) "The Numbers Game: Let's All Guess the Size of the Illegal Drug Industry!" *Journal of Drug Issues,* 35(1), (Winter).
15. A derivative is a tradable product whose value is based on or "derived" from, an underlying security. The classic example of a derivative is the option to buy a stock in the future. For an elaboration on the world of derivatives see Gillian Tett (2009) *Fool's Gold: How Unrestrained Greed Corrupted a Dream, Shattered Global Markets and Unleashed a Catastrophe,* Little, Brown, London.
16. This was the case of Brooksley Born of the Commodities Futures Trading Commission, who was driven from her position by Alan Greenspan, Robert Rubin, and Lawrence Summers. These were the forces at that time of the Clinton administration which was then the political front for the financial oligarchy.
17. John Arlidge (2009) "I'm doing God's Work. Meet Mr. Goldman Sachs," *Sunday Times,* London, November 8.
18. Matt Taibbi, "Inside the Great American Bubble Machine," *Rolling Stone,* issue 1082–83.
19. Dean Baker (2009) *Plunder and Blunder: The Rise and Fall of the Bubble Economy,* Polipoint Press, New York. For an analysis that takes into consideration the class and political implications of the bubbles see John Bellamy Foster and Fred Magdoff (2008) *The Great Financial Crisis: Causes and Consequences,* Monthly Review, New York.

20 Latimer (2009).
21 Eamon Javers (2010) *Broker, Trader, Lawyer, Spy: The Secret World of Corporate Espionage*, Harper Collins, New York.
22 William D. Cohan (2009) *House of Cards: A Tale of Hubris and Wretched Excess on Wall Street*, Tantor Media, New York; and Michael Scheur (2004) *Imperial Hubris: Why the West is Losing the War on Terror*, Brasseys, Dulles, Va. See also Roger Burbach and Jim Tarbell (2007) *Imperial Overstretch: George W. Bush and the Hubris of Empire*, Censa, Berkeley, Calif.
23 Michael Lewis (2009) "The Man Who Crashed the World," *Vanity Fair* (August).
24 Ron Shelp (2009) *Fallen Giant: The Amazing Story of Hank Greenberg and the History of AIG*, Wiley, New York.
25 Shelp (2009), ppp. 9–10.
26 Joe Nocera (2009) "Propping up a House of Cards," *New York Times*, February 22. See also Report of Neil Barofsky Special Inspector General of TARP to the House Committee on Oversight and Government Reform, October 14, 2009, House Committee on Oversight and Government Reform.
27 For an elaboration of the interconnections see Dan Briody (2004) *The Iron Triangle: Inside the Secret World of the Carlyle Group*, Wiley, New York.
28 *New York Times* (2009) "Wall St. Firm Draws Scrutiny as U.S. Adviser," May 18.
29 James Galbraith (2008) *The Predator State: How Conservatives Abandoned the Free Market and Why Liberals Should Too*, Free Press, New York.
30 Michael Lewis (1989) *Liar's Poker*, W.W. Norton, New York.
31 Bob Ivry, Christine Harper and Mark Pittman (2009) "Missing Lehman Lesson of Shakeout Means Too Big Banks May Fail," Bloomberg.ccm, September 8 <http://www.bloomberg.com/apps/news?pid=20601170&sid=aX8D5utKFuGA> (accessed January 10, 2010). See also Sorkin (2009).
32 BBC (2003) "Buffet Warns of Investment Time Bomb," March 4. For an analysis of the hidden power of the financial oligarchy see Charles Derber (2005) *Hidden Power: What You Need to Know to Save Our Democracy*, Berrett-Koehler, New York.
33 Michael Lewis and David Enhorn (2009) "How to Repair a Broken Financial World," *New York Times*, January 3.
34 William K. Black (2009) "How the Servant Became a Predator: Finance's Five Fatal Flaws," Huffington Post, October <http://www.huffingtonpost.com/william-k-black/how-the-servant-became-a_b_318010.html> (accessed October 13, 2009).
35 "Reparations Suit Leaves Opening," *In These Times*, February 2, 2004. http://www.inthesetimes.com/article/506 (accessed July 5, 2009).
36 Sorkin (2009); Lawrence G. McDonald (2009) *A Colossal Failure of*

Common Sense: The Inside Story of the Collapse of Lehman Brothers, Crown Business, New York.
37 Latimer (2009), p. 275.
38 Phillips (2002), p. xvii.
39 Jack Nelson-Pallmeyer (1990) *War against the Poor: Low-Intensity Conflict and Christian Faith*, Orbis Books, Maryknoll, N.Y.
40 Edward S. Herman (1998), "The Global Rogue State, *Z Magazine*, February. See also his book with Gerry O'Sullivan (1990) *The Terrorism Industry: The Experts and Institutions That Shape Our View of Terror*, Random House, New York.
41 Eric Williams (1994) *Capitalism and Slavery*, University of North Carolina Press, Chapel Hill, N.C., p. 101. For another elaboration of the role of the banks and the enslavement of Africans see Sam E. Anderson (1996) *Black Holocaust for Beginners,* Readers and Writers, New York.
42 Bob Ivry, Christine Harper and Mark Pittman (2009) "Missing Lehman Lesson of Shakeout Means Too Big Banks May Fail," Bloomberg News, September 8 <http://www.bloomberg.com/apps/news?pid=20601170&sid=aX8D5utKFuGA> (accessed January 10, 2010).
43 The drama itself was played out in the PBS Frontline Production "Breaking the Bank" <http://www.pbs.org/wgbh/pages/frontline/breakingthebank/etc/script.html> (accessed June 17, 2009).
44 Bloomberg News, September 8, 2009.
45 The threats to Kenneth Lewis were confirmed in the letter from Andrew Cuomo, attorney general of New York, to Hon. Christopher Dodd, chairperson of the Senate Banking Committee, April 23, 2009. Months later when the House Government Oversight Committee held hearings on the bailout of the Federal Government for Bank of America, Paulson admitted that he strongly urged Lewis not to go forward with his threat to follow "the material adverse change" MAC clause to back out of the deal.

See also press reporting by Liz Rappaport (2009) "Bank of America Chief Says Bernanke, Paulson Barred Disclosure of Merrill Woes Because of Fears for Financial System," *Wall Street Journal*, April 23.
46 John Waples (2009) "How Bob Diamond took Barclays into the Top League of Investment Banks," *Sunday Times,* June 14.
47 Lawrence MacDonald (2009) *A Colossal Failure of Common Sense: The Inside Story of the Collapse of Lehman Brothers*, Crown Books, 2009; David Wessel (2009) *In Fed We Trust: Ben Bernanke's War on the Great Panic*, Crown Books, New York.
48 Latimer (2009).
49 Hendrik Hertzberg (2008) "Barack Obama is a Socialist?" *New Yorker,* October 27.
50 Tom Ridge (2009) *Test of Our Times: America Under Siege and How We Can be Safe Again*, Thomas Dunne Books, New York, pp. 238–9.
51 See *Christian Science Monitor,* October 5, 2008
52 Mark Crispin Miller (2008) *Loser Take All: Election Fraud and the Subversion of Democracy, 2000–2008*, Ig publishing, New York.

53 Exley (2010).
54 Plouffe (2009), p. 364.
55 Quoted in David Talbott (2008) "How Obama Really Did It: Social Technology Helped to Bring Him to the Brink of the Presidency," *Technology Review* (September/October).
56 Plouffe (2009), pp. 364.
57 Michael Connell was the chief IT consultant to Karl Rove and created websites for the Bush and McCain electoral campaigns. He also set up the official Ohio state election website reporting the 2004 presidential election returns. He was to testify about electoral fraud but died in a plane crash three days after Obama's electoral victory. For details see "Republican IT Specialist Dies in Plane Crash," December 24, 2008 <http://rogerhollander.wordpress.com/2008/12/24/republican-it-specialist-dies-in-plane-crash/> (accessed December 24, 2008).
58 Sorkin (2009), p. 93.
59 In the book *How Barack Obama Won: A State by State Guide to the Historic 2008 Presidential Election* (Vintage, New York, 2009), Chuck Todd and Sheldon Gawiser identified eight battleground states for the general elections as follows: Colorado, Florida, Indiana, Iowa, Missouri, North Carolina, Ohio, and Virginia. These same authors identified twelve states as receding battleground states. These were Michigan, Minnesota, Nevada, New Hampshire, New Mexico, Pennsylvania, Wisconsin, Arizona, Georgia, Montana, Nebraska, and Texas.
60 For a thorough list of the massive organization of the Obama campaign see "Key People- Senator Barack Obama" <http://www.gwu.edu/~action/2008/obama/obamaorggen.html> (accessed November 2, 2009).
61 Adam C Smith, Alex Leary and David Adams (2008) "Obama Assembles a Volunteer Army," *St. Petersburg Times*, October 2.
62 Sorkin (2009).
63 <http://www.ncatlasrevisited.org/Population/ethncpop.html> (accessed February 15, 2010).
64 William Frey (2004) *The New Great Migration: Black Americans' Return to the South, 1965–2000*, Brookings Institute, Washington D.C., May.
65 David Plouffe (2009) *The Audacity to Win: The Inside Story and Lessons of Barack Obama's Historic Victory*, Viking Books, New York.
66 Quoted in Christopher Hayes (2008) "Obama's Voter-Registration Drive," *The Nation*, August 13.
67 <htttp://my.barackobama.com/page/community/group/NorthCarolinaNativeAmericansforOBAMA> (accessed October 2, 2009).
68 North Carolina State Board of Elections, Voter Registration Statistics <http://www.sboe.state.nc.us/content.aspx?id=41> (accessed April 20, 2010).
69 Commentary by Mark Crispin Miller, on Democracy Now, <http://

www.democracynow.org/2008/12/22/republican_it_specialist_dies_in_plane> December 24, 2008
70 Miller (2008).
71 Timothy Tyson (2004) *Blood Done Sign My Name*, Crown, New York.
72 Quoted in Yuna Shin (2008) "North Carolina Provides Insight into Changing Southern Politics," Huffington Post, October 30.

第八章 超越弥赛亚：为21世纪和平与革新而创建的网络

1 James Carroll (2004) *Crusade: Chronicles of an Unjust War*, Metropolitan Books, New York.
2 *Technology Review* (2009) "Can Technology Save the Economy?" (May/June).
3 See the papers of the Center for Economic Policy Research (CEPR). For the figures of the amounts that were going, see CNNMoney.com bailout tracker <http://money.cnn.com/news/storysupplement/economy/bailouttracker/index.html> (accessed February 20, 2010).
4 "Following the Money: Report of the Special Inspector General for the Troubled Asset Relief Program (SIGTARP)." Neil M Barofsky, the special inspector general for TARP (SIGTARP) in report to the House Committee on Oversight and Government Reform, July 21, 2009.
5 It was reported in the media that a Michigan defense contractor, Trijicon, stamped references to bible verses on combat rifle sights made for the U.S. military.
6 Tomdispatch Interview: James Carroll, American Fundamentalisms, September 17, 2007.
7 Amin (2004), p. 68.
8 David Remick (2008) "The Joshua Generation," *New Yorker*, November 17.
9 David Brooks (2008) "Who Will He Choose? *New York Times*, December 5.
10 See Patrick Bond (2008) "The Volcker Shock – Can Africa Survive Obama and His Advisers," <http://countusout.wordpress.com/2008/11/28/the-volcker-shock-can-africa-survive-obama-and-his-advisers> (accessed November 21, 2008).
11 Andrew Bacevich (2007) *The Long War: A New History of U.S. National Security Policy Since World War II*, New York, Columbia University Press. See also Tom Hayden (2009) "Understanding the Long War," *The Nation*, May 7.
12 Thomas Friedman (1999) "A Manifesto to the Fast World," *New York Times*, March 28; extracts from the book (by the same author) *The Lexus and the Olive Tree: Understanding Globalization*, Farrar, Straus & Giroux, New York, 1999.
13 One indication of the close relationship between the military and

intelligence agencies and Wall Street was revealed in Eamon Javers (2010) *Broker, Trader, Lawyer, Spy: The Secret World of Corporate Espionage*, Harper, New York.
14 Robert Dreyfuss (2009) "The Generals' Revolt." *Rolling Stone*, October 28, <http://www.rollingstone.com/politics/story/30493567/the_generals_revolt> (accessed January 12, 2010).
15 In a landmark case, *Citizens United v. Federal Election Commission*, 558 U.S. (2010), United States Supreme Court ruled that corporate funding of independent political broadcasts in candidate elections cannot be limited, because doing so would be in noncompliance with the First Amendment. This ensured that corporate entities could spend unlimited amounts on elections.
16 Bill Fletcher Jr. (2010) *Black Commentator*, January 21.
17 Shoshana Johnson (2010) *I'm Still Standing: From Captive U.S. Soldier to Free Citizen – My Journey Home*, Simon & Schuster, New York.
18 James F. Moore, "The Second Superpower Raises its Beautiful Head," <http://cyber.law.harvard.edu/people/jmoore/secondsuperpower.html> (accessed January 25, 2010).
19 Sreeram Chaulia (2009) "One Step Forward, Two Steps Backwards: The United States Institute of Peace," *International Journal of Peace Studies*, 14(1) (Spring /Summer).
20 W. E. B. Dubois (1978) *The African Roots of World War 1*, Black Liberation Press, New York. For an elaboration of the development of this race thinking at the turn of the twentieth century see Jan Nederveen Pieterse (1995) *White on Black: Images of Africa and Blacks in Western Popular Culture*, Yale University Press, New Haven, Conn.
21 Glen Beck (2009) "Is Massive Health Care Plan Reparations?" July 23 <http://www.glennbeck.com/content/articles/article/198/28317/> (accessed July 24, 2009).
22 Robert F Kennedy Jr (2005) *Crimes against Nature: How George W. Bush and His Corporate Pals Are Plundering the Country and Hijacking Our Democracy*, Harper Collins, New York. See also Karl Jacoby (2001) *Crimes against Nature: Squatters, Poachers, Thieves, and the Hidden History of American Conservation*, University of California Press, Berkeley, Calif.
23 Shiva (2005), p. 106.
24 Sheldon Wolin (2008) *Democracy Incorporated: Managed Democracy and the Specter of Inverted Totalitarianism*, Princeton University Press, Princeton, N. J.
25 Robert A. Caro (1974) *The Power Broker: Robert Moses and the Fall of New York*, Knopf, New York.
26 Shea Howell (2010) "Beyond Budget and speeches," The Boggs Blog, February 7 <http://boggsblog.org/> (accessed February 15, 2010).
27 James Boggs (1963) *The American Revolution: Pages from a Negro Worker's Notebook*, Monthly Review Press, New York.
28 Boggs (1963).

29 Michael D. Lemonick (2008) "Global Warming: Beyond the Tipping Point," *Scientific American,* October.
30 George Monbiot (2010) "Consumer Hell," *Guardian,* January 5.
31 Shawn A. Ginwright (2009) *Black Youth Rising: Activism and Radical healing in Urban America,* Teachers College Press, New York.
32 Robin D. G. Kelly (2002) *Freedom Dreams: The Radical Black Imagination,* Beacon Press, Boston, Mass.
33 Stokeley Carmichael (2005) *Ready for Revolution: The Life and Struggles of Stokely Carmichael (Kwame Ture),* Scribner, New York.
34 Grace Lee Boggs (2008) "Our Time is Not the 1930s," *Michigan Citizen,* November 30.
35 Commencement address of Martin Luther King Jr. at Oberlin College, 1965.

第九章 乌班图与21世纪革命

1 Cheikh Anta Diop, *The Cultural Unity of Black Africa: The Domains of Matriarchy and Patriarchy in Classical Antiquity,* Karkak House, London, 1989, p. xiv.
2 Desmond Tutu (1999) *No Future Without Forgiveness,* Doubleday, New York.
3 Reported in *BBC News Magazine,* September 28, 2006: "Society is important because of Ubuntu."
4 Lawrence Lessig, *Remix: Making Art and Commerce Thrive in the Hybrid Economy,* Penguin, New York.
5 David Harvey (2000) Spaces of Hope, University of California Press, Berkeley, Calif., p. 17.
6 Eglash (1999).
7 Boggs (1963).
8 See Eric Hobsbawm (1994) *The Age of Extremes: A History of the World 1914–1991,* Penguin, London.
9 Theodore L. Becker (1991) *Quantum Politics: Applying Quantum Theory to Political Phenomena,* Praeger Books, New York.
10 Michael Isikoff and David Corn (2007) *Hubris: The Inside Story of Spin, Scandal and the Selling of the Iraq War,* Crown Publishers, New York.
11 Quoted in Michael Parenti (2010) "What Do Empires Do?" *Common Dreams,* February 13.
12 Laurie Mylroie (2003) *Bush vs. The Beltway: How the CIA and the State Department Tried to Stop the War on Terror,* Regan, New York.
13 Samuel P. Huntingdon (1996) *The Clash of Civilizations and the Remaking of World Order,* Simon & Schuster, New York.
14 Samuel P. Huntington (2004) *Who Are We? The Challenges to America's Identity,* Simon & Schuster, New York.
15 Chalmers Johnson (2004) *The Sorrows of Empire, Militarism, Secrecy, and the End of the Republic,* Metropolitan Books, New York.

16 Johnson (2004).
17 Robinson (1977).
18 Peter Singer (2004) *Corporate Warriors: The Rise of the Privatized Military Industry*, Cornell University Press, New York.
19 Birgit Brock Utne (1987) *Educating For Peace: A Feminist Perspective*, Pergamon Press, New York, p. 3.
20 James Petras (1997) "Imperialism and NGO's in Latin America," *Monthly Review*, 49(7).
21 David Harvey, "Neo Liberalism and the Restoration of Class Power," See also David Harvey (2005) *A Brief History of Neo-liberalism*, Oxford University Press, New York.
22 Vandana Shiva (2005) Earth Democracy: Justice, Sustainability, and Peace, South End Press, Boston, Mass.
23 John Bellamy Foster (2009) "A Failed System: The World Crisis of Capitalist Globalization and its Impact on China," *Monthly Review*, March.
24 Albert-László Barabási (2003) *Linked: How Everything Is Connected to Everything Else and What It Means*, Plume Books, New York.
25 See the obituary on the MIT web site, <http://web.mit.edu/newsoffice/2008/obit-lorenz-0416.html> (accessed January 12, 2010).
26 I. Marshall and D. Zohar 1994) *The Quantum Society*, HarperCollins, New York, ch. 1.
27 For more on feminist geopolitics please see Gillian Rose (1993) *Feminism and Geography: The Limits of Geographical Knowledge*, University of Minnesota Press, Minneapolis, Minn.
28 Spike Peterson (ed.) (1992) *Gendered States: Feminist (Revisions of International Relations Theory*, Lynne Rienner, Boulder, Colo.
29 Stephanie Coontz (2000) *The Way We Never Were: American Families and the Nostalgia Trap*, Basic Books, New York.
30 David Talbott (2008) "How Obama Really Did It," *Technology Review* (September /October).
31 Becker (1991).
32 Robinson (1977) p. 71.
33 Robinson (1977) p. 72.
34 Mary Kaptur speaking in Congress, September 2008. See the report in Guardian UK, <http://www.guardian.co.uk/world/uselectionroadtrip/2008/nov/03/uselections2008-marcy-kaptur> (accessed January 22, 2010).
35 James Jesus Angleton was the head of counter-intelligence in the Central Intelligence Agency (CIA) His career was shrouded with the deepest drama of assassinations and deceptions at home and abroad. See James Douglass (2008) *JFK and the Unspeakable: Why He Died and Why it Matters*, Orbis, New York.
36 Climate Change needs inspiration and optimism, <http://climatechange.thinkaboutit.eu/think2/post/climate_change_needs_inspiration_and_optimism> (accessed January 22, 2010).

37 *The Obama Revolution*, Politico.Com, November 5, 2008, <http://find.politico.com/index.cfm?key=obama&currentPage=13> (accessed January 22, 2010).
38 Orlando Paterson (2008) "An Eternal Revolution," *New York Times*, November 7.
39 Mumia Abu Jamal, " The Meaning of Victory," , November 9, 2008, http://another-green-world.blogspot.com/2008/11/mumia-abu-jamal-welcomes-obama.html (accessed January 12, 2009).

原版书扩展阅读

Althoff, Fritz, Patrick Lin, James Moor and John Weckert (2007). *Nanoethics: The Ethical and Social Implications of Nanotechnology*. New York: John Wiley.

Amin, Samir (2004). *The Liberal Virus: Permanent War and the Americanization of the World*. New York: Monthly Review Press.

Armstrong, Jerome and Markos Moulitsas (2006). *Crashing the Gate: Netroots, Grassroots, and the Rise of People-Powered Politics*. White River Junction, Vt.: Chelsea.

Bacevich, Andrew (2007). *The Long War: A New History of U.S. National Security Policy Since World War II*. New York: Columbia University Press.

Baker, Dean (2009). *Plunder and Blunder: The Rise and Fall of the Bubble Economy*. New York: Polipoint Press.

Balz, Dan and Haynes Johnson (2009). *The Battle for America 2008: The Story of an Extraordinary Election*. New York: Viking.

Barabási, Albert-László (2003). *Linked: How Everything Is Connected to Everything Else and What It Means*. New York: Plume.

Barker, Lucius J. and Ronald W. Walters (1989). *Jesse Jackson's Presidential Campaign: Challenge and Change in American Politics*. Urbana, Ill.: University of Illinois Press.

Battle, Michael (2007). *Reconciliation: The Ubuntu Theology of Desmond Tutu*. New York: Pilgrim Press.

Becker, Theodore L. (1991). *Quantum Politics: Applying Quantum Theory to Political Phenomena*. New York: Praeger.

Birnbaum, Jeffrey H. (2006). *The Money Men: The Real Story of Political Power in the USA*. New York: Crown.

Black, Edwin (2009). *The Nazi Nexus: America's Corporate Connections to Hitler's Holocaust*. New York: Dialog Press.

Black, William K. (2005). *The Best Way to Rob a Bank is to Own One: How Corporate Executives and Politicians Looted the S&L Industry*. Austin, Tex.: University of Texas Press.

Blackstock, Nelson (1976). *The FBI's War on Political Freedom*. New York: Vintage.

Boggs, James (1963). *The American Revolution: Pages From an American Worker's Notebook*. New York: Monthly Review Press.

Briody, Dan (2004). *The Iron Triangle: Inside the Secret World of the Carlyle Group*. New York: John Wiley.

Carmichael, Stokely (2003). *Ready for Revolution*. New York: Scribner.

Caro, Robert A. (1975). *The Power Broker: Robert Moses and the Fall of New York*. New York: Vintage.
Carroll, James (2004). *Crusade: Chronicles of an Unjust War*. New York: Metropolitan Books.
Chaulia, Sreeram (2009). "One Step Forward, Two Steps Backwards: The United States Institute of Peace," *International Journal of Peace Studies*, Vol. 14, No 1, Spring/Summer.
Chomsky, Noam and Edward Herman (2002). *Manufacturing Consent: The Political Economy of the Mass Media*. New York: Pantheon.
Churchill, Ward and Jim Vander Wall (2001) The COINTELPRO Papers: Documents from the FBI's Secret Wars Against Dissent in the United States. Cambridge, Mass.: South End Press.
Cohan, William D. (2009). *House of Cards: A Tale of Hubris and Wretched Excess on Wall Street*, New York: Doubleday.
Crespino, Joseph (2007). *In Search of Another Country: Mississippi and the Conservative Counterrevolution*. Princeton, N.J.: Princeton University Press.
Critchlow, Donald T. (2005). *Phyllis Schlafly and Grassroots Conservatism*. Princeton, N.J.: Princeton University Press.
Davidson, James West (2007). *They Say: Ida B. Wells and the Reconstruction of Race*. New York: Oxford University Press.
Davis, Kirkpatrick James (1997). *Assault on the Left: The FBI and the Sixties Anti-War Movement*. Westport, Conn.: Praeger.
Derber, Charles (2005). *Hidden Power: What You Need to Know to Save Our Democracy*. New York: Berrett-Koehler.
Domhoff, William G. (1972). *Fat Cats and Democrats: The Role of the Big Rich in the Party of the Common Man*. Englewood Cliffs, N.J.: Prentice-Hall.
Douglass, James W. (2008). *JFK and the Unspeakable: Why he Died and Why it matters*. New York: Orbis.
Dubois, W. E. B. (1998). *Black Reconstruction in America 1860–1880*. New York: Free Press.
Dubois, W. E. B. (1978). *The African Roots of World War 1*. New York: Black Liberation Press.
Edwards, George C. (2004). *Why the Electoral College is Bad for America*. New Haven, Conn.: Yale University Press.
Eglash, Ron (1999). *African Fractals: Modern Computing and Indigenous Design*. Piscataway, N.J.: Rutgers University Press.
Eisenstein, Zillah (2007). *Sexual Decoys: Gender, Race and War in Imperial Democracy*. London: Zed.
Feffer, John (ed.) (2003). *Power Trip: US Unilateralism and Global Strategy after 9/11*. New York: Seven Stories Press.
Foster, John Bellamy and Fred Magdoff (2008). *The Great Financial Crisis: Causes and Consequences*. New York: Monthly Review Press.
Galbraith, James (2008). *The Predator State: How Conservatives Abandoned the Free Market and Why Liberals Should Too*. New York: Free Press.

Ganz, Marshall (2000). *Five Smooth Stones: Strategic Capacity in the Unionization of California Agriculture*, Harvard Ph.D. dissertation.

Gasparino, Charles (2009). *The Sellout: How Three Decades of Wall Street Greed and Government Mismanagement Destroyed the Global Financial System.* New York: Harper Collins.

Ginwright, Shawn A. (2009). *Black Youth Rising: Activism and Radical Healing in Urban America*, New York: Teachers College Press.

Goldberg, Robert Alan (1981). *Hooded Empire: The Ku Klux Klan in Colorado.* Urbana, Ill: University of Illinois Press.

Goodman, Laurie (2009). *Subprime Mortgage Credit Derivatives.* London: Wiley.

Graham, Graham (1999). *Our Kind of People: Inside America's Black Upper Class.* New York: Harper Collins.

Grossman, Mark. *Political Corruption in America: An Encyclopedia of Scandals, Power, and Greed.* New York: ABC Clio.

Hammonds, Evelyn M. and Rebecca M Herzig (eds.) (2008). *The Nature of Difference: Sciences of Race in the United States from Jefferson to Genomics.* Boston, Mass.: MIT Press.

Hansen, James (2009). *Storms of My Grandchildren: The Truth about the Global Climate Catastrophe and Our Last Chance to Save Humanity.* New York: Bloomsbury.

Harris, Bev. (2004). *Black Box Voting: Ballot Tampering in the 21st Century.* Renton, Wa.: Talion.

Harvey, David (2007). *A Brief History of Neoliberalism.* New York: Oxford University Press.

Harvey, David (2003). *The New Imperialism.* New York: Oxford University Press 2003.

Harvey, David (2000). *Spaces of Hope.* Berkeley, Calif.: University of California Press.

Hedges, Chris (2007) *American Fascists: The Christian Right and the War on America.* New York: Free Press.

Heilemann, John and Mark Halperin (2010). *Game Change: Obama and the Clintons, McCain and Palin, and the Race of a Lifetime.* New York: Harper.

Herman, Edward S. and Gerry O'Sullivan (1990). *The Terrorism Industry: The Experts and Institutions that Shape Our View of Terror.* New York: Random House.

Huntington, Samuel P. (2004). *Who Are We? The Challenges to America's Identity.* New York: Simon & Schuster.

Ignatiev, Noel (2008). *How the Irish Became White.* New York: Routledge.

Isikoff, Michael and David Corn (2007). *Hubris: The Inside Story of Spin, Scandal and the Selling of the Iraq War.* New York: Crown.

Jacoby, Karl (2001). *Crimes against Nature: Squatters, Poachers, Thieves, and the Hidden History of American Conservation.* Berkeley, Calif.: University of California Press.

James, C. L. R. (1992). "Abraham Lincoln: The 150th Anniversary of His

Birth." In *The C.L. R. James Reader*, ed. Anne Grimshaw. Oxford: Blackwell.

James, C. L. R. (1963). *The Black Jacobins: A Study of Toussaint L'Ouverture and the San Domingo Revolution.* New York: Vintage.

Javers, Elmon (2010). *Broker, Trader, Lawyer, Spy: The Secret World of Corporate Espionage.* New York: Harper.

Johnson, Chalmers (2004). *The Sorrows of Empire, Militarism, Secrecy, and the End of the Republic.* New York: Metropolitan Books.

Johnson, Dennis W. (2007). *No Place for Amateurs: How Political Consultants are Reshaping American Democracy.* New York: Routledge.

Johnson, Simon (2009). "The Quiet Coup." *Atlantic*, May. <http://www.theatlantic.com/doc/200905/imf-advice> (accessed April 20, 2010).

Johnson, Simon and James Kwak (2010). *13 Bankers: The Wall Street Takeover and the Next Financial Meltdown.* New York: Random House.

Jones, Van (2008). *The Green Collar Economy: How One Solution Can Fix Our Biggest Problem.* New York: Harper One.

Jordan, Winthrop H. (1974). *The White Man's Burden: Historical Origins of Racism in the United States.* New York: Oxford University Press.

Kantrowitz, Stephen (2000). *Ben Tillman and The Reconstruction of White Supremacy.* Chapel Hill, N.C.: University of North Carolina Press.

Kelly, Robin D. G. (2002). *Freedom Dreams: The Radical Black Imagination.* Boston Mass.: Beacon Press.

Kennedy Robert F. Jr. (2005). *Crimes against Nature: How George W. Bush and His Corporate Pals Are Plundering the Country and Hijacking Our Democracy.* New York: Harper Collins.

Kevles, Daniels (1985). *In the name of Eugenics.* Boston, Mass.: Harvard University Press.

King Martin Luther Jr. (1967). *Beyond Vietnam: A Time to Break the Silence,* speech delivered at the Riverside Church, April 4.

Klein, Joe (2006). *Politics Lost: How American Democracy was Trivialised by People who Think You're Stupid.* New York: Doubleday.

Kovel, Joel (1971). *White Racism: A Psychohistory.* New York: Vintage.

Kozol, Jonathan (1992). *Savage Inequalities: Children in America's Schools.* New York: Harper.

Kozol, Jonathan (2006). *The Shame of the Nation: The Restoration of Apartheid Schooling in America.* Boston, Mass.: Three Rivers.

Krugman, Paul (2008). *The Return of Depression Economics and the Crisis of 2008.* New York: W. W. Norton.

Latimer, Matt (2009). *Speech-less: Tales of a Whitehouse Survivor.* New York: Crown.

Lipton, Bruce H. (2005). *The Biology of Belief: Unleashing the Power of Consciousness, Matter and Miracles.* Carlsbad, Calif.: Hay House.

Lusane, Clarence (1994). *African Americans at the Crossroads: The Restructuring of Black Leadership and the 1992 elections.* Boston, Mass.: South End Press.

MacDonald, Lawrence (2009). *A Colossal Failure of Common Sense: The Inside Story of the Collapse of Lehman Brothers*. New York: Crown.

Makik, Kenan (1999). The *Meaning of Race: Race, History and Culture in Western Society*. New York: New York University Press.

Martin, William G. and Michael West (2009). *From Toussaint to Tupac: The Black International in the Age of Revolution*. Chapel Hill, N.C.: University of North Carolina Press.

McClellan, Scott (2008). *What Happened: Inside the Bush White House and Washington's Culture of Deception*. New York: Public Affairs.

Miller, Mark Crispin (2008). *Loser Take All: Election Fraud and the Subversion of Democracy, 2000–2008*. New York: Ig.

Moses, Robert (2001). *Radical Equations: Civil Rights from Mississippi to the Algebra Project*. New York: Beacon Press.

Nichols, John and Robert W. McChesney (2006). *How the American Media Sell Wars, Spin Elections, and Destroy Democracy*. New York: New Press.

Obama, Barack (2004). *Dreams from My Father: A Story of Race and Inheritance*. New York: Three Rivers Press.

Obama, Barack (2006). *The Audacity of Hope: Thoughts on Reclaiming the American Dream*. New York: Crown.

Obama, Barack H. (1965). "Problems Facing Our Socialism." *East African Journal*, July.

Palast, Greg (2003). *The Best Democracy Money Can Buy: The Truth About Corporate Cons, Globalization and High-Finance Fraudsters*. New York: Plume.

Patterson, Scott (2010). *The Quants: How a New Breed of Math Whizzes Conquered Wall Street and Nearly Destroyed It*. New York: Crown.

Payne, Charles (1997). *I've Got the Light of Freedom: The Organizing Tradition and the Mississippi Freedom Struggle*. Berkeley, Calif.: University of California Press.

Pepper, William (2008). *An Act of State: The Execution of Martin Luther King*. New York: Verso.

Phillips, Kevin (2002). *Wealth and Democracy: A Political History of the American Rich*. New York: Broadway.

Pieterse, Nederveen (1995). *White on Black: Images of Africa and Blacks in Western Popular Culture*. New Haven, Conn.: Yale University Press.

Plouffe, David (2009). *The Audacity to Win: The Inside Story and Lessons of Barack Obama's Historic Victory*. New York: Viking.

Ransby, Barbara (2003). *Ella Baker and the Black Freedom Movement: A Radical Democratic Vision*. Chapel Hill, N.C.: University of North Carolina.

Roberts, Dorothy (1997). *Killing the Black Body: Race, Reproduction and the Meaning of Liberty*. New York: Pantheon.

Robinson, Cedric (1997). *Black Movements in America*. New York: Routledge.

Roediger, David R. (1991). *The Wages of Whiteness: Race and the Making of the American Working Class*, New York: Verso.

Roediger, David R. (2007). *The Meaning of Whiteness: Race and the Meaning of the American Working Class.* New York: Verso.

Sandel, Michael J. (2007) *The Case against Perfection: Ethics in the Age of Genetic Engineering.* Boston, Mass.: Harvard University Press.

Sanger, David (2009). *The Inheritance: The World Obama Confronts and the Challenges to American Power.* New York: Harmony.

Savage, Sean J. (1991). *Franklin D. Roosevelt, the Party Leader, 1932–1945.* Lexington, Ky.: University Press of Kentucky.

Shawcross, William (1997). *Murdoch: The Making of a Media Empire.* New York: Simon & Schuster.

Shawn, Lay (ed.) (1992). *The Invisible Empire in the West: Toward a New Appraisal of the Ku Klux Klan of the 1920's.* Urbana, Ill.: University of Illinois Press.

Shelp, Ron (2009). *Fallen Giant: The Amazing Story of Hank Greenberg and the History of AIG.* New York: Wiley.

Singer, Peter (2004). *Corporate Warriors: The Rise of the Privatized Military Industry.* Ithaca, N.Y.: Cornell University Press.

Some, Malidome (1999). *The Healing Wisdom of Africa: Finding Life Purpose Through Nature, Ritual and Community.* New York: Penguin Putman.

Sorkin, Andrew Ross (2009). *Too Big to Fail: The Inside Story of How Wall Street and Washington Fought to Save the Financial System – and Themselves,* New York: Viking.

Soyinka, Wole (2000). "Memory, Truth and Healing." In *The Politics of Memory, Truth, Healing and Social Justice,* ed. Ifi Amadiume and Abdullah An-Na'im. London: Zed.

Stanage, Nail (2009). *Redemption Song: An Irish Reporter Inside the Obama Campaign,* Chester Spring, Pa.: Liberties Press.

Stannard, David (1989). *Before the Horror: The Population of Hawaii on the Eve of Western Contact.* Honolulu: University of Hawaii Press.

Stannard, David (1992). *American Holocaust: The Conquest of the New World.* New York: Oxford University Press.

Stefaniac, Jean and Richard Delgado (1996). *No Mercy: How Conservative Think Tanks and Foundations Changed America's Social Agenda.* Philadelphia, Pa.: Temple University Press.

Stiglitz, Joseph and Linda Bilmes (2008). *The Three Trillion Dollar War: The True Cost of the Iraq Conflict.* New York: W. W. Norton.

Takaki, Ron (1983). *Pau Hana: Plantation Life and Labor in Hawaii, 1835–1920.* Honolulu, Hawaii: University of Hawaii Press.

Talbott, David (2008). "How Obama Really Did It: Social Technology Helped to Bring Him to the Brink of the Presidency." *Technology Review,* September/October.

Taylor, Jeff (2006). *Where did the Party Go? William Jennings Bryan, Hubert Humphrey and the Jeffersonian Legacy.* Columbia, Miss.: University of Missouri Press.

Tett, Gilian (2009). *Fool's Gold: How Unrestrained Greed Corrupted a*

Dream, Shattered Global Markets and Unleashed a Catastrophe. New York: Free Press.

Thompson, Michael J. (ed.) (2007). *Confronting the New Conservatism: The Rise of the Right in America*. New York: New York University Press.

Todd, Chuck and Sheldon Gawiser (2009). *How Barack Obama Won*. New York: Vintage.

Toplin, Robert Brent (2006). *Radical Conservatism: The Right's Political Religion*. Lawrence, Kans.: University Press of Kansas.

Tucille, Jerome (2003). *Rupert Murdoch: Creator of a Worldwide Media Empire*. New York: Beard.

Walters, Ronald W. (1988). *Black Presidential Politics: A Strategic Approach*. New York: State University of New York Press.

Walters, Ronald W. (2005). *Freedom is Not Enough: Black Politics, Black Candidates and American Presidential Politics*. New York: Rowman & Littlefield.

Walters, Ronald W. (2007). *Freedom is Not Enough: Black Voters, Black Candidates, and American Presidential Politics*. Lanham, Md.: Rowman & Littlefield.

Walters, Ronald W. (2003). *White Nationalism, Black Interests: Conservative Public Policy and the Black Community*. Detroit, Mich.: Wayne State University Press.

Washington, Harriet (2007). *Medical Apartheid: The Dark History of Medical Experimentation on Black Americans from Colonial Times to the Present*. New York: Doubleday.

Wells, Ida B. (2009). *A Red Record: Tabulated Statistics and Alleged Causes of Lynchings in the United States*. California: Dodo Press.

Wessel, David (2009). *In Fed We Trust: Ben Bernanke's War on the Great Panic*. New York: Crown.

West, Cornell (2004). *Democracy Matters: Winning the Fight Against Imperialism*. New York: Penguin.

White, Theodore H. (1961) *The Making of the President 1960*. New York: Atheneum.

Wolfe, Richard (2009). *Renegade: The Making of a President*. New York: Crown.

Wolin, Sheldon (2008). *Democracy Incorporated: Managed Democracy and the Specter of Inverted Totalitarianism*. Princeton, N. J.: Princeton University Press.

译 后 记

由美国著名政论家霍勒斯 G. 坎贝尔撰写的作品《大变革：量子社会与乌班图》，给我们提供了了解第一任美国黑人总统新的视角。它不同于以往在国内发行的有关奥巴马的自传小说，此书把政治变革作为核心内容，以奥巴马从政经历为主线，对美国政坛竞选的全景进行了展示，是对美国政治以及 21 世纪全球转型感兴趣人士的"必读物"。

回望历时半年多翻译的日日夜夜，历经了严冬与酷暑，本人曾四易其稿，艰辛自不必言。但无论多么困难，本人都力求做到精益求精，以期真实地反映原作的风貌；想到能为读者进一步了解美国第一任黑人总统的政治轨迹，以及 21 世纪美国的政坛风云架设语言的桥梁，心中无比欣慰。

本书共分 9 个章节，每一个章节都赋予了读者政治改革方面新的理念、新的术语，因此在翻译过程中，我们充分利用了有道词典网络版及维基百科对相应术语的解释，为此对这些相关网站表示感谢。

在翻译的过程中，最大的难题在于长句和术语的处理。长句是本文最突出的语言特点，每个句子都要经过多次斟酌以适应读者的阅读习惯与欣赏品位，术语的处理更是颇费苦心，尤其是涉及到数学中的分形理论、自相似性、混沌理论和蝴蝶效应等理论，本人都加了译者脚注，以方便读者的理解并增加相应的知识。另外针对读者比较陌生的术语，如弥赛亚、塔斯基吉试验、恐同症等，以随文译者注的方式帮助读者对国外流行术语有所了解。原著中所涉引文出处及拓展阅读书目，在译本中作了保留，考虑到全部翻译成中文反而不便查索，遂保留了英文原文。

感谢本译丛的总策划、南开大学出版社编审张彤老师的一路帮助与指点，感谢出版社其他编辑的辛勤付出，以及南开大学外国语学院苗菊教授的信任和指导，译稿经过不断修改，逐渐臻于完美。

最后需要指出的是，虽然本书的翻译过程艰辛，倾注了译者大量的心血，但仍难免会有个别"误读"，敬请各方专家指正、批评。

李 晶

2012 年 6 月 18 日

南开大学出版社网址：http://www.nkup.com.cn
投稿电话及邮箱：

第一事业部（文史哲）	022-23500759	mjianlai@126.com
第二事业部（外语）	022-23497038	QQ：1877543721
第三事业部（旅游）	022-23509550	QQ：1025683240
第四事业部（经管法）	022-23508845	QQ：1410761005
综合编辑室（理科及其他）	022-23503408	QQ：2747938980
对外合作部：	022-23504636	QQ：2046170045
邮购部：	022-23507092	
发行部：	022-23508339	Fax:022-23508542

南开教育云：http://www.nkcloud.org

App：南开书店 app

    南开教育云由南开大学出版社、国家数字出版基地、天津市多媒体教育技术研究会共同开发，主要包括数字出版、数字书店、数字图书馆、数字课堂及数字虚拟校园等内容平台。数字书店提供图书、电子音像产品的在线销售；虚拟校园提供 360 校园实景；数字课堂提供网络多媒体课程及课件、远程双向互动教室和网络会议系统。在线购书可免费使用学习平台，视频教室等扩展功能。